상법도를 수록하여 완역 발간한

正統 麻衣相法

韓 重 洙 編著

부 록 : 인상학적으로 본
1. 건강과 장수운
2. 가정·스포츠·학구운
3. 사회운과 직업운

지식의 중심
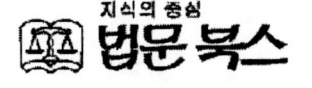
법문북스

상법도 (相法圖)

十三部位總要圖

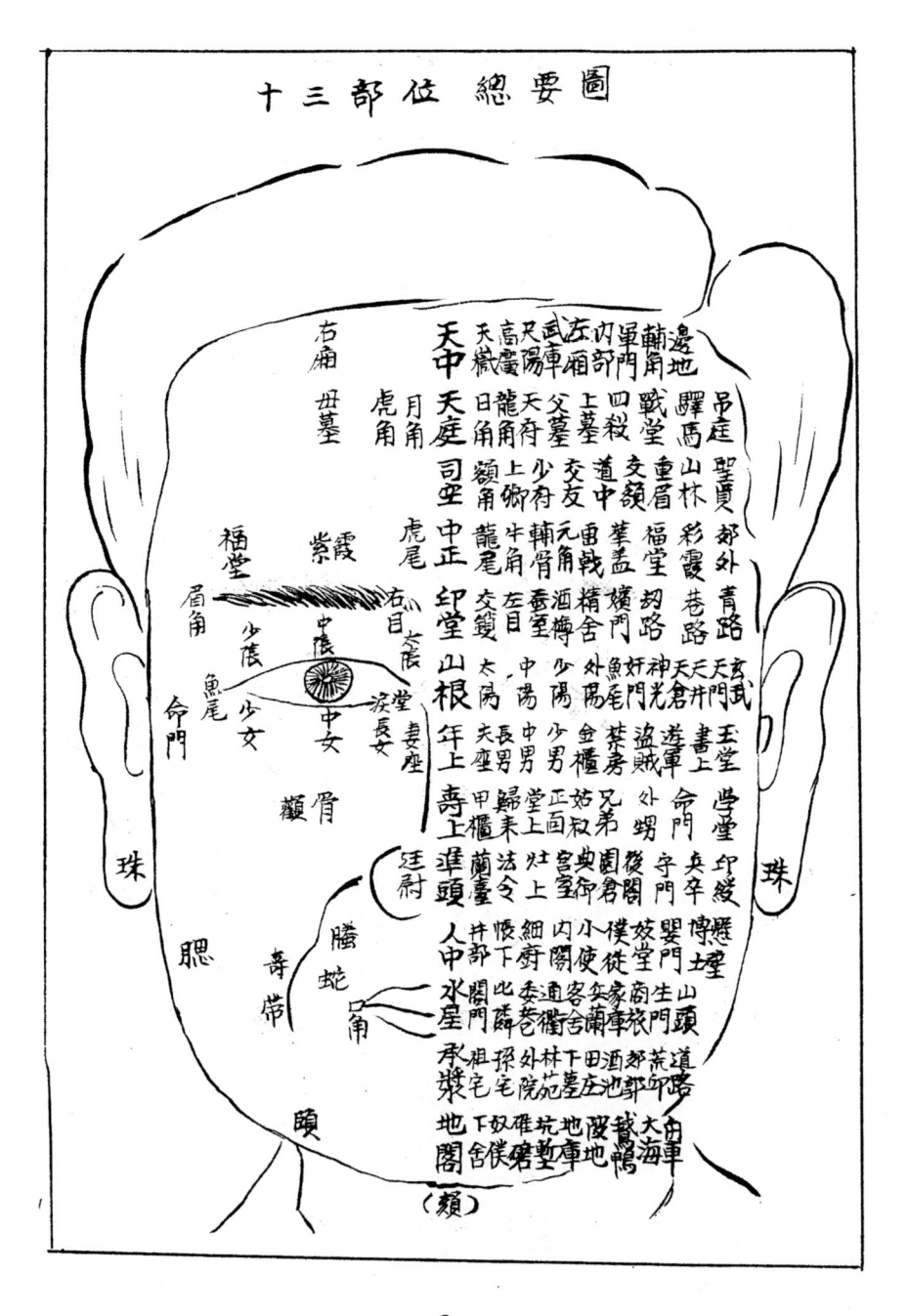

(顏)

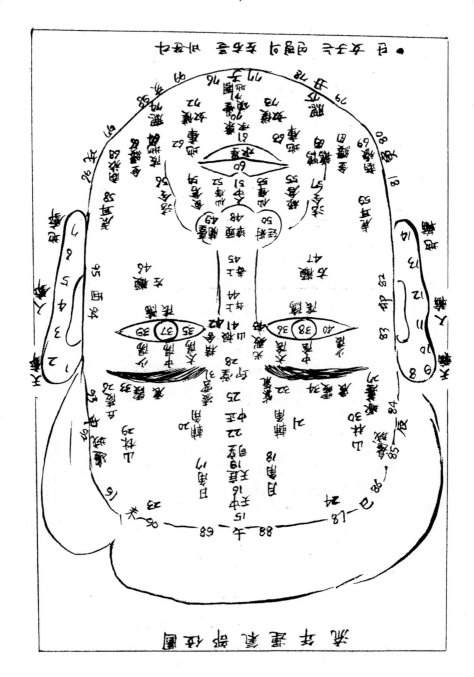

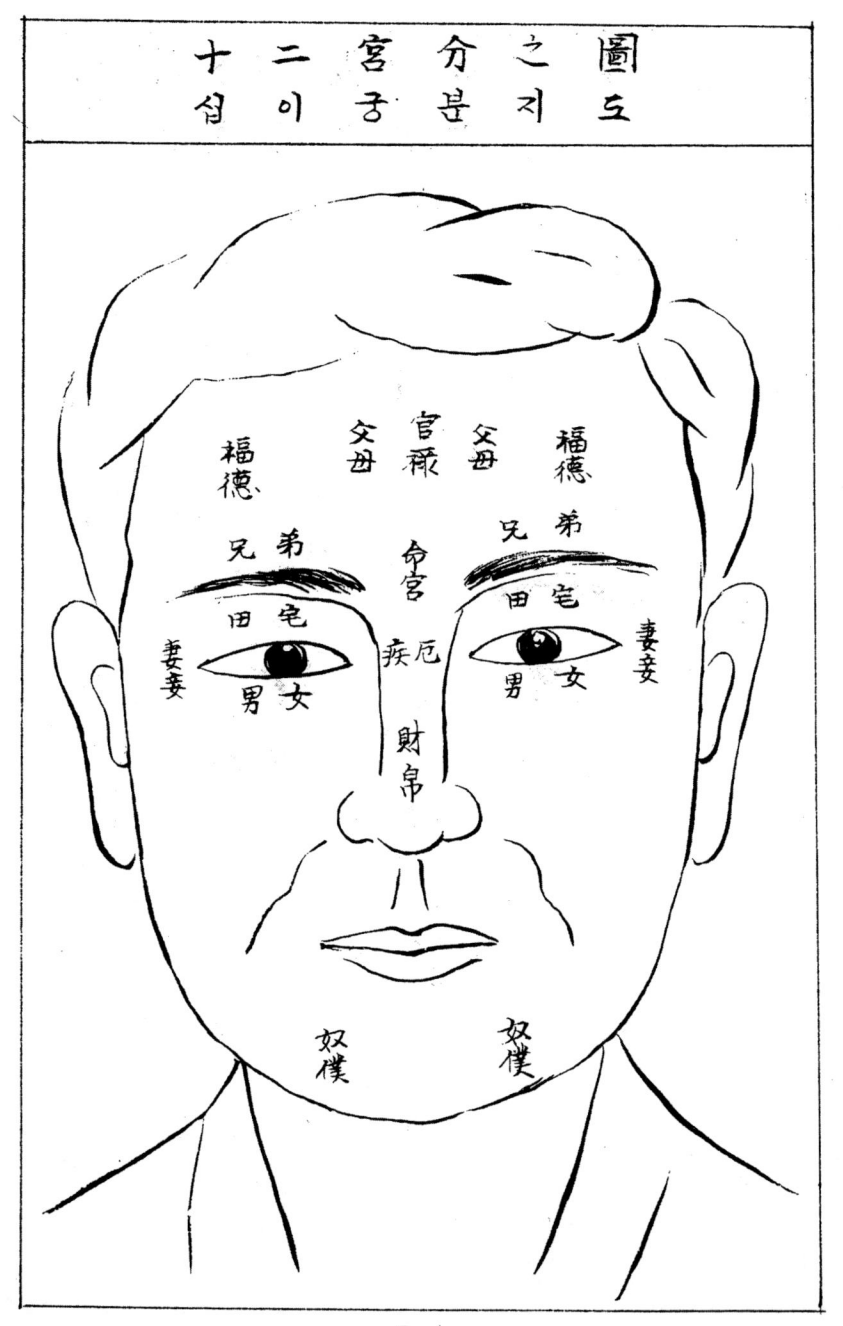

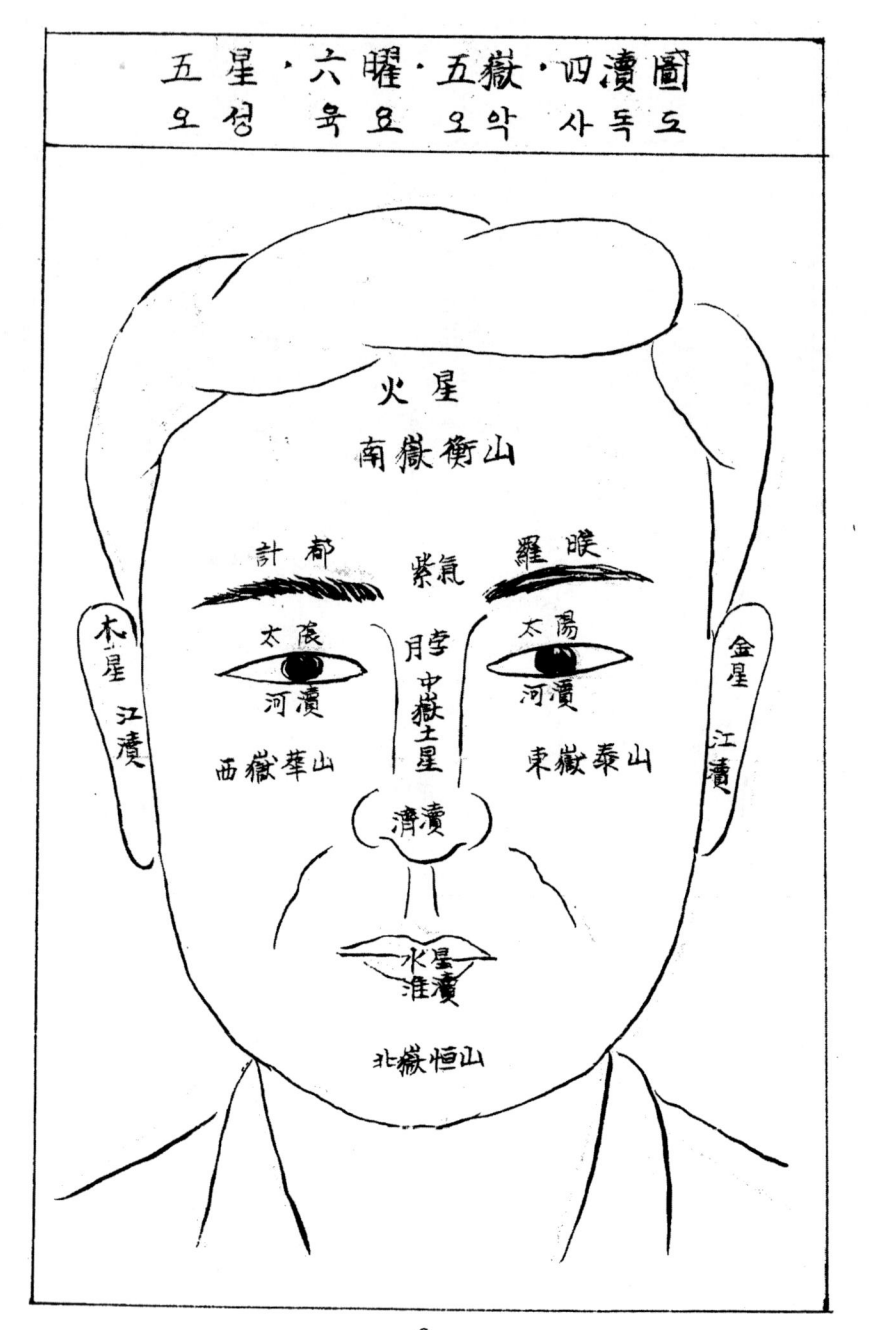

六府・三災・三停圖
육부　삼재　삼정도

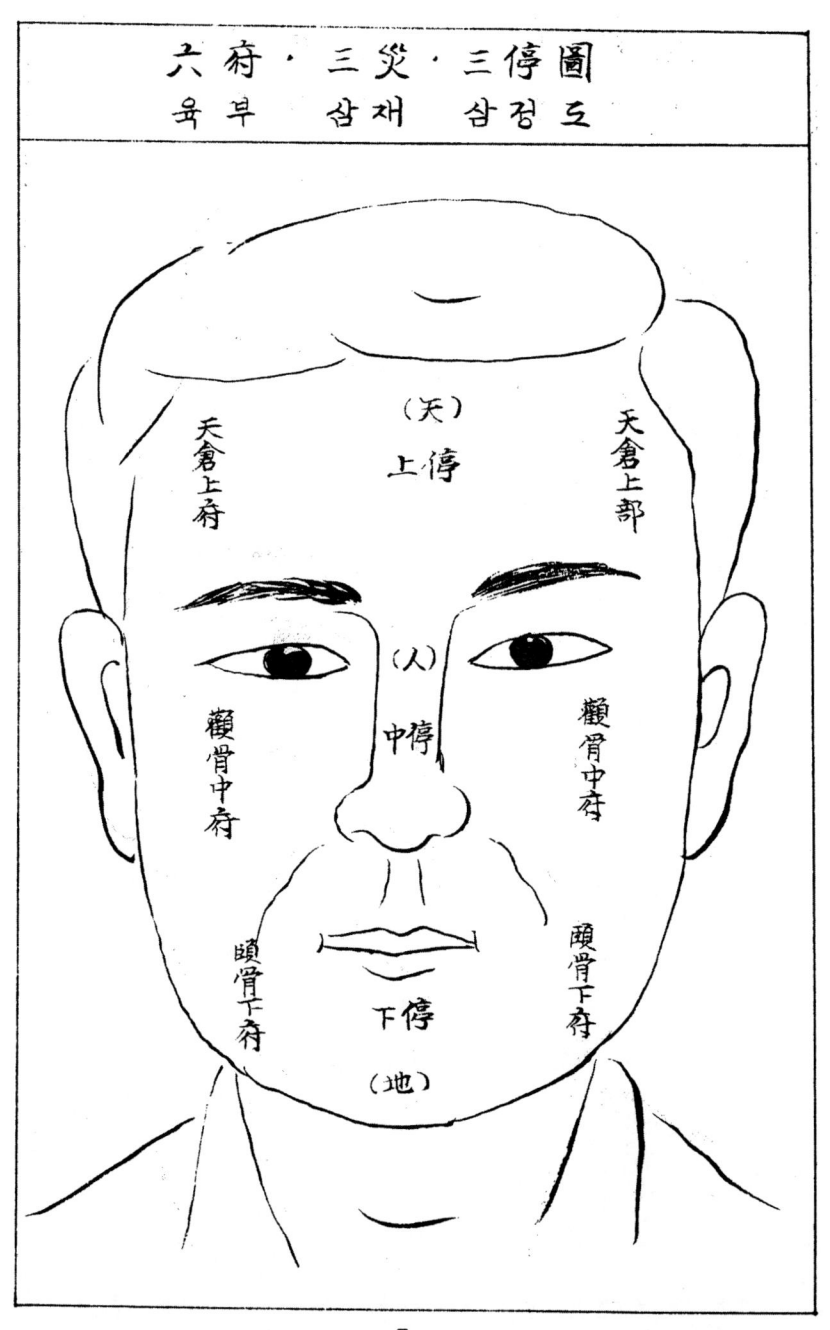

天倉上府

天倉上部

（天）
上停

（人）
中停

觀骨中府

觀骨中府

頤骨下府

頤骨下府

（地）
下停

九州八卦　干支圖
구주팔괘　간지도

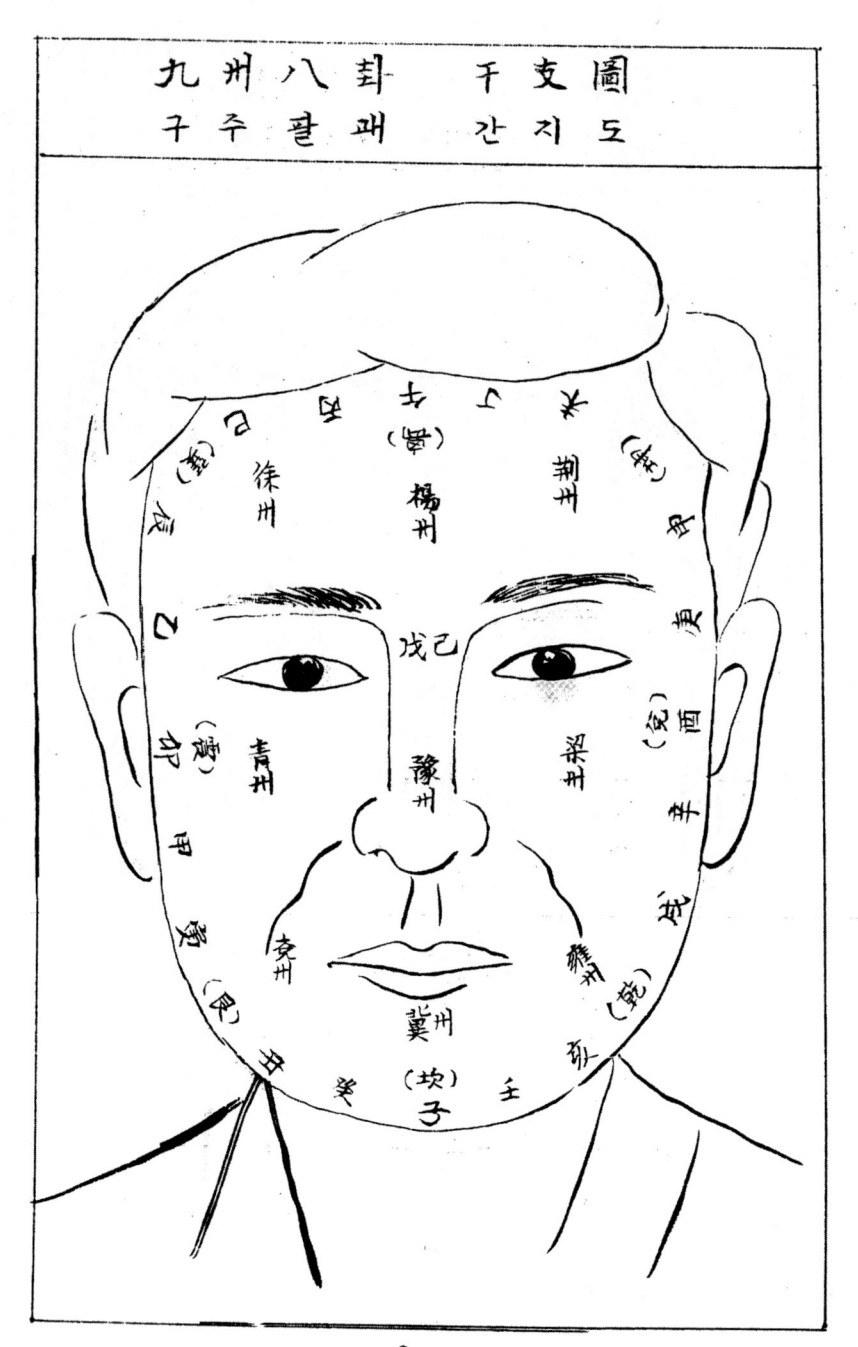

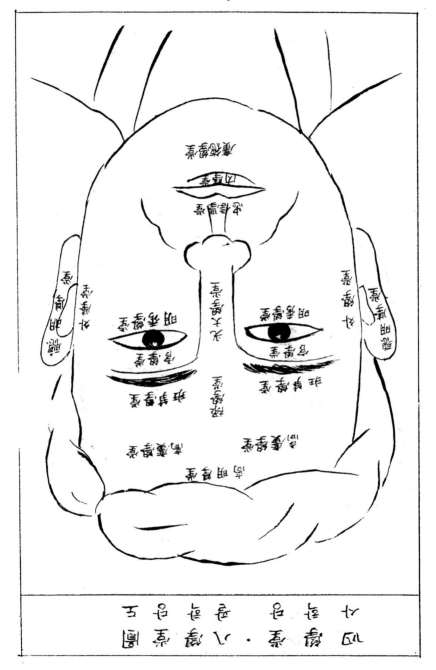

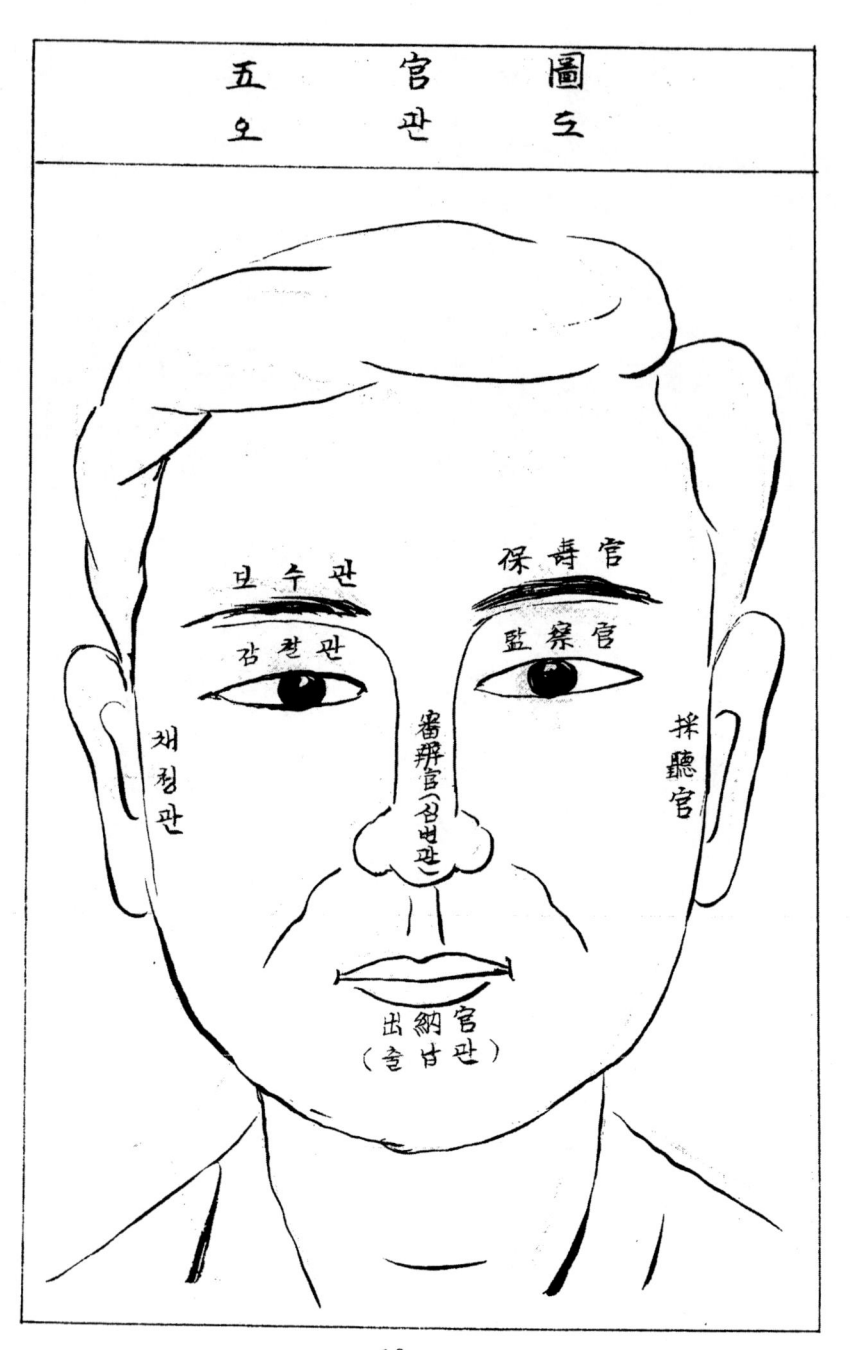

人面圖之部

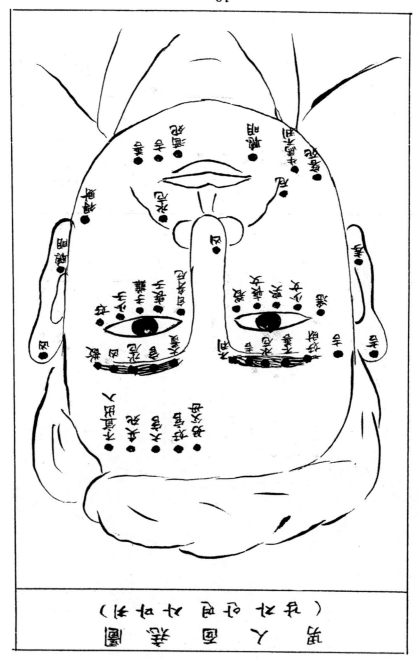

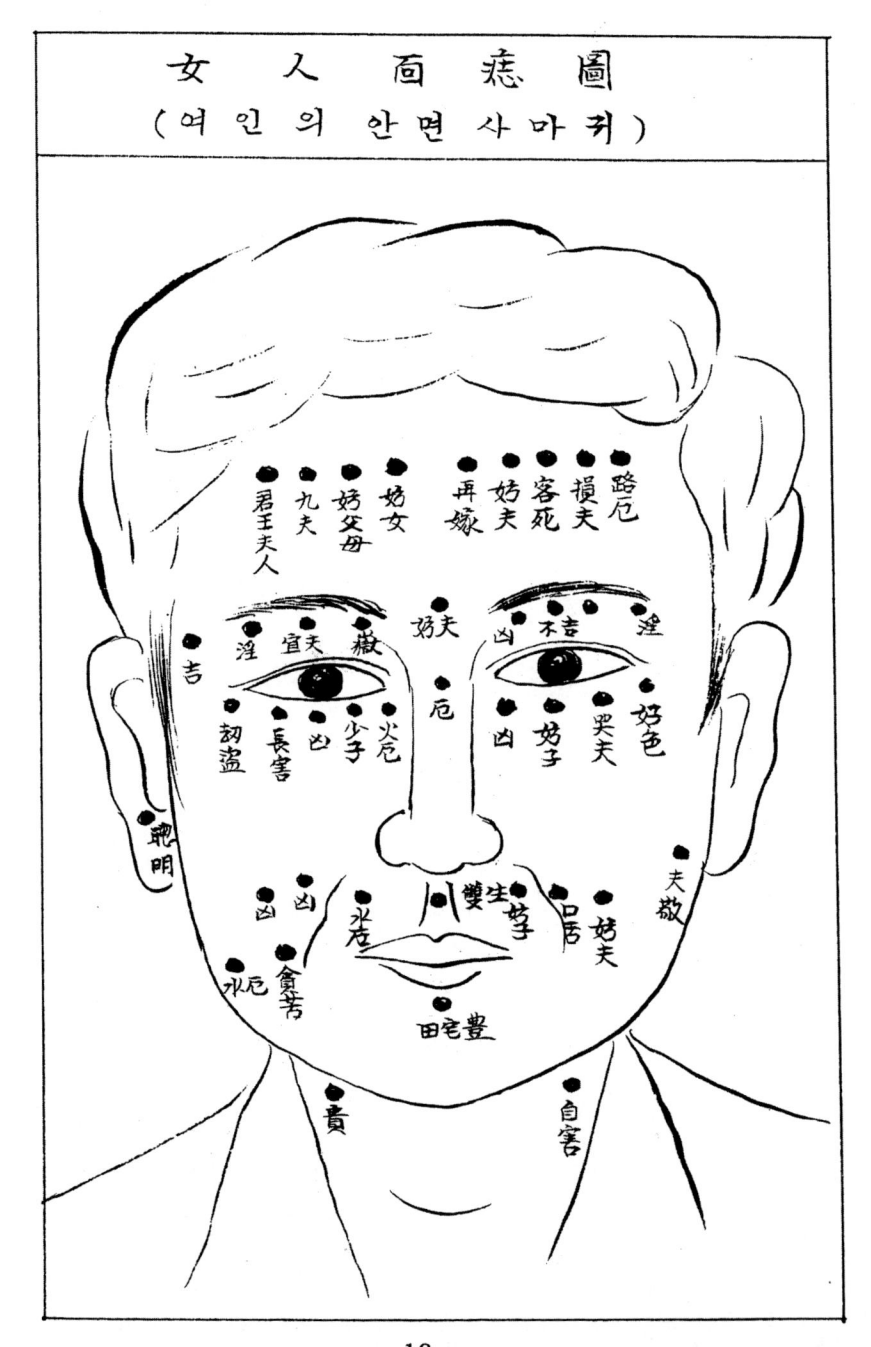

女 人 面 痣 圖
(여인의 안면 사마귀)

紋　痕　圖
(얼굴의 주름과 흠)

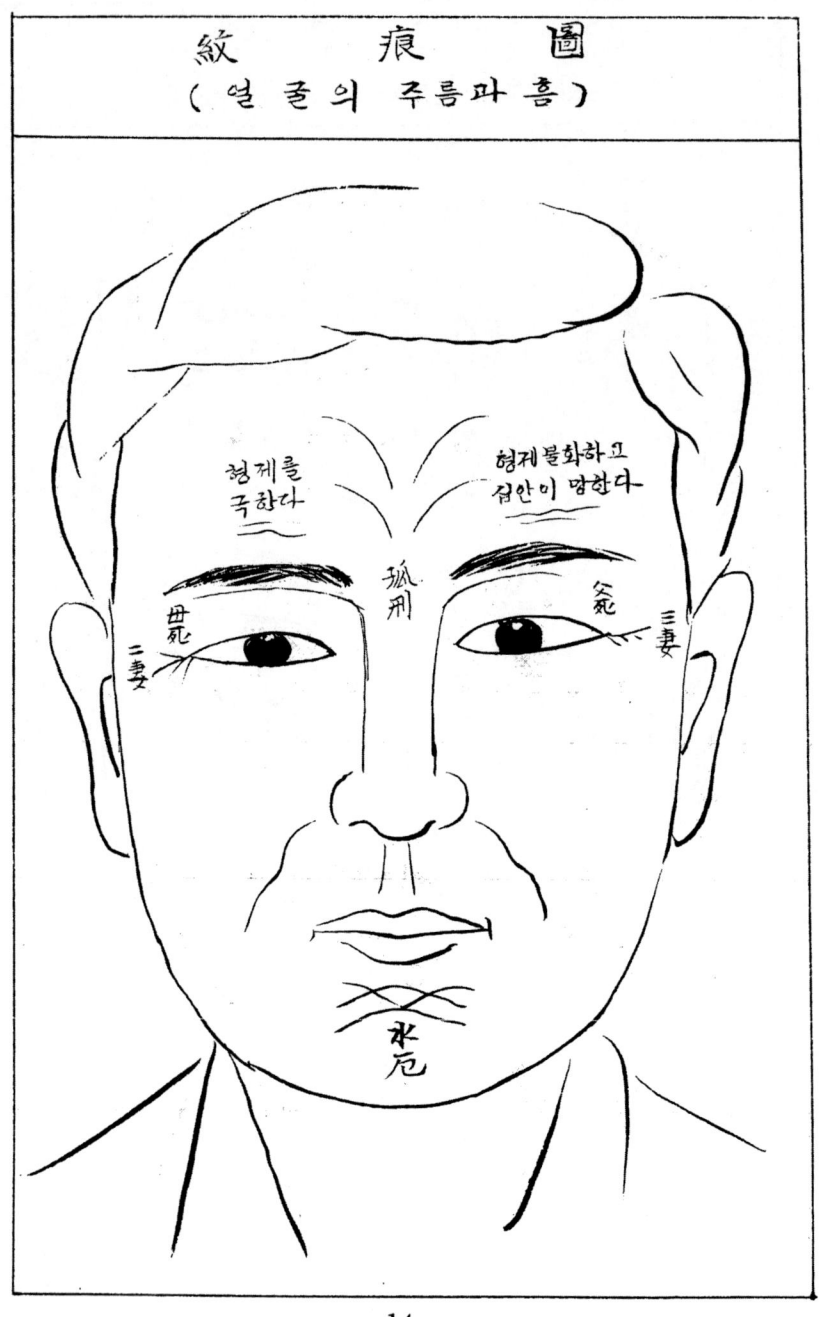

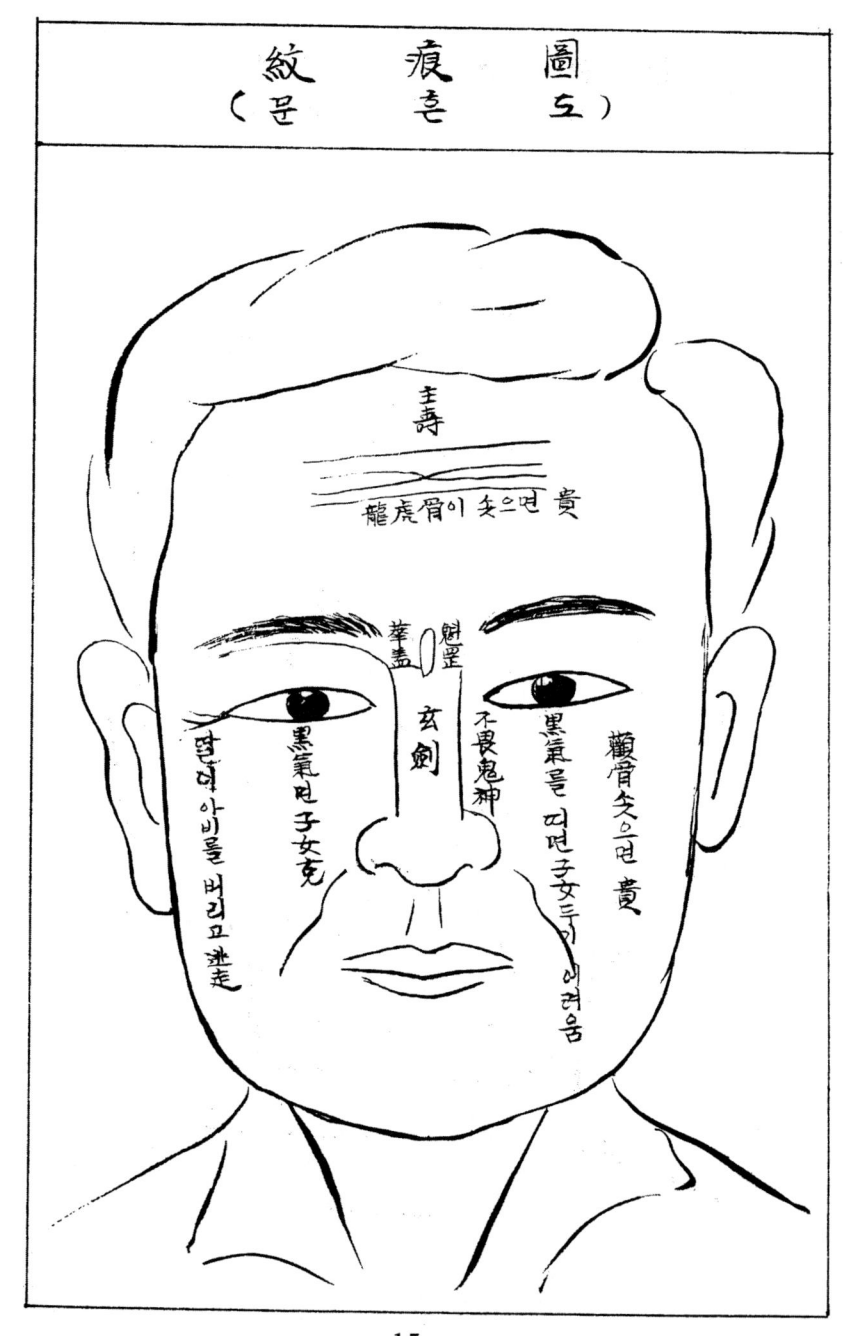

紋　痕　圖
（문　흔　도）

主壽

龍虎骨이 솟으면 貴

魁罡　華蓋

玄劍

不畏鬼神

黑氣를 띠면 子女두기 어려움

黑氣띠면 子女克

顴骨솟으면 貴

떤여 아비를 버리고 逃走

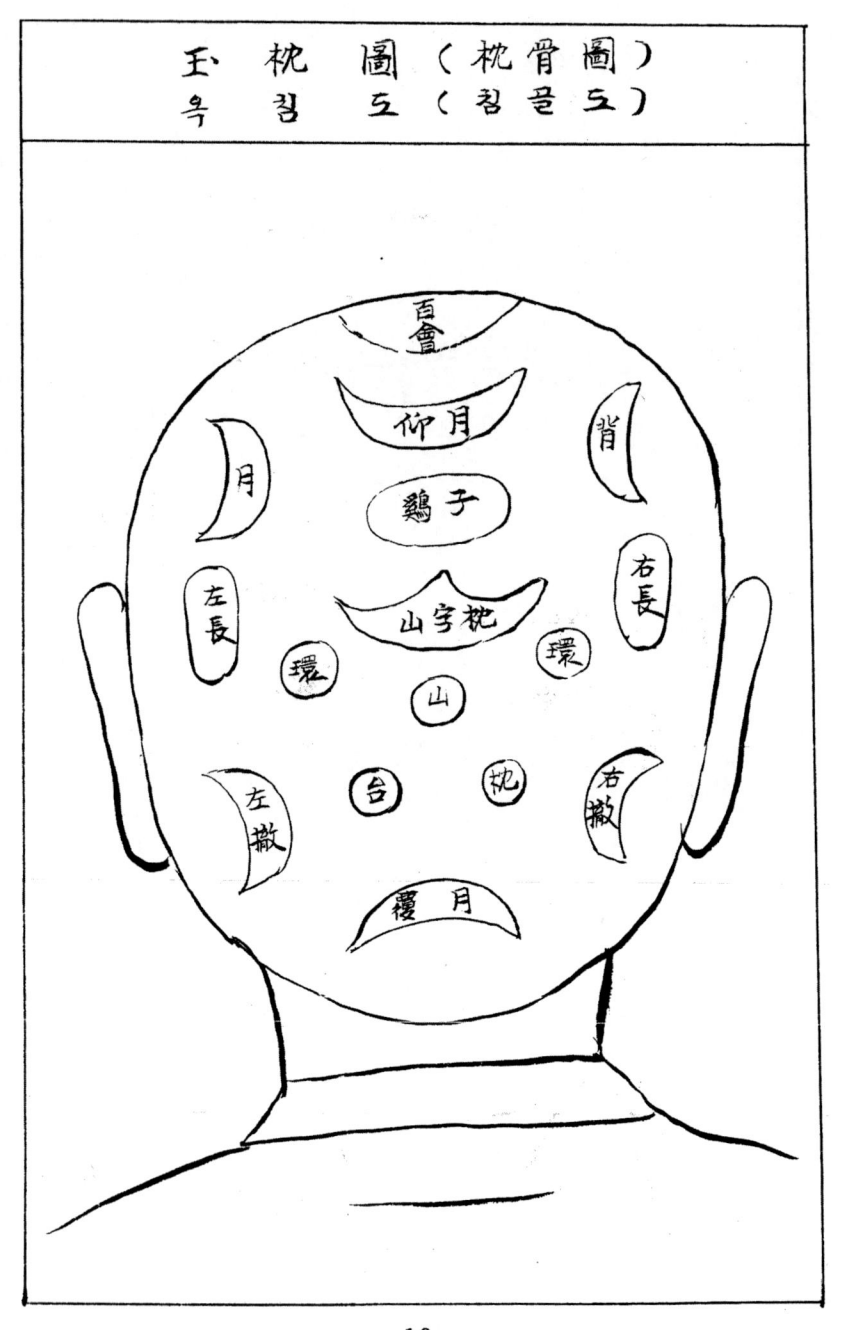

마의상법

머 리 말

모든 術書가 그러하듯이 相法에 대한 著書도 헤아릴 수 없이 많다. 그 가운데서도 가장 많이 알려지고 있는 相書가 麻衣相法인 것은 그 누구도 부인 못하려니와 이 麻衣相法은 그만큼 응용가치가 크다는데 있다.

麻衣는 麻衣先生 또는 麻衣仙翁 이라 불리우고 있는데 이분에 대한 年代와 姓名은 확실한 考證이 없고 다만 중국 송나라때의 奇人 陳博(號는 希夷)이 스승으로 섬겼다는 말을 따른다면 麻衣도 그때 인물이었던 것을 추측할 수 있다.

麻衣는 중국 華山에 있는 石室에 은거하여 修道하였는데 뒤에 陳博이 찾아가 제자가 되기를 자청하고, 상법을 전수받아 心傳으로 배운 것을 기록한 글이 바로 이 麻衣相法이다.

현재 發刊되어 나온 相書들이 거의가 이 麻衣相法을 根基로 하여 編述한 것은 사실이지만 여러가지 相學을 종합적으로 加減해서 풀이해 놓은 것이며 이 相法을 직접 完譯한 冊字는 아직 없다. 原文을 보면 모두 詩句 형식으로 文章이 작성되어 一言一句가 흠잡을데 없는 名文章이라 하겠으나 짧게 줄인 글이라서 直譯만으로는 읽기에 부드럽지 못하여 直譯을 위주로 하되 義譯 형식을 가미하였으니 이 점 理解하고 읽어 주시기 바란다.

漢學에도 能通하고 斯界 術學에도 해박한 지식을 갖추어야만 그 조박을 가릴 수 있는 것이 이 글임에도 불구하고 淺見薄識으로 외람되이 이 글에 손을 대어본 자신이 부끄럽고 좀더 博學하지 못한 점 안타깝게 생각하나 이를 무릅쓰고 諸賢들의 아낌없는 격려와 지도만을 바라는 마음으로 붓을 들어 보았다. 미흡한 점 헤아릴 수 없음을 自認하면서도 幸히 一助가 될 수 있다면 무한의 榮光이겠다.

戊辰年 和春 譯者 識

-4-

麻衣相法全編序 (마의상법전편서)

▮ 이 글은 本文에 있는 序文이다 ▮

사람의 相을 보는 術法이 전해온지 오래되었다. 孔子、孟子의 사람을 보는 법이 論語와 孟子에도 言及된바 있으니 이 相法에 대하여 어찌 그 근본이 없으랴만 사람의 吉凶과 壽夭의 富貴貧賤이 모두 相에만 매어있다는 것도 아니오 또는 吉凶과 壽夭와 富貴貧賤이 형상에 매어있지 않은 것도 아니다.

대개 相이란 정해진 이치가 있다. 그런데도 상을 보는 사람들은 相法의 妙理를 다 터득하지도 못한 실력을 가지고 이러한 相은 길하고、이러한 相은 壽하고 단명하고 부귀하고, 빈천하다는 원칙에만 집착하여 판단한다면 어찌 다 맞을 수 있겠는가, 연구하여 보건대 相이란 外部요 마음은 內面이다. 그러므로 聖賢들은 마음에 대해서만 말하였고 相에 대해서는 논하지 않았다. 만일 마음이 흉악할지라도 相이 좋다해서 무조건 길하다 하고、선량한 사람일지라도 그 상이 좀 나쁘다해서 흉하다 판단 한다면 어찌 相을 바르게 아는 사람이라 말할 수 있으랴. 이러한 때문에 相法을 배우는이는 이 相法을 몰라서도 안되고、다 옳지 안다 해서도 안되며 또는 이 法에 너무 깊히 빠져서도 안된다. 이로써 序하는 바다.

목 차 (目 次)

상법도 (相法圖) …………………………………………………………… 一

십삼부위총요도 (十三部位總要圖) …………………………………… 三

유년운기부위도 (流年運氣部位圖) …………………………………… 四

십이궁분지도 (十二宮分之圖) ………………………………………… 五

오성・육요・오악・사독도 (五星・六曜・五嶽・四瀆圖) …… 六

육부・십재・삼정도 (六府・三才・三停圖) ……………………… 七

구주・팔패・간지도 (九州・八卦・干支圖) ……………………… 八

사학당・팔학당도 (四學堂・八學堂圖) …………………………… 九

오관도 (五官圖) ………………………………………………………… 十

논인면지지도 (論人面痣之圖) ……………………………………… 一一

남인면지도 (南人面痣圖) …………………………………………… 一二

여인면지지도 (女人面痣之圖) ……………………………………… 一三

문흔도 (紋痕圖) 一 …………………………………………………… 一四

문흔도 (紋痕圖) 二 …………………………………………………… 一五

옥침도 (玉枕圖) ……………………………………………………………… 一六

□머리말 …………………………………………………………………………… 三

□마의상법전편 서문 ……………………………………………………… 五

관인팔법 (觀人八法) …………………………………………………… 二一

一、위 (威) ―위엄지상 …………………………………………………… 二一

二、후 (厚) ―후중지상 …………………………………………………… 二二

三、청 (淸) ―청수지상 …………………………………………………… 二二

四、고 (古) ―고괴지상 …………………………………………………… 二三

五、고 (孤) ―고한지상 …………………………………………………… 二四

六、박 (薄) ―박약지상 …………………………………………………… 二五

七、악 (惡) ―악완지상 …………………………………………………… 二六

八、속 (俗) ―속탁지상 …………………………………………………… 二七

제일권 (第一卷)

십삼부위총도가 (十三副位總圖歌) ………………………………… 二九

유년운기부위가 (流年運氣部位歌) ………………………………… 三五

-8-

운기구결 (運氣口訣) ……………………… 四一

식한가 (識限歌) ………………………… 四二

십이궁 (十二宮) ………………………… 四四

一、명궁 (命宮) ………………………… 四四

二、재백궁 (財帛宮) …………………… 四五

三、형제궁 (兄弟宮) …………………… 四六

四、전택궁 (田宅宮) …………………… 四七

五、남녀궁 (男女宮) …………………… 四七

六、노복궁 (奴僕宮) …………………… 四八

七、처첩궁 (妻妾宮) …………………… 四九

八、질액궁 (疾厄宮) …………………… 五〇

九、천이궁 (遷移宮) …………………… 五〇

十、관록궁 (官祿宮) …………………… 五一

十一、복덕궁 (福德宮) ………………… 五二

十二、부모궁 (父母宮) ………………… 五三

상모 (相貌) ……………………………… 五五

오관총론 (五官總論) …………………… 五五

오악（五嶽） ……………………………………… 五七

사독（四瀆） ……………………………………… 五九

삼주（三柱） ……………………………………… 六〇

오성・육요（五星・六曜） ……………………… 六一

○ 五星六曜決斷

육부・삼재・삼성（六府・三才・三停） ……… 六五

사학당（四學堂） ………………………………… 七一

팔학당（八學堂） ………………………………… 七三

인면총론（人面總論） …………………………… 七四

오행형（五行形） ………………………………… 七五

오행색（五行色） ………………………………… 七七

오형상설（五形象說） …………………………… 七八

논형（論形）－형상에 대하여 ………………… 七八

논신（論神）－신（神）에 대하여 …………… 八一

형유여（形有餘）에 대하여 …………………… 八二

신유여（神有餘）에 대하여 …………………… 八四

형부족（形不足）에 대하여 …………………… 八五

신부족（神不足）에 대하여 …………………… 八六

八七

소리 (聲) 에 대하여……………………………………… 八八

기 (氣) 에 대하여………………………………………… 九二

제이권 (第二卷)

골상 (骨相) 에 대하여…………………………………… 九五

육상 (肉相) 에 대하여…………………………………… 九八

두상 (頭相) 에 대하여…………………………………… 一〇〇

이마에 대하여…………………………………………… 一〇一

얼굴에 대하여…………………………………………… 一〇二

눈썹에 대하여…………………………………………… 一〇四

○ 눈썹의 여러가지

① 교가미 (交加眉)……………………………………… 一〇六

② 용미 (龍眉)…………………………………………… 一〇六

③ 귀미 (鬼眉)…………………………………………… 一〇七

④ 버들눈썹……………………………………………… 一〇八

⑤ 흩어진 눈썹………………………………………… 一〇八

-11-

⑥ 검미 (劍眉) …………………… 一八

⑦ 황박미 (黃薄眉) ……………… 一九

⑧ 사자눈썹 ………………………… 一九

⑨ 비눈썹 …………………………… 一九

⑩ 전청후소미 (前淸後疎眉) ……… 一〇

⑪ 칼눈썹 …………………………… 一〇

⑫ 경청미 (輕淸眉) ……………… 一〇

⑬ 팔자미 (八字眉) ……………… 一一

⑭ 단촉수미 (短促秀眉) ………… 一一

⑮ 나한미 (羅漢眉) ……………… 一一

⑯ 소라눈썹 ………………………… 一二

⑰ 한일자눈썹 ……………………… 一二

⑱ 소소추미 (小掃箒眉) ………… 一三

⑲ 와잠미 (臥蠶眉) ……………… 一三

⑳ 굵고 짧은 눈썹 ………………… 一三

㉑ 초생달눈썹 ……………………… 一四

㉒ 청수한 눈썹 …………………… 一四

눈（目）에 대하여

○ 눈의 여러가지 ……………………………………… 一九
① 용눈 ……………………………………………… 一九
② 봉（鳳）눈 ……………………………………… 一〇
③ 소눈 ……………………………………………… 一〇
④ 공작눈 …………………………………………… 一〇
⑤ 잔나비눈 ………………………………………… 一二
⑥ 거북눈 …………………………………………… 一二
⑦ 코끼리눈 ………………………………………… 一二
⑧ 까치눈 …………………………………………… 一二
⑨ 원앙새눈 ………………………………………… 一二
⑩ 우는 봉의 눈 …………………………………… 一二
⑪ 조는 봉의 눈 …………………………………… 一二
⑫ 서봉안（瑞鳳眼） ……………………………… 一二
⑬ 사자눈 …………………………………………… 一二三
㉓ 범눈썹 …………………………………………… 一四
㉔ 끊긴 눈썹 ……………………………………… 一四

⑭ 호랑이눈……………………………………………………………… 一二三

⑮ 황새눈…………………………………………………………………… 一二三

⑯ 따오기눈………………………………………………………………… 一二四

⑰ 기러기눈………………………………………………………………… 一二四

⑱ 짝이 틀린눈…………………………………………………………… 一二四

⑲ 돼지눈…………………………………………………………………… 一二四

⑳ 뱀눈……………………………………………………………………… 一二五

㉑ 도화안 (桃花眼) …………………………………………………… 一二五

㉒ 취안 (醉眼) ………………………………………………………… 一二五

㉓ 학눈……………………………………………………………………… 一二六

㉔ 양눈……………………………………………………………………… 一二六

㉕ 비둘기눈………………………………………………………………… 一二六

㉖ 난새눈…………………………………………………………………… 一二七

㉗ 이리눈…………………………………………………………………… 一二七

㉘ 복서안 (伏犀眼) …………………………………………………… 一二七

㉙ 물고기눈………………………………………………………………… 一二七

㉚ 말눈……………………………………………………………………… 一二八

㉛ 사슴눈……………………………………… 一二八

㉜ 곰눈………………………………………… 一二八

㉝ 해오라기눈………………………………… 一二九

㉞ 원숭이눈…………………………………… 一二九

㉟ 제비눈……………………………………… 一二九

㊱ 자고새눈…………………………………… 一三〇

㊲ 가재눈……………………………………… 一三〇

㊳ 게눈………………………………………… 一三〇

㊴ 고양이눈…………………………………… 一三〇

코 (鼻) 에 대하여

○ 코의 여러가지……………………………… 一三一

① 용코………………………………………… 一三四

② 호랑이코…………………………………… 一三四

③ 마늘코……………………………………… 一三五

④ 주머니코…………………………………… 一三五

⑤ 양코………………………………………… 一三五

⑥ 사자코……………………………………… 一三六

⑦ 쏠개코 …………………………………………………………… 一三六
⑧ 복서비 (伏犀鼻) …………………………………………… 一三六
⑨ 잔나비코 ……………………………………………………… 一三六
⑩ 매부리코 ……………………………………………………… 一三七
⑪ 개코 …………………………………………………………… 一三七
⑫ 붕어코 ………………………………………………………… 一三七
⑬ 소코 …………………………………………………………… 一三七
⑭ 절통비 (截筒鼻) …………………………………………… 一三八
⑮ 움푹 패이거나 비뚜러진코 ……………………………… 一三八
⑯ 외롭게 솟은코 ……………………………………………… 一三八
⑰ 세번·굽은코 ………………………………………………… 一三九
⑱ 칼등코 ………………………………………………………… 一三九
⑲ 노루코 ………………………………………………………… 一三九
⑳ 성성이코 ……………………………………………………… 一四○
㉑ 뼈만 툭 솟은코 …………………………………………… 一四○
㉒ 들창코 ………………………………………………………… 一四○
㉓ 사슴코 ………………………………………………………… 一四一

㉔ 원숭이코 …………………………一四一

인중（人中）에 대하여 …………一四二

입（口）에 대하여 …………………一四四

○ 입의 여러가지 ………………………一四八

① 사자입 ……………………………一四八

② 모난 입 ……………………………一四八

③ 앙월구（仰月口） …………………一四八

④ 활입 …………………………………一四八

⑤ 돼지입 ………………………………一四九

⑥ 불（火）부는 입 …………………一四九

⑦ 쭈글쭈글한 입 ……………………一四九

⑧ 앵두입 ………………………………一四九

⑨ 소입 …………………………………一五〇

⑩ 용입 …………………………………一五〇

⑪ 범입 …………………………………一五〇

⑫ 잔나비입 ……………………………一五一

⑬ 양입 …………………………………一五一

⑭ 메기입 ……………………………………………………… 一五一

⑮ 붕어입 ……………………………………………………… 一五一

⑯ 복선구 (覆船口) ………………………………………… 一五二

귀(耳)에 대하여 ………………………………………… 一五二

이(齒)에 대하여 ………………………………………… 一五三

혀(舌)에 대하여 ………………………………………… 一五五

입술(脣)에 대하여 ……………………………………… 一五七

○ 귀의 여러가지 ………………………………………… 一六〇

① 금형귀 (金形耳) ………………………………………… 一六〇

② 목형귀 (木形耳) ………………………………………… 一六一

③ 수형귀 (水形耳) ………………………………………… 一六一

④ 화형귀 (火形耳) ………………………………………… 一六一

⑤ 토형귀 (土形耳) ………………………………………… 一六一

⑥ 돼지귀 ……………………………………………………… 一六一

⑦ 저반리 (低反耳) ………………………………………… 一六一

⑧ 어깨에 닿을듯한 귀 …………………………………… 一六二

⑨ 첩뇌이 (貼腦耳) ………………………………………… 一六三

-18-

⑩ 꽃잎귀 …………………………………………………………………………………… 一六三

⑪ 기자이 （棋子耳） ……………………………………………………………………… 一六三

⑫ 범귀 ……………………………………………………………………………………… 一六三

⑬ 화살갓 같은 귀 …………………………………………………………………………… 一六四

⑭ 부채귀 …………………………………………………………………………………… 一六四

⑮ 쥐귀 ……………………………………………………………………………………… 一六四

⑯ 당나귀귀 ………………………………………………………………………………… 一六五

달마조사 상결비전 （達磨祖師 相訣秘傳） ……………………………………………… 一六五

제일법 （第一法） ………………………………………………………………………… 一六六

제이법 （第二法） ………………………………………………………………………… 一六七

제삼법 （第三法） ………………………………………………………………………… 一六九

제사법 （第四法） ………………………………………………………………………… 一七〇

총결 （總訣） 一、 ……………………………………………………………………… 一七一

총결 二、 ………………………………………………………………………………… 一七四

총결 三、 ………………………………………………………………………………… 一七七

○ 목광삼탈 （目光三脫） ………………………………………………………………… 一八四

○ 신색삼의 （神色三疑） ………………………………………………………………… 一八五

총 결 四、 ……………………………………………… 一八五

총 결 五、 ……………………………………………… 一八八

십이궁극응결 (十二宮尅應訣) ……………………… 一九四

제삼권 (第三卷)

사지 (四肢) 에 대하여

○ 손에 대하여 …………………………………… 二〇一

○ 손바닥 무늬에 대하여 ………………………… 二〇二

○ 손바닥 무늬에 대하여 ………………………… 二〇五

○ 손등의 무늬 …………………………………… 二〇八

○ 손바닥 무늬의 여러가지 ……………………… 二〇九

발에 대하여

○ 발바닥 무늬에 대하여 ………………………… 二一〇

마의선생석실신이부 (麻衣先生石室神異賦) ……… 二二三

제사권 (第四卷)

○ 금쇄부 (金鎖賦) ……………………………… 二一九

○ 은시가 (銀匙歌) ……………………………… 三二四

상형기색부 (相形氣色賦) ………………………… 三三五

-20-

관인팔법 (觀人八法)

ㅡ이는 사람의 상 (相) 을 여덟가지로 크게 분류해서 보는 방법이다ㅡ

一、위 (威)

첫째, 위 (威) 이니 즉 위맹지상 (威猛之相) 이다.

품격이 높고 엄숙하여 그를 대하면 자연 두려운 마음이 생기는 형상을 위 (威) 라 하는 것이니 주로 권세를 누리는 상이다. 비유하건대 날쌘 매가 토끼를 나꿔채니 모든 새들이 저절로 놀라고 성낸 범이 산중에서 으르렁대면 온갖 짐승들이 두려워 쩔쩔매는 것 같으니 이러한 형상을 지닌 사람은 신색 (神色ㅡ눈빛과 얼굴 표정) 이 엄숙해서 사람들이 자연 두려운 마음을 갖게 된다.

譯者註 용모가 위엄있고 엄숙해서 사람을 자연 압

-21-

도하는 형상을 말한다.

二、후(厚)

둘째, 후(厚)이니 즉 후중지상(厚重之相)이다.

체구(體軀)와 용모가 돈중(敦重)함을 후(厚)라 하는바 이러한 사람은 주로 복록을 누리게 된다. 그 국량(局量)이 창해(滄海)처럼 넓고, 그 그릇이 만곡의 짐을 싣는 거대한 배(舟)와 같아 당겨도 끌려오지 않고, 흔들어도 꿈적달싹도 않아 보이는 형상을 말한다.

| 譯者註 | 태산처럼 튼튼하고, 바위처럼 무게 있으며 그 기국(器局)이 넓고 크고 깊게 보이는 사람을 「후중지상」이라 한다.

三、청(淸)

셋째, 청(淸)이니 즉 청수지상(淸秀之相)이다.

정신이 또렷하고 용모가 수려함을 청(淸)이라 하는 바 계수나무 무리 중에 우뚝 뻗은 가지와 같고, 곤륜산(崑崙山) 속에 반짝이는 편옥(片玉)처럼 깨끗하고

-22-

고상하고 아름다와 한 점의 티끌도 묻지 않는 용모를
타고난 사람이다. 그런데 사람됨이 청수하기만 하고
후(厚)한 맛이 전혀 없으면 박약한 상에 가까울 우
려가 있다.

譯者註 이목구비(耳目口鼻)가 수려하고 용모가 단
정하며、맑고 깨끗하고 총명해 보이는 형상으로 마치
무리 닭 속에 한마리 백학(白鶴)이 섞여 있는 것 같
은 사람을 일컫는다.

四、고(古)

넷째、고(古)이니 즉 고괴지상(古怪之相)이다.

譯者註 두 눈이 부리부리 하거나、관골(觀骨)이 툭 불거지고 코가 우뚝 솟거나、살이
없이 뼈가 툭툭 솟으면서도 어딘가 모르게 속되지 않고 위엄 있게 보이거나、그 모습이 괴
이하고 이상하게 생겼으면서도 천하게 보이지 않고 사람을 위압하는 기상이 있는 형상으로
고승(高僧)、도사(道士)、철학가(哲學家) 등에서 흔히 볼 수 있다.

그 골격과 기상이 괴이하게 생긴 사람인데 고귀하고도 청수해보이는 맛이 없으면 속(俗)된 상이 되고 만다.

五、고(孤)

다섯째, 고(孤)이니 즉 고한지상(孤寒之相)이다.

형상과 골격이 쓸쓸하게 생기고 목이 길며 어깨가 오므라지고, 다리가 기울어 몸이 바르지 못하다. 뿐만 아니라 앉으면 흔들리는 듯 하고, 걸을 때는 비틀거리는 듯 하며 또는 물가에 홀로 섰는 학(鶴)의 모습도 같고, 비를 맞고 서 있는 해오라기와 같이 외롭고 쓸쓸하고 맥없이 보이는 형상이다.

譯者註 소위 궁상스럽게 보이는 사람이다. 예를 들면 우는 것 같은 형상, 근심하는 것 같은 형상, 배고프지 않은데도 굶주린듯 한 형상, 까닭없이 쓸하고 우울하고 근심걱정에 싸인 형상, 또는 살이 없이 뼈만 앙상하거나, 반대로 뼈가 없이 살만 물컹하게 뭉쳐놓은 것 같은 형상, 쓰러질 듯 흔들리

는 듯, 절망에 빠진 듯 하는 형상으로 이러한 사람은 고독, 빈천한 상이라 한다.

六、박(薄)

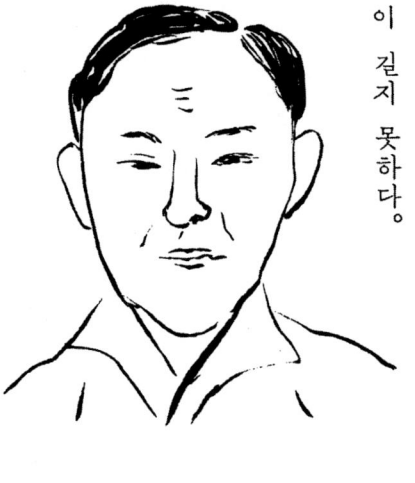

여섯째、박(薄) 이니 즉 박약지상(薄弱之相) 이다.

체구가 왜소(倭小) 한데다 빈약하고、행동이 가볍고 겁이 많으며、기색이 어둡고 침침하고 눈동자가 툭 솟은 것 등인데 마치 한쪽에 작은 배가 거센 물결위에 떠 있는 형상으로 누가 보아도 모두 그 모습이 튼튼치 못하고 박약한 것을 쉽게 알아볼 수 있는 형상으로 빈천함을 면키 어렵다. 만일 이러한 상을 가지고도 의식이 넉넉하면 그 대신 수명이 길지 못하다.

譯者註 체구가 작다 해서 이 박약지상에 속하는 게 아니다. 작더라도 얼굴、몸、팔、다리가 균형있게 이루어지고、이목구비의 윤곽이 분명하며 야무지고 튼튼해 보이면 길격이다. 아무리 몸집이 크고 팔 다리가 굵고 길더라도 앉거나 서거나 쓰러질 듯 흔들리는 듯 불안하거나 바람에 흔들리는 나무잎처럼 행동이 가벼워 듬직해 보이지 않으면 박약

지상이므로 수부(壽富) 를 다 누리지 못한다.

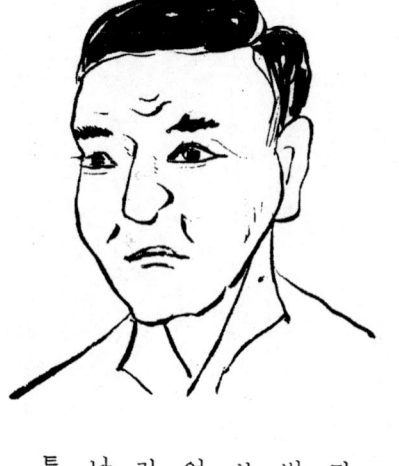

七、 악 (惡)

일곱째, 악(惡) 이니 즉 악완지상(惡頑之相) 을 말한다.

그 형상이 흉악해보이는 사람으로 징글맞은 뱀처럼 생기거나 아니면 간악한 쥐(鼠) 처럼 생기고, 그 목소리는 승냥이나 이리가 울부짖는 것 같은 사람이다. 또는 성질이 흉폭하거 나 두 눈동자가 벌겋게 충혈되거나 골절(骨節) 이 흉칙하게 파상(破像) 된 것으로 모두 그 흉하고 포악함을 주장하는지라 매우 좋지 못한 상이다.

譯者註 얼굴이 부드럽고 선량해보이는 사람도 몹시 성질이 나면 사납고 무섭게 보인다. 얼굴이란 그 마음을 발현하는 의표(儀表) 라고도 할 수 있으므로 그 용모를 보아 사람됨을 짐작할 수 있다. 성내지 않을 때도 성낸 얼굴을 하거나, 두 눈이 붉게 충혈되거나, 뱀눈, 쥐눈, 처 럼 생겼거나 그 목소리가 사나운 짐승이 울부짖는 듯 사 납고 징그럽게 들리는 사람은 그 성격도 흉포하여 시비 투쟁 살상(殺像) 을 좋아하니 경계해야 한다.

八、속 (俗)

여덟째, 속 (俗) 이니 즉 속탁지상(俗濁之相) 이다.

사람됨이 변변치 못하여 속되고 혼탁하고 어리석어보이는 사람으로 심한 경우 추루(醜陋) 하게 보인다. 이러한 사람은 부귀를 누리기 어려운데 만일 의식이 넉넉하더라도 숱한 곤경을 겪은 뒤라야 성공한다.

譯者註 청수지상(淸秀之相) 의 정반대가 속된 상이다 보통 가장 많은 상보다 한층 더 속되고 추루해보이는 상인데 비록 많은 학문을 닦는다 할지라도 고귀한 신분에 오르기 어렵다.

십삼부위총도가(十三部位總圖歌)

一 이는 안면십삼부위(顔面十三部位) 에 매인 각 부위를 칠언구(七言句) 노래로 부르는 것

으로 ㅡ원문(原文) 과 풀이는 다음과 같다.

第一天中對天嶽　高廣尺陽武庫同
左廂內府相隨續　軍門輔角邊地足

맨 첫번째는 천중(天中) 인데 좌우로 천악(天嶽) 、 고광(高廣) 、 척양(尺陽) 、 무고(武庫) 、 좌상(左廂) 、 내부(內府) 、 군문(軍門) 、 보각(輔角) 、 변지(邊地) 의 차례로 이

부위에 속한다.

第二天庭連日角　上墓四殺戰堂連
龍角天府房心墓　驛馬吊庭分善惡

두번째는 천중 아래 천정(天庭) 이다. 이 천정을 중심하여 좌우로 일각(日角ㅡ오른쪽

은 月角、 여자는 왼편이 月角、 오른편이 日角) 、 용각(龍角ㅡ오른편은 虎角, 여자는 왼쪽이

이 虎角、 오른쪽이 龍角) 천부(天府)、 방심(房心)、 부묘(父墓ー오른편은 母墓、 여자는 左

우를 바꿈)、 상묘(上墓)、 사살(四殺)、 전당(戰堂)、 역마(驛馬)、 조정(吊庭)의 열개 부

위가 있다.

第三司空額角前　交友道中交額好
上卿少府更相連　重眉山林看聖賢

　세번째는 천정 아래가 사공(司空) 이다. 이 사공 좌우에는 액각(額角)、 상경(上卿

소부(少府)、 교우(交友)、 도중(道中)、 교액(交額)、 중미(重眉)、 산림(山林)、 성현(聖

賢)의 순서로 아홉개의 부위가 속해 있다.

第四中正額角頭　元角畵戟及華蓋
虎眉牛角輔骨遊　福堂彩霞郊外求

　네번째는 사공 아래 중정(中正) 이다. 이 중정 좌우에는 호미(虎眉ー왼쪽은 龍眉)、

우각(牛角)、 보골(輔骨)、 원각(元角)、 화극(畵戟)、 화개(華蓋)、 복당(福堂)、 채화(彩

霞)、 교외(郊外)의 순서로 아홉개의 부위가 속해 있다.

第五印堂交鎖裏　酒樽精舍對嬪門
左目蠶室林中起　劫路巷路靑路尾

　다섯번째는 중정 아래가 인당(印堂) 이다. 이 인당의 좌우에는 교쇄(交鎖)、 좌목(左目ー

오른쪽은 右目）、잠실（蠶室）、임중（林中）、주준（酒樽）、정사（精舍）、빈문（嬪門）、겁로

（劫路）、항로（巷路）、청로（青路）의 순서로 열개의 부위가 속해 있다.

第六山根對太陽　魚尾奸門神光接

中陽少陽并外陽　倉井天門玄武藏

여섯째는 인당 아래 산근（山根） 이다. 이 산근 좌우에는 태양（太陽ー오른쪽은 太陰）、

중앙（中陽ー오른쪽은 中陰）、소양（少陽ー오른쪽은 少陰）、외양（外陽ー오른쪽은 外陰）、어

미（魚尾）、간문（奸門）、신광（神光）、천창（天倉）、천정（天井）、천문（天門）、현무（玄武）

의 순서로 열한개의 부위가 속해 있다.

第七年上夫座參　金櫃禁房併盜賊

長男中男及少男　遊軍書上玉堂庵

일곱째는 산근 아래 연상（年上） 이다. 이 연상 좌우에는 부좌（夫座ー오른쪽 妻座）、장

남（長男ー오른쪽은 長女）、중남（中男ー오른쪽은 中女）、소남（少男ー오른쪽은 少女）、금궤

（金櫃）、금방（禁房）、도적（盜賊）、유군（遊軍）、서상（書上）、옥당（玉堂） 의 순서로 열

개의 부위가 속해 있다.

第八壽上甲櫃依　姑姨姉妹好兄弟

歸來堂上正面時　外甥命門學堂基

여덟째는 연상 아래 수상(壽上) 이다. 이 수상의 좌우에는 갑궤(甲櫃), 귀래(歸來),

당상(堂上), 정면(正面), 고이(姑姨—왼쪽은 姑叔, 오른쪽은 姨母), 자매(姉妹—남자는 오

른쪽, 여자는 왼쪽), 형제(兄弟—남자는 왼쪽, 여자는 오른쪽), 외생(外甥), 명문(命門)

학당(學堂)의 순서로 열개의 부위가 속해 있다.

第九準頭蘭臺上 典御園倉後閣連

法令竈上宮室盛 守門兵卒記印綬

아홉째는 수상 아래 준두(準頭) 다. 이 준두의 좌우에는 난대(蘭臺—오른편은 廷尉),

범령(法令), 조상(竈上), 궁실(宮室), 전어(典御), 원창(園倉), 후각(後閣), 수문(守門

門), 병졸(兵卒), 인수(印綬)의 순서로 열개 부위가 속해 있다.

第十人中對井部 小使僕從妓堂前

帳下細廚內閣附 嬰文博士懸壁路

열째는 준두 아래 인중(人中)이다. 이 인중 좌우에는 정부(井部), 장하(帳下), 세주

(細廚), 내각(內閣), 소사(小使), 복종(僕從), 기당(妓堂), 영문(嬰門), 박사(博士)

현벽(懸壁)의 순서로 열개 부위가 속해 있다.

十一水星閣門對 客舍兵蘭及家庫

比隣委巷通衢至 商旅生門山頭寄

열한번째 부위는 인중 아래 수성(水星)이다. 이 수성 좌우에는 각문(閣門), 비린(比

隣), 위항(委巷), 통구(通衢), 객사(客舍), 병란(兵蘭), 가고(家庫), 상려(商旅), 생

문(生門), 산두(山頭)의 순서로 열개 부위가 속해 있다.

十二承漿祖宅安　下墓田庄酒池上

孫宅外院林苑看　郊郭荒邱道路傍

열두번째 부위는 수성 아래 승장(承漿)이다. 이 승장 좌우에는 조택(祖宅), 손택(孫

宅), 외원(外院), 임원(林苑), 하묘(下墓), 전장(田庄), 주지(酒池), 교곽(郊郭), 황

구(荒邱), 도로(道路)의 열개 부위가 속해 있다.

十三地閣下舍隨　地庫陂池及鴛鴨

奴僕碓磨坑塹危　大海舟車無憂疑

열세번째 부위는 승장 아래 지각(地閣)이다. 이 지각 좌우에는 하사(下舍), 노복(奴

僕), 대마(碓磨), 갱참(坑塹), 지고(地庫), 파지(陂地), 아압(鴛鴨), 대해(大海), 주

거(舟車)의 순서로 각각 아홉개 부위가 속해 있다

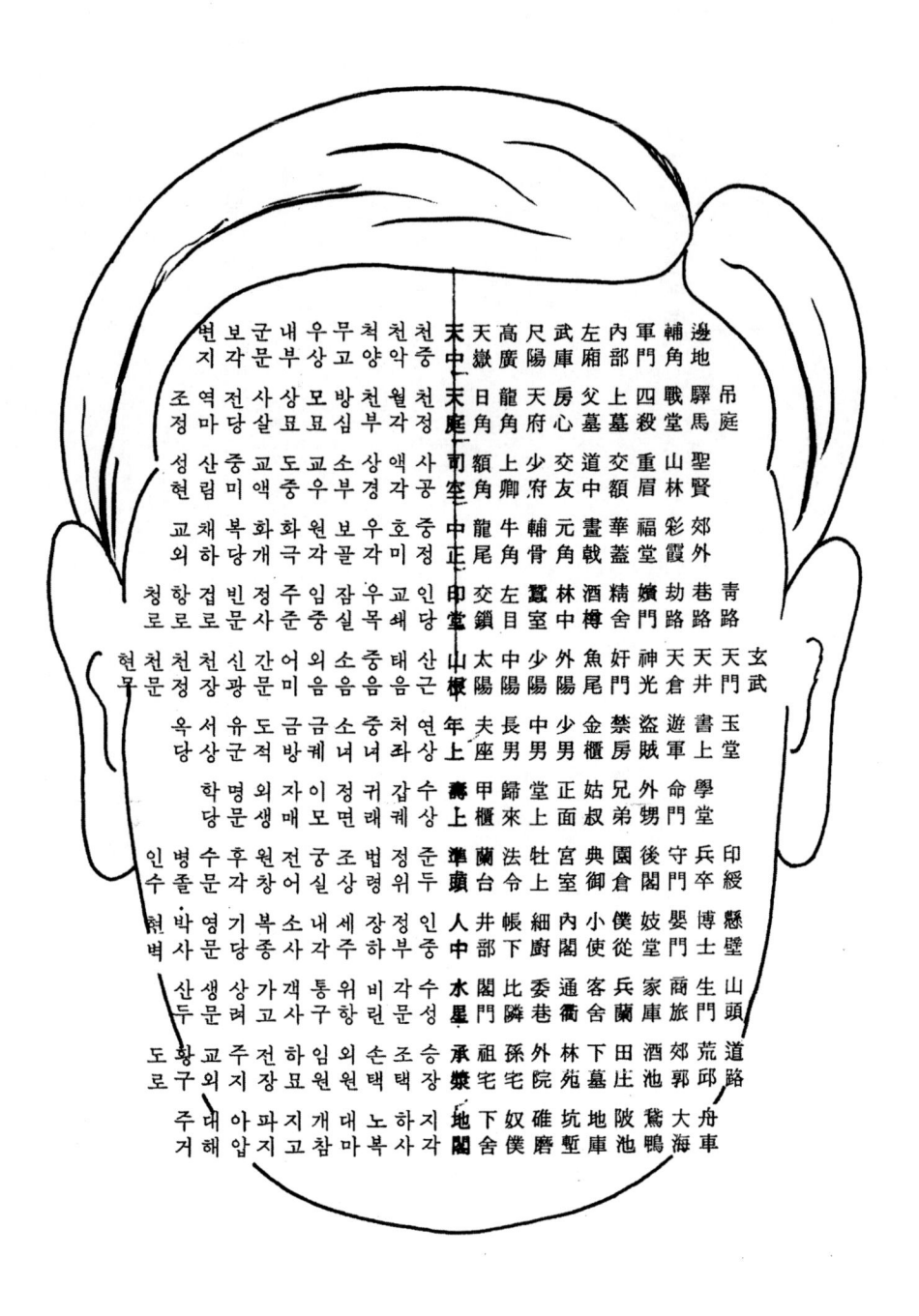

유년운기부위가(流年運氣部位歌)

─유년(流年) 이란 나이 몇살이 어느 부위에 속했는가 알아 해당되는 나이의 부위를 찾아 기색(氣色) 등을 살펴 혹은 길하고, 혹은 흉한 것을 알수 있는 것인데 그러자면 먼저 몇살은 어느 부위에 매었는가를 알아야 하므로 이를 기억하기 쉽도록 아래와같이 칠언구(七言句) 노래로 지은 것이다. ─

欲識流年運氣行　天輪一二初年運

男左女右各分形　三四周流至天城

유년의 운기를 알고자하면 우선 남녀를 구분해서 좌우를 바꿔보아야 한다。 예를 들어 왼쪽 귀는 一二三四인데 여자는 오른쪽 귀가 이에 해당한다。

天郭垂珠五六七　人輪十歲及十一

八九天輪之上停　飛輪郭反心相刑

천곽은 왼쪽귀 중간이오、 수주는 왼쪽 귀뿌리로 이곳은 五六七세에 해당하고、 오른쪽 귀의 윗부분을 천륜의 상정이라 하는바 이곳은 八九세에 해당하고、 인륜은 오른쪽귀 중간 인데 이곳에 十세 十一세가 속해 있다。 그런데 좌우의 귀가 뒤로 꽃잎처럼 뒤집히면、 반

-35-

드시 육친을 형극(刑克) 하게 된다는 것이다.

十二三併十四　十五火星居正額

地輪朝口壽康寧　十六天庭骨格成

十二、十三、十四세는 지륜 즉 오른쪽 귀 중간부터 귀뿌리까지에 해당하는바 이곳이

입을 향한듯 하면 명이 길다 하며, 十五세는 화성(火星) 즉 이마 중간 머리털 난 부근이

오 십六세는 그 아래 천정에 해당하는바 이 나이가 되면 이미 골격이 완전하게 이루어진다.

十七十八日月角　輔角二十二十一

運逢十九應天庭　二十二歲至司空

일각(天庭 왼쪽)은 十七세요, 월각(天庭 오른쪽)은 十八세며, 十九세는 바로 천정이

다。일월각 옆이 보각인데 왼쪽은 二十세요 오른쪽은 二十一세에 이른다.

二十三四邊城地　二十六上主邱陵

二十五歲逢中正　二十七年看塚墓

二十三세는 왼쪽 변지요、二十四세는 오른쪽 변지다。二十五세는 바로 중정(中正—印

堂 위)에 이르고 二十六세는 왼쪽 구릉(邱陵)이오 二十七세는 오른쪽 총묘(塚墓)에 닿는

다。

二十八週印堂平　三十一歲凌雲程

二九三十山林部　三十二週紫氣生

二十八세는 인당(두 눈썹 사이) 이오、二十九세는 왼쪽 산림(山林) 이며 三十세는 오른

쪽 산림이다。양쪽 눈썹머리 위요 인당 좌우가 능운(凌雲—왼편) 과 자기(紫氣—오른편) 라

하는데 능운은 三十一세요 자기는 三十二세의 운을 본다。

三十三行繁霞上　三十五上太陽位

三十四有彩霞明　三十六上會太陰

좌우 눈썹 중간 위를 번하(繁霞—왼쪽)·채하(彩霞—오른쪽) 라 하는데 번하는 三十三

세요 채하는 三十四에 닿고、태양(왼쪽 눈) 은 三十五세요 태음(오른쪽 눈) 은 三十六세에

이른다。

中陽正位三十七　少陽年當三十九

中陰三十八主亨　少陰四十看須眞

중양은 왼쪽 눈동자이니 이곳에 三十七세요、중음은 오른쪽 눈동자니 이곳에 三十八세

운을 보며、소양은 왼쪽 눈동자 옆 흰자위인데 三十九세가 되고、소음은 오른쪽 눈동자 옆

흰자위인데 이곳에 四十세 운이 머무른다。

山根路遠四十一　四十三歲登光殿

四十二造精舍宮　四十有四年上增

四十一세 산근(두 눈 사이 오목한 곳) 부위요 四十二세는 정사(精舍—산근 왼쪽) 에 이

르고 四十三세는 광전(光殿—산근 오른쪽)을 살필 것이며 四十四세는 연상(年上—코 중간

에서 약간 위)을 보라.

壽上又逢四十五 準頭喜居四十八

四十六七兩顴宮 四十九入蘭臺中

수상(코 중간에서 약간 아래)은 四十五세, 왼쪽 관골은 四十六이오, 오른쪽 관골은

四十七세가 되고, 준두(코 끝 뾰족한 곳)는 四十八이오, 난대(코끝 왼쪽)는 四十九세의

운이 작용한다.

廷尉相逢正五十 五十二三居仙庫

人中五十一人驚 五十有四食倉盈

코 끝 오른편을 정위라 칭하니 이곳이 五十운이오, 인중(人中—코 아래와 윗입술 위 골

진 곳)이 五十一세며 인중 좌우가 선고인데 왼편 선고는 五十二세요, 오른편 선고는 五十

三세 유년을 보고, 왼쪽 왼편이 식창(食倉)이니 이 부위에 五十四세 운이 머무른다.

五五得請祿倉米 五十八九遇虎耳

五十六七法令明 耳順之年遇水星

왼편 선고 옆이 녹창(祿倉)인데 이곳은 五十五세요, 왼쪽 법령은 五十六, 오른쪽 법령

은 五十七세며, 호이(虎耳)는 양쪽 뺨 끝인데 왼쪽 호이는 五十八이오, 오른쪽 호이는 五

十九세오 수성(水星—입)에 六十당년을 보게 된다.

承漿正居六十一　六十四居陂池內

地庫六十二三逢　六十五處鴛鴦鳴

　승장(아래입술 밑 오목한 곳)이 六十一세요, 지고(地庫)는 승장 옆인데 왼쪽 지고는 六十二세, 오른쪽 지고는 六十三세가 이르며 파지(왼쪽 지고 옆)에 六十四 아압(오른쪽 지고 옆)에 六十五세 운이 이른다.

六十六七穿金縷　蹄矩之年逢頌堂

歸來六十八九程　地閣頻添七十一

　왼쪽 금루(파지 옆)가 六十六세 오른쪽 금루(아압 옆)가 六十七세 왼쪽 귀래(금루 옆)가 六十八, 오른쪽 귀래가 六十九세며 七十은 송당(頌堂ー승장 밑)이오 七十一세운은 지각을 살핀다.

七十二三屬奴僕　七十六七尋子位

腮骨七十四五同　七十八九丑牛耕

　七十二세는 왼편 노복이오, 七十三세는 오른편 노복이며, 왼쪽 시골(腮骨ー턱)은 七十四세요, 오른쪽 시골은 七十五세의 유년이다. 그리고 七十六七은 子, 七十八九세는 丑에 해당한다.

太公之年添一歲　八十二三卯兎宮

更臨寅虎相偏靈　八十四五辰龍行

八十六七巳蛇中　九十一二未羊明

八十八九午馬輕　九十二三猴結果

八十六七세는 巳궁、八十八九세는 午궁、九十과 九十一은 未궁、九十二 三세는 申궁에 속한다。

九十四五聽鷄聲　九十八九亥猪吞

九十六七犬吠月　若問人間過百歲

順數朝上保長生

週而復始輪於面

九十四五는 酉궁、九十六七은 戌궁、九十八九세는 亥궁、一백세가 넘으면 다시 一세 자리에 百一세를 붙여 나간다。

紋痣缺陷禍非輕、眼運併衡明暗辨、更逢破敗屬幽冥、又兼氣色相刑剋、骨肉破敗自伶仃、倘

若運逢部位好　順時氣色是光晶、五嶽四瀆相朝把、扶搖萬里任飛騰、誰識神仙眞妙訣、相逢談笑

世人驚、

유년부위에 주름・점이 있거나 결함되면 재앙이 가볍지 않다。그리고 유년부위가 충

극（冲克）받는 중에 다시 파패를 만나면 사망한다。또는 겸하여 기색이 서로 형극되면골

육에 액이 있으므로 자연 육친을 이별하고 고독하게 된다。그러나 만일 좋은 부위에 유년

이 닿고 기색이 밝으며 오악(五嶽 이마、코、좌우관골 턱) 과 사독(四瀆—눈、코、입、귀)
이 조응하면 만리에 공명을 떨치게 된다。 그러므로 신선의 참되고 오묘한 비결을 누가 알
으랴, 이 상법의 신묘함을 논함에 세상 사람들이 깜짝 놀라리라。

운기구결(運氣口訣)

水形一數金三歲　火起五年求順逆
土厚惟將四歲推　木形二歲復何疑
金水兼之從上下　土自準頭初主限
若云水火反求之　週而復始定安危

얼굴이 수형(水形)이면 一세 二十一세 등의 운기가 작용하고 금형(金形)이면
三세 十三세 二十三세 등의 운기가 작용하며、 토형(土形)이면 四세 十四세 二十四세 등의
운세를 추리한다。 화형(火形)이면 五세 十五세 二十五세 등의 길흉이 작용하니 목형(木形

식한가(識限歌)

이면 二세 十二세 二十二세 등의 운기가 작용하는 것이 당연하다。 금수형(金水形)을 겸

하면 상하를 좇아 금생수(金生水)가 되어 가하고 만일 수화형(水火形)을 겸하면 수극화(水

克火)가 되어 복을 구하기 어렵다。 토형(土形)은 준두(準頭)로부터 초년운이 작용하는

것인데 모두 이와 같은 요령으로 나이를 돌려 좋고 나쁜 것을 추리한다。

八歲十八二十八은　　有無活計兩頭消하니

下至山根上至髮이라　　三十印堂莫帶殺하라。

三二四二五十二는　　禾椽祿馬要當하니

山根上下準頭至라　　不識之人莫亂指하라。

五三六三七十三은　　逐一推詳看禍福하니

人面排來地閣門이라　　火星百歲印堂添이라。

上下兩截分貴賤하니　　此是神仙異秘訣이니

八세 十八、二十八세는 아래로 산근에서 발제까지다。재물이 있고 없는 것은 머리

양쪽이 깎였는가를 살필 것이오 三十운에 인당에 살을 띠면 불길하니라。

三十二、四十二、五十二세는 산근 위에서 아래로 준두까지를 본다。화가(禾稼)와 녹

마(祿馬)는 풍융함을 요하니 잘 모르는 사람은 함부로 일컫지 마라。

五十三、六十三、七十三세는 인면(人面)과 배래(排來)와 지각(地閣)에 이른다。하나

를 좇아 미루어 길흉화복을 자세히 살필지니 화성(火星—이마 중앙)과 인당(印堂)에서 는

백세의 운을 본다。

상하로 끊어 귀하고 천함을 분별할지니 창고가 평평한가 아닌가로 재물의 있고 없는

것을 분간하라。이는 신선의 특이한 비결이니 호란한 지식을 가지고 어리석은 자에게 가

르치지 마라。

一、 명궁（ 命宮 ）

명궁(命宮)은 두 눈썹사이 즉 산근(山根)의 위에 위치하니 이곳이 거울처럼 빛나고 밝으

면 모든 학문에 통달한다.

산근이 평평하고 살이 톡 차면 복록과 수(壽)를 누리고 코가 우뚝하게 솟아 곤으면 재물

이 따르며 눈의 흑백이 분명하면 재백이 풍부하고, 이마에 내천자(川字) 같은 무늬가 있으면

이를 역마(驛馬)라 하니 외직(外職)으로 출세한다.

관록궁이 풍융하면 반드시 부귀쌍전함을 보전할 것이오 요함(凹陷)하면 빈한함은 정연한

이치다.

두 눈썹이 맞닿은듯 하고 눈썹털이 이리저리 엉킨 사람은 하천한 명이오, 명궁에 지저분

한 주름이 있으면 고향을 떠나고 또는 아내를 사별하며, 이마가 좁고 눈썹이 윤택하지 못하

면 재산을 파하고 되는 일이 없다.

글에 이르기를 『눈썹과 눈 중간이 바로 명궁이니 밝고 빛나고 맑고 깨끗하면 학문에 통

달한다. 그러나 만일 어지러운 주름이 있고 깨끗치 못하면 막힘이 많으니 조상의 유산과

모든 재산을 다 없앤다』하였다。

二、재백궁(財帛宮)

코는 토숙(土宿)이오 토는 만물을 생장하므로 이 의(義)를 취하여 코를 재백궁이라 한다。(뿐 아니라 天倉·地庫·金櫃·甲櫃·二倫·井竈 부위가 모두 재백을 주장하는 곳인데 이 모든 부위가 모두 풍만하여 밝고 윤택하여야 재물이 넉넉하고, 반대로 작고, 윤택하지 못하고 어둡고 검으면 재물이 사라진다)

콧대가 둥근 대통(竹筒)을 쪼개어 엎어놓은 것 같고 또 달아맨 쓸개(懸膽) 같으면 곡식창고와 보물상자가 가득하며, 코가 높이 솟아 곧고 풍융하면 일생 재물이 왕하여 부귀를 누린다。

중정(中正)이 반듯하고 평평하면 영원토록 재물이 발하고, 매부리코에 코끝이 뾰족하면 재물을 파하고 빈한하게 된다。 그리고 콧구멍이 뻔하게 들여다보이지 말지니 이러하면 집안에 저축해둔 식량이 없이 항시 달랑거리고, 콧구멍이 크게 보이면 반드시 식량과 금전이 여유가 없게 된다。

글에 이르기를『코는 재물을 주관하는 곳이므로 윤택이 밝고 풍융한 가운데 두 콧구멍이 뻔하지 말아야 한다。 콧구멍이 훤히 보이는 사람은 돈과 식량이 없고 지각(地閣)이 도두록하고 갑궤(甲櫃) 가 풍융해야 길하다。」

三、 형제궁(兄弟宮)

형제궁의 위치는 두 눈썹이다。 즉 나후(羅睺-왼쪽 눈썹) 와 계도(計都-오른편 눈썹)에 속한다。

눈썹이 눈보다 길면 三四형제 온전하며 눈썹이 수려하여 곱고 빽빽하여 엉키지 않은 것) 눈썹이 단정하여 마치 초생달 같으면 여러 형제가 뛰어나고 우애도 지극하다。

눈썹이 몹시 짧거나 거칠면 동기 간에 이별이 있고, 눈썹이 고리(環) 처럼 생겨 눈 끝을 가리우면 동기 간이 적으며, 양쪽 눈썹이 터럭같이 생긴 사람은 배다른 형제가 있고, 눈썹이 엉키거나 누리거나 몹시 듬성하면 자신이 타향에서 사망하며 눈썹이 고불고불 엉키거나 불에 끄슬린 것 같으면 동기 간이 모두 포악하거나 좀 도적같은 무리다。

눈썹의 중간이 끊긴 사람은 형제가 사방으로 흩어지고, 눈썹이 짙고 풍성하면 의형제가 있는 사람이다。

글에 이르기를 『눈썹은 형제궁이니 부드럽고 곱고 길면 四、五형제가 발달한다。 두 끝이 가즈런하지 못하면 생모 아닌 어머니를 섬기게 되고, 눈썹이 맞닿은듯하거나 누리거나 몹시 듬성하면 타향에서 사망한다。」

四、전택궁(田宅宮)

전택궁의 위치는 두 눈이다。 가장 두려운 것은 붉은 줄이 동자에 침입함이라、이러한 눈을 가진 사람은 일찍 가산을 탕진하고 늙도록 빈궁하다。 그러나 눈동자가 검고 빛나 흑백이 뚜렷하면 종신토록 경영하는 일이 발전하고 봉(鳳)의 눈에 눈썹이 높게 붙으면 벼슬을 하여 여러 고을의 녹을 먹는다。 양쪽 눈이 툭 불거지거나 흰창이 많으면 논밭과 가옥을 보전하기 어렵고、눈이 붉게 충혈되거나 흰창이 가득하면 모든 재산을 다 없앤다。

글에 이르기를 『눈은 주로 전택궁을 보는 것이니 두 눈이 청수하고 흑백이 분명하며 양쪽 눈의 모양이 같음을 요한다。 두 눈의 빛이 없고 눈망울이 불거진 사람은 부모에게 물려받은 가옥이며 토지를 하나도 남김없이 팔아 없애느니라』하였다。

五、남녀궁(男女宮)

남녀궁은 즉 자녀궁(子女宮)인데 위치는 두 눈 바로 밑으로 이곳을 누당(淚堂) 또는 와잠(臥蠶) 이라 한다。 삼양(三陽ㅡ太陽・中陽・少陽)이 평만하면 자손의 복록이 창성하고、이곳에 와잠 모양으로 은은히 도두룩하면 자녀들이 모두 귀히 된다。 그러나 누당이 깊게 패이면 자녀와의 인연이 없어 자식을 두기 어렵고、양쪽 눈 밑에 검은 사마귀가 있거나 비스듬한 주름이 있으면 늙도록 자손의 재앙으로 근심한다。 자녀관계는 또 입을 보기도 하는 것이니 불을 부는 것 같은 입(吹火口)은 자식이 없어 고독하고、인중(人中)의 골이 없이 편편하면 늙어 자손의 영화 보기가 어렵다。

글에 이르기를 『남녀궁은 삼양(三陽)의 와잠(臥蠶)이 도두룩한 것이다。맑고 깨끗하여 광채가 발하면 자손운이 좋다。그러나 이곳에 현침(懸針—달아맨 바늘) 모양의 어지러운 주름이 있으면 자녀운이 나쁠 뿐 아니라 일생 남의 빚(채무) 벗을 날이 없다』

六、노복궁(奴僕宮)

노복궁의 위치는 지각(地閣—턱)이다。입으로부터 턱 끝 까지가 노복궁에 속하는데 얼굴이 둥그스럼하고 지각이 풍만하면 무리 부하들이 시립하게 되고、좌우 관골이 도두룩하면 여러 사람을 호령하는 위치에 오른다。

입이 넉사자(四字) 같으면 권세를 떨치고 지각이 뾰족하거나 비뚜러지면 부하나 하인이 주인(自己)의 은혜를 입고도 도리어 원한을 품고 배반한다。지각에 흠집이 있거나 주름이 있거나 깎이고 함하면 부하와 노비가 없는 사람이오 지각 좌우가 저함(低陷)하면 은혜를 입은 노복이 도리어 원수로 여긴다。

글에 이르되 「노복궁은 지각인데 모름지기 지각이 풍륭함을 요하나니 수성(水星—입)의 두 끝 모양이 같지 않으면 지각이 풍륭해도 소용이 없고 또는 턱이 기울거나 함하거나 흠이 있거나 주름이 있어도 모두 불길하다.

七、처첩궁(妻妾宮)

처첩궁은 즉 부부궁(夫婦宮) 인데 어미(魚尾) 와 간문(奸門) 에 위치한다. 이곳이 밝고 윤택하면 부부 해로하고 처덕(여자는 남편덕) 이 있으며, 어미 간문이 풍륭하면 아내를 얻은 뒤에 금은보화가 상자에 가득해진다. 어미 간문의 결함이 없는 가운데 좌우 관골이 높게 솟으면 아내로 인하여 녹(祿) 을 얻는다.

간문이 깊게 패여 함하면 여러번 아내를 맞이하고 (여자는 두 세번 재가한다), 어미에 잔주름이 많으면 그 아내(여자는 남편) 가 악사(惡死) 할 우려가 있으며 간문이 검고 침침하면 부부가 생이별이오, 이곳에 검은 점이나 사마귀가 있거나 비스듬한 주름이 있는 사람은 남녀를 막론하고 음란하여 남자는 외도(外道) 를 일삼고 여자는 간음한다.

글에 이르기를 『간문이 밝고 윤택하면 처궁을 보전하고 아울러 재물이 항시 풍부하다. 간문이 암잠(거므스럼하고 침침한 것) 하거나 사문(斜紋) 이 있거나 검은 점이나 사마귀가 있으면 남녀가 모두 음탕하다』 하였다.

-49-

八、질액궁(疾厄宮)

질액궁의 위치는 인당(印堂) 아래 즉 산근(山根─두 눈 사이) 이다. 이곳이 높고 풍만하면 조종의 유산이 많고 이곳이 솟아 위로 복서골(伏犀骨)에 연결되면 문장이 뛰어난다.

이곳이 옥같이 맑고 광채 나면 오복(五福─壽・富・康寧・攸好德・考終命)을 누리고 연상(年相)、수상(壽上) 이 높고 평평하면 골육간에 화평하며, 질액궁에 흠집과 주름이 생기거나 오목하면 항시 질병으로 고생한다.

콧대가 살이 없이 뼈만 앙상하거나 코끝이 뾰족하거나 비뚜러지면 평생 고난을 면치 못하고、이곳의 기색이 검은 연기나 안개빛같이 침침하면 몸의 재액이 떠나지 아니한다.

글에 이르기를 『산근은 질액궁이니 도두룩한 듯 평평하면 일생 재앙이 생기지 않으나 만일 주름지고 흠이 있는데다 겸하여 뼈만 앙상하면 평생 신고가 따라 성취하기 어려우니라』하였다.

九、천이궁(遷移宮)

천이궁은 미각(眉角─두 눈썹 끝 부분) 에 위치하니 이곳을 천창(天倉) 이라 한다。(註─邊地・驛馬가 모두 천이궁에 속한다) 이곳의 살이 톡 차서 풍영하면 벼슬에 오르기 어렵지 않고、 어미(魚尾ㅡ눈 끝)가 평평하면 늙도록 사람들의 부러움을 받으며 산다。

역마(驛馬) 부위가 도두룩하면 귀한 신분으로 사방에 노닐게 되고 액각(額角ㅡ옆이마)이

오목하게 패이면 늙도록 편안히 머무를 곳을 찾지 못한다。

두 눈썹이 서로 맞닿은 듯 하면 조업을 파하고 고향을 떠나게 되며 천정(天庭ㅡ이마)과

지각(地閣ㅡ턱)이 모두 비뚜러지면 거처가 불안하여 자주 옮기게 되는데 천이궁이 좋지

못하면 집을 여러번 옮기거나 조상의 묘를 옮기게 된다。

十、 관록궁(官祿宮)

관록궁의 위치는 중정(中正ㅡ이마 상하 좌우의 한복판) 으로부터 위로 이궁(離宮ㅡ이마 중

심으로 맨 윗부분) 까지 포함되었다。

복서골(伏犀骨ㅡ이마 중앙에 곧게 길이로 솟아 인당까지 연결된 뼈) 높게 솟아 정수리까지

뻗치면 일생 벼슬살이 하면서 문책이나 재판 따위를 받지 아니하고 역마가 도두룩(朝歸) 하

면 관직중 잘못이 있더라도 자연 무마된다。

이마가 옥같이 맑고 빛나고 깨끗하면 공명(功名) 이 현달하여 뛰어난 사람이오、 액각(額角

ㅡ이마 양쪽) 이 당당하면 관사(官司) 를 범했더라도 귀인의 도움으로 액을 면한다。 그러나

이마에 주름이 많거나 흠결이 있거나 하면 항시 갑작스런 난관을 당하고 눈이 붉게 충혈되

-51-

면 형법으로 사망한다.

글에 이르기를 『관록이란 일신의 영달 유무를 보는 곳이니 자세히 살피라。산근과 창고가 풍륭하면 맑음을 요하는바 이렇게 된 가운데 관록궁이 맑고 깨끗하여 흠이나 점(點) 같은 것

이 없으면 높은 벼슬에 올라 영귀함이 오래 가리라』하였다。

十一、복덕궁(福德宮)

복덕궁의 위치는 천창(天倉—양쪽 이마)이다。 이곳이 맑고 풍륭하여 아래로 지각(地閣 —턱)까지 연결되고 오성(五星—이마・좌우관골・코・턱)이 모두 높이 솟으면 평생 복록이 끊임없다。 특히 이마와 턱이 도두룩하여 서로 조응(朝應—오긋하여 마주보는 듯)하면 덕행

이 높고 오복을 갖추게 된다。

턱은 둥그스럼하거나 이마가 좁으면 초년 곤고가 있음이오、반대로 이마는 넓직하나 턱이 뾰족하면 초년은 길해도 말년운이 비색(否塞)하다。 눈썹이 높직하게 붙으면 운세가 평평하 고、짙은 눈썹이 눈을 덮은 듯 하거나 귀가 뒤짚힌 사람은 복덕을 누릴 수가 없다。

글에 이르기를 『복덕궁은 천창인데 지각이 둥그스럼하게 풍륭하고 이마、관골、코、턱이 높이 솟아 밝으면 복록이 면면하다。 만일 이러한 부위에 결함이 있거나 함하고 뾰족하게 깎 이면 의식이 평평할지라도 오복의 온전함이 없으리라』

십이궁도

十二、부모궁（父母宮）

「참고」 麻衣相法 本文에 보면 十二項에 「相貌宮」으로 되어 있고 父母宮이 十二宮內에 없다。 그러나 相貌宮 다음을 보면 「十二宮秘訣」에 父母宮으로 보아 譯者의 생각으로는 父母宮과 十二宮秘訣이 바뀐 것 같다。

부모궁의 위치는 일월각（日月角）인데 모름지기 이마는 높고 둥그스름해야 부모궁이 길하다。

일월각이 밝고 깨끗하면 부모 장수하고 건강하며 일월각이 모두 오목하면 어려서 쌍친을 잃고 빛이 어두우면 부모의 질환이 있다。

왼쪽 눈썹 위를 일각（日角）이라 하고 오른쪽 눈썹 위를 월각（月角）이라 하는데（여자는 左右를 바꾼다） 일각이 함하거나 어두우면 부친을 여의고, 월각이 그러하면 모친을 이별한다。 혹은 아버지는 같으나 어머

너가 다르거나 혹은 어머니를 따라가 의부를 섬기는 수도 있고, 아니면 부모 조상의 터를 멀리 떠나 자수성가 하게 된다. 어쨌든지 부모궁에 결함이 있으면 부모에게 중중한 재앙

이 이르는 것이니 남의 부모에게 의탁하거나 의부모를 맺어야 부모 이별은 면할 수 있다

또는 눈썹이 이중(二中)으로 된 사람이 있는데 왼쪽이 이중이면 두 아버지요, 오른쪽이

이중이면 두 어머니를 섬길 운이오, 혹은 부친이나 모친이 음란하여 왼쪽이면 부친이 외도

(外道)에 빠지고, 오른쪽이면 모친이 간음하게 되거나 아니면 부친이나 모친이 사망한다。

머리통이 기울거나 이마가 몹시 좁은 사람은 서자(庶子)의 신분으로 출생하거나 혹은

부모가 간음으로 인해 생겨난 사람이다.

왼쪽 눈썹이 높고 오른쪽 눈썹이 낮으면 부친은 장수하나 모친이 일찍 죽고, 왼쪽 눈썹

이 낮고 오른쪽 눈썹이 높게 붙으면 부친이 일찍 죽고 모친은 재가한다.

이마가 깎인 듯 좁은데다 두 눈썹이 맞닿은 듯 하면 이를 격각살(隔角殺)이라 하니 조

실부모 하거나 부모가 있더라도 무정하여 덕이 없다.

일월각이 모두 도두룩하여 정수리까지 연결되면 부모 쌍전에 영화가 무궁하고 부모가 명

성을 떨치는 분이며 조상의 음덕이 있다.

일월각에 청기(靑氣)가 발하면 부모의 우환이오, 또는 구설과 관액이 아니면 몸을 크게

다치고, 일월각에 흑기(黑氣)나 백기(白氣)가 돋으면 부모가 사망하며, 홍황(紅黃)한 기

색이 발하면 쌍친에게 기쁜 경사가 있다.

상모 (相貌)

얼굴의 모양을 상보는데는 먼저 오악(五嶽 — 이마·코·턱·좌우관골)과 삼정(三停 — 이마부위·코부위·턱부위)을 살펴야 한다. 오악이 모두 높고 풍만하면 부귀를 얻어 영화로움이 많고, 삼정이 균등하면 평생 현달한다. 또는 오악이 솟아 서로 조응하면 관록을 얻어 날로 영전되고, 행동거지가 위엄 있으면 사람됨이 존중하여 귀한 신분이다.

이마는 초년이오, 코는 중년운이며, 턱과 입은 말년운을 응하는 것이니 기색이 어둡거나 깎이고 함하면 그 부위 해당되는 운에 흉액이 따른다.

글에 이르기를 『상을 보려면 모름지기 상하정(上下停)을 살펴라 삼정이 평등하면 일생운이 순조롭고, 삼정 가운데 한곳만이 좋거나 나쁘면 길한 가운데 액이 있거나 흉액 가운데 길함이 있다고 판단해야 한다』

오관총론 (五官總論)

오관이란 귀·눈썹·눈·코·입 다섯가지를 칭한다.

첫째 귀는 소리를 듣는 기관이라 해서 이를 채청관(採聽官)이라 하고, 둘째 눈썹이니 눈썹

-55-

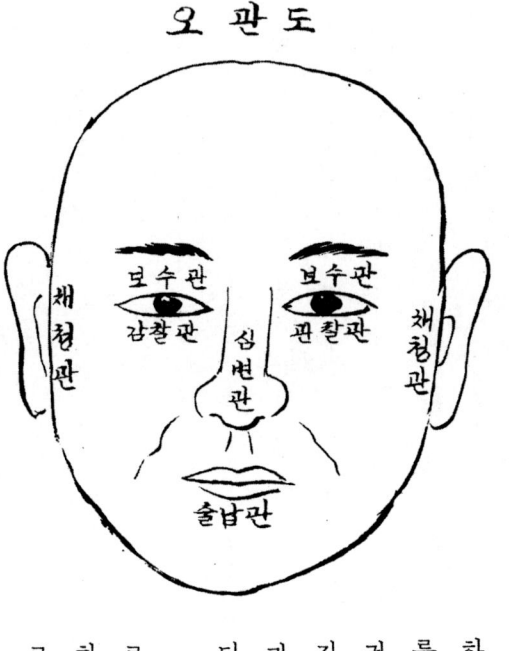

오관도

채청관

보수관 감찰관

보수관 관찰관

심변관

채청관

출납관

은 눈을 보호하므로서 간접적으로 피흉취길(避凶就吉) 하게되어 이를 보수관(保壽官) 이라

하고、셋째 눈은 모든 물건을 보고 살피는 곳이므로 이를 감찰관(監察官)이라 하고、넷째

코는 모든 냄새를 맡는 곳이므로 이를 심변관(審辨官) 이라 하고、다섯째 입은 음식을 먹

고 소리를 발하는 곳이라 해서 이를 출납관(出納官)이라 칭한다.

대총부(大總賦)라는 글에 이르기를『오관 가운데 한곳(一官)이 십년간의 귀현을 이룩하고

한 부(一府─六府가운데 하나、얼굴을 상、중 하 三府로 나누고 상부・중부・하부의 좌우

를 합치면 六府가 됨) 가 또한 십년간의 부귀를 좌우한다. 다만 오관가운데 혹 한곳의

귀함만 얻으면 십년간의 귀함을 누리고、오관이 모두 아름다우면 일생토록 부귀를 누린

다』하였다.

귀(探聽官)는 빛이 선명한 가운데 눈썹 위로 높이 붙고 윤곽이 분명하며 귀밥이 두툼

하고 명문(命門)이 너그러워야 채청관이 제대로 이루어졌다 함이오、눈썹(保壽官)은 너

그럽고 깨끗하고 실어 옆머리 부근까지 이르

고 모양이 소뿔을 뉘어놓은 것 같거나 초생달 처럼 생기고 머리와 꼬리가 풍영하여 이마

중간쯤 높직하게 붙으면 보수관이 잘 이루어졌다 한다.

눈(監察官)은 깊숙하여 눈망울이 솟지 않고 흰창과 검은 동자의 흑백이 분명하며, 동자

가 단정하여 광채가 반짝거리고, 가늘고 길어 한치(一寸)가 넘으면 감찰관이 잘 이루어졌

다 한다.

코(審辨官)는 콧대가 단정한 가운데 인당(印堂)이 넓고 평평하며 산근(山根)이 도두룩하

여 그참 인당·연상·수상과 가즈런하고 준두(準頭ㅡ코끝)가 높고 풍륭하며, 좌우 난대·정

위가 둥그스럼하여 그 모양이 현담(懸膽ㅡ쓸개를 매달아 놓은 것) 같고 둥근대를 쪼개어

엎어놓은 것 같이 콧대가 곧고 바르며, 빛이 깨끗하고 황명(黃明)하면 심변관이 잘 이루어

졌다 한다.

입(出納官)은 모나고 크고, 입술은 붉고 단정하고 두툼하며 각궁(角弓ㅡ활) 같이 생겨

벌리면 크게 열리고 오물면 작게 보이는 것이라야 출납관이 잘 이루어졌다 한다.

오악(五嶽)

註 산은 높고 큰 것을 요하는데 얼굴의 다섯군데 솟은곳 즉 이마, 코, 턱, 좌우관골을

중국 땅에 있는 오악(五嶽)에 비유함이다.

오악(五嶽)이란 형산·항산·숭산·화산·태산의 다섯가지 산을 칭함인데 사람 얼굴의 이마를 남악형산(南嶽衡山), 턱을 북악항산(北嶽恒山), 코를 중악숭산(中嶽嵩山), 왼쪽 관골을 서악화산(西嶽華山), 오른쪽 관골을 동악태산(東嶽泰山)이라 별명한다.

첫째 중악(코)은 오악가운데 중앙에 위치하였으니 가장 높고 풍륭해야 한다. 만일 중악 토성(中嶽土星)이 높지도 않고 풍륭하지도 않으면 주장하는 세(勢)가 무력하여 한갓 소인(小人)이 되고, 또한 수명도 길게 누리지 못한다. 중악이 박약하여 세력이 없으면 기타 사악(四嶽—이마, 턱, 관골)이 주장이 없는 형상이어서 비록 다른 부위가 아름답다 해도 크게 귀히 되지 못하고 위엄과 권세도 없으며 수한도 오래 누리지 못한다. 그리고 중악이 약간 모자라고 길기만 하면 중간 수명이오 뾰족하고 박약하면 만년에 실패하며 뜻대로 되는 일이 별로 없다.

남악(이마)이 기울면 실패가 크고 장손의 신분이면 더욱 불길하며, 북악(턱)이 뾰족하거나 함하면 말년에 성공이 없어 늙도록 귀히 되지 못하고, 동서악(좌우관골)이 옆으로 툭 불거지면 마음이 악독하여 인정머리가 없다. 그러므로 오악은 코를 중심으로 도두룩하게 솟되 풍륭하여 조응(朝應—오긋한 모습)을 가장 기뻐한다.

-58-

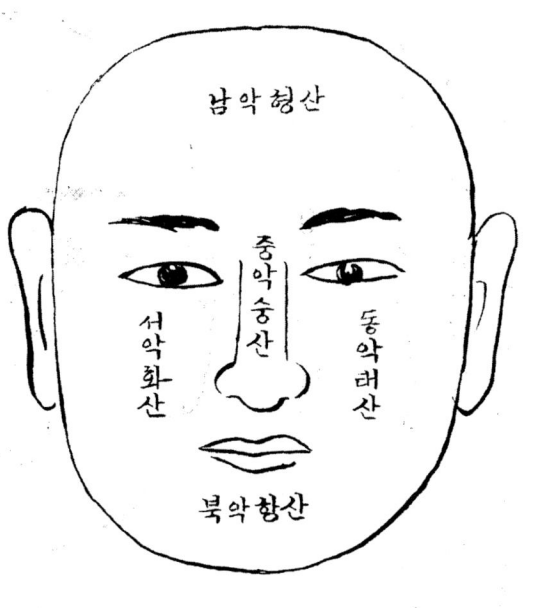

남악형산

충악숭산

서악화산

동악터산

북악항산

오악도 (五嶽圖)

사독 (四瀆)

강(江)·하(河)·회(淮)·제(濟)는 모두 물의 이름인데 귀와 눈과 입과 코의 오목한 곳을 도랑(瀆)에 비유하여 귀를 강독(江瀆)、눈을 하독(河瀆)·입을 회독(淮瀆)·코를 제독(濟瀆)이라 칭한다.

귀와 눈과 입과 코의 사독(四瀆)은 깊고 근원이 장원해야 성취하는 것이니 도랑이 새어나가지 않아 물이 고이면(물이 담길만큼 오목한 것) 재물과 곡식이 풍부하고 재산이 소비되지 않아 저축해두는 돈과 곡식이 많으니라.

강독(귀)은 구멍이 넓고 깊으며 윤곽이 짜임새 있고 튼튼하면 가업이 창성한다.

하독(눈)은 눈망울이 솟지 않고 깊어야 장수하고, 눈이 작되 길면 귀히되며 광채를 발하면 총명하다. 그러나 눈이 얕게 박혀 눈망울이 솟은듯 하면 단명하고 혼탁하면 막힘이 많으며 둥글면 일찍 죽는 것이니 눈은 너무 크지도 작지도 않아야 귀격이다.

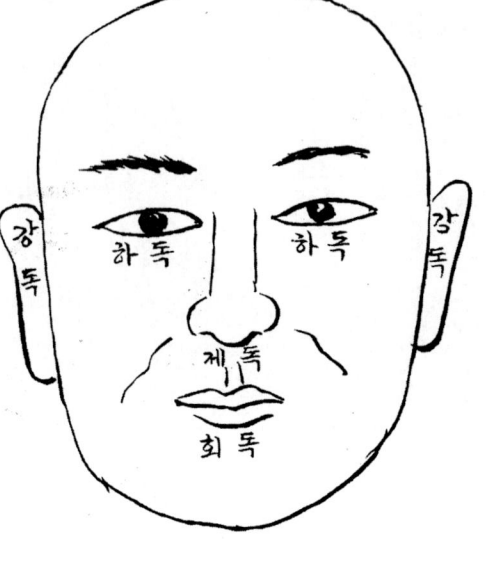

사독도 (四瀆圖)

회독(입)은 모나고 넓직해야 하며, 위아
래 입술이 야무지게 단혀 말할 때도 이
가 잘 보이지 않아야 깊하다。 윗입술이
박약하거나 아래입술이 박약하면 자연
이(齒) 가 드러나보이는 것인데 이러한
사람은 명(命)이 짧고 박복하며 일생 순
조롭게 되는 일이 없다。

제독(코)은 풍륭하고 윤택하며 난대·
정위가 둥그스럼한 가운데 코구멍이 잘
보이지 않으면 가업이 풍요롭다。

삼주 (三柱)

머리(頭)、코(鼻)、발(足)을 삼주(三柱)라 하니 즉 머리는 수주(壽柱)요、코는 양주(梁柱)요、발은 동주(棟柱)라 칭하기도 한다。 그리고 이마·코·턱을 삼주(三柱)라 하는바

이마가 뾰족하면 초년의 재앙이오 코가 뾰족하면 중년운이 불리한데 만년운이 좋은가를

-60-

오성육요(五星六曜)

오성(五星)은 金木水火土로 이마를 화성(火星)、 코를 토성(土星)、 입을 수성(水星)、

왼쪽귀(여자는 오른쪽)를 금성(金星)、 오른쪽귀(여자는 왼쪽)를 목성(木星)이라 한다.

육요(六曜)란 나후(羅睺)、 계도(計都)、 태음(太陰)、 태양(太陽)、 월패(月孛)、 자기

(紫氣)이니 왼쪽눈썹을 나후、 오른쪽 눈썹을 계도、 왼쪽눈을 태양、 오른쪽 눈을 태음、 산

근을 월패、 인당을 자기라 한다.

화성(火星—이마)은 모나야하니 이마가 넓고 모나면 과거에 급제하고、 자기(紫氣—인당)

는 둥그스럼하여 풍릉해야 하니 인당이 이러하면 높은 벼슬에 오른다.

토성(土星—코)은 두툼해야 길격이니 이러하면 장수를 누리고、 목성(木星—오른쪽귀)은

코 방향으로 오긋해야(이를 朝라 한다) 하니 오복을 누리고、 금성(金星—왼쪽귀)은 그 빛

이 흰 것을 요하니 빛이 희면 종신토록 벼슬길이 좋다.

나후(羅睺—왼쪽눈썹)는 모름지기 길어야하니 길면 식록이 족족하고、 계도(計都—오른쪽

눈썹)는 가즈런함을 요하나니 눈썹이 가즈런하면 처자(妻子)의 운이 좋다.

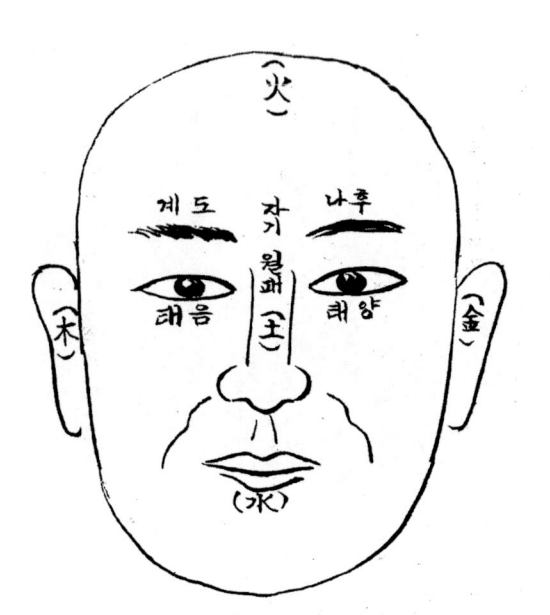

월패(月孛─山根, 즉 두 눈 사이)는 곧은 것

을 요하니 코가 곧으면 의식이 넉넉하고, 태음

(太陰─오른쪽눈)은 눈동자가 검어야하니 눈

동자가 검고 빛나면 관직을 얻게 되고, 태양(太

陽─왼쪽눈)은 눈빛이 빛나야하니 이러한 눈을

가진이는 복록이 창성하고, 수성(水星─입)은 붉

은 것을 요하나니 입술이 붉으면 지위가 삼공(

三公─정승)에 오른다.

화성은 이마로서 이마가 넓직하고 높으면 관

록을 얻고 의식이 자연 이르며 자식은 四五자를

두게 된다. 사람됨이 학문과 예술의 재능이 뛰

어나며 그 부모는 존귀한 신분임을 알 수 있다

그리고 이곳(이마)은 생명궁(生明宮)이 되는데 특히 화성(火星─南方火運)의 힘을 얻으면

전택을 장만하게 되고 수명은 능히 九十九세에 이른다. 그러나 이마가 좁고 뾰족하거나 주

름이 많이생기면 이는 화성이 함지(陷地)에 빠짐이라 귀히되지 못하고 자식도 두기 어려운

데 혹 一二자를 두게 되면 늙어 자식의 도움을 받지 못한다. 의식이 넉넉하지 못하고,

동기간의 덕도 없으며 수명이 짧고 재물이 모이지 아니한다.

자기성(紫氣星)은 인당이니 이곳이 밝고, 곧게 그어진 주름이 없으며 둥글기가 구슬같으면

그 주인공은 필히 귀히 된다. 인당부위가 은빛같이 희고 깨끗하며 크게 귀히 되고 누른듯

밝으면 의식이 넉넉하다. 그러나 인당이 좁고 기울어지며 은은한 주름이 비치면 불길한

상이니 자식 二三인이 있으나 덕이 없고 의식도 궁하며 있는 토지를 팔아 없애게 된다.

나후(羅睺)와 계도(計都)는 두 눈썹이다. 털은 검되 빽빽하지 않고 길이가 좌우 발제(髮

際)까지 이르면 이는 의식과 관록이 따르는 상이다. 부모와 자식 모두 귀히 되고 형제며

권속까지도 귀히 된다. 그러나 만일 눈썹이 서로 맞붙은듯 하고 털빛이 누리거나 붉으며

눈썹 길이가 짧으면 자신도 나쁘려니와 특히 형제 자식등이 악사(惡死) 하는 상이다.

태음(太陰)과 태양(太陽)은 좌우 눈이다. 흑백이 분명하고 가늘고 길며, 검은 동자가 많

고 흰망울이 적으며 빛이 발하면 이는 음양 두 성신이 조명(照命)한 길격이라 대귀하는 상

이오. 두 눈이 아름답고 크기와 모양이 같으면 부모 형제 자녀까지도 귀히 된다. 그러나

검은동자가 적고 흰망울이 많거나 눈동자가 그리거나 붉으면 태양 태음 두 성신이 함지에

빠짐이니 매우 불길하여 부모 처자를 극하고 토지 가옥 재물을 다 없애며, 재앙이 많고

단명하다.

월패(月孛)는 산근(山根)이다. 인당뼈가 곧게 산근까지 내려오면 월패조명(月孛照命)이

라하여 건강하고 의식이 족하며, 산근이 움푹 패이면 자신이 아니면 자손궁이 불길하고 기

타의 재액이 많다. 뿐 아니라 아무리 글공부를 많이 해도 과거운이 없고 재산을 없애며

처자를 극한다.

토성(土星)은 코를 칭함이니 준두가 풍후하고 코구멍이 감취지며 콧대가 평만하고 곧아야

길격이다. 이러한 코를 가지면 복록과 수(壽)를 누리지만 만일 코가 바르지 못하고 코끝(

준두)이 뾰족하며 코구멍이 뺀하게 보이면 이는 중악토성(中岳土星)이 실격된 것으로 빈

천한 명이니 사업이 발달치 못하여 재물이 궁하고 그 성질도 바르지 못하다.

금성(金星)과 목성(木星)은 양쪽 귀를 칭함이니 귀는 윤곽이 분명하고 그 빛은 희고 붉

으레하며 귀문이 넓고 단정하며, 뒤짚히지도 않고 뾰족하지도 않으며 두 귀의 크기와 모

양이 같고 눈썹 위로 높이 붙되 희기가 은빛같으면 매우 좋은 상이다. 이러하면 金木 두

성신이 길격을 이룸이니 일찍 재물과 녹이 발한다. 그러나 만일 귀가 뒤짚히거나 비뚜러

지거나 몹시 좁거나 양쪽 크기와 모양이 같지 않으면 이는 실격된 귀이니 토지 가옥 재물

을 손실하며 또는 학식도 없는 사람이다.

수성(水星)은 입을 칭함이다. 이름을 내학당(內學堂)이라고도 한다. 입은 모름지기 붉고

넓고 네모지며, 인중이 깊고 입모양과 이(齒)가 단정하면 학문의 실력이 있어 관록을 먹게

되지만 만일 입술과 이가 거칠거나 양쪽 입끝이 아래로 처진 가운데 입술 빛이 누리면 빈

천한 상이다.

오성육요결단(五星六曜決斷)

○ 귀(耳) 왼쪽은 金, 오른쪽은 木

金木成雙郭有輪하고　端從直朝羅計上이면
風門容指主聽明이라　富貴榮華日日新이라．

금목은 두 귀니 양쪽 귀가 윤곽이 분명하고 귀문이 손가락 들어갈 만큼 넓으면 총명하
다． 단정하여 곧게 눈썹위에 붙으면 부귀영화가 날로 새롭다．

金木開花一世貧이니　於中苦有爲官者나
輪翻郭反有艱辛이라　終身區區不出塵이라．

금목은 두 귀니 윤곽이 뒤로 뒤짚히면 간난신고를 겪는다． 이러
한 귀를 가지고도 혹 벼슬을 하는이가 있으나 그래봐야 종신토록 미관말직에 머무를 뿐 특별
히 뛰어나지 못하리라．

귀가 꽃잎같으면 일생 빈한한 것이니 윤곽이 뒤로 뒤짚히면 간난신고를 겪는다． 이러

-65-

○ 입(口)水星

口含四字似朱紅하고　定是文章聰俊士라
兩角生稜向上宮이면　少年及第作三公이라.

이 뛰어난 총명준사라 소년에 급제하여 정승의 지위에 오른다.

입을 다물면 넉사자요 붉기가 주홍같고 입의 두 끝이 모지고 위로 향하면 정녕코 문장

水星略綿兩頭垂하고　若是偏斜居左右하면
尖薄無稜是乞兒라　　是非奸詐愛使宣라.

입이 늘어져 두 끝이 아래로 처지고, 뾰족하고 옆으며 모가 나지 않으면 이는 걸인의 상이오, 만약 입이 비뚜러져 좌우가 기울면 시비를 일삼고 간사하며 편의대로 좋는 사람이다.

○ 이마(額)　火星

火星宮分瀾方平하고　骨聳三條川字樣이면
潤澤無紋氣色新이라　少年及第作公卿이라.

이마가 넓고 모나고 평평한 가운데 살결이 윤택하고 주름이 없고 기색이 선명하며, 세

가닥 뼈가 솟아 내천자 모양을 이루면 소년에 급제하여 공경의 지위에 오른다.

火星尖狹是常滯　赤脉兩條侵日月이면

紋亂縱橫主配囚라　刀兵赴法死他鄕이라.

이마가 뾰족하고 좁으면 항시 막힘이 있으며 어지러운 주름이 가로 세로 있으면 죄를

짓고 귀양가게 된다. 붉은 힘줄이 솟아 양쪽 눈 부위로 침입하면 칼날에 상하거나 전쟁터

에서 상하거나 타향에서 사망한다.

○ 코(鼻) 土星

土宿端圓似截筒하고　蘭臺廷尉兩相應하면

竈廚不露郎三公이라　必主聲名達聖聰이라.

코가 단정하고 둥글어 대통을 쪼갠것 같고 코구멍이 감춰지면 이는 삼공이 될 상이다

준두 양쪽 모양이 풍후하고 단정하면 반드시 이름을 높이 드날릴 것이오 총명함이 뛰어나

리라.

土宿歪斜受苦辛이오　傍觀勻曲如鷹嘴면

準頭尖薄主孤貧이라 心裏奸謀必害人이라。

코가 비뚜러진 사람은 신고를 받게 되는 것이오、코끝이 뾰족하고 박약하면 고독 빈궁

한 상이다。 옆으로 보아 굽고 갈쿠리져 마치 매부리와 같으면 그 마음 속에 간사한 꾀가

있어 반드시 사람을 해친다。

○ 인당(印堂)─紫氣

紫氣宮中潤又圓하고 蘭臺廷尉來相應하면
拱朝帝主是英賢이라 末主官榮盛有錢이라。

자기는 인당이니 인당이 윤택하고 둥글며 풍만하면 영웅이나 현인의 상이다。 난대

정위는 준두(코끝)양쪽 둥그스럼한 부위인데 두 모양이 같고 풍융하면 말년에 관직의 영화

로움이 있고 또는 금전의 유통도 잘 된다。

紫氣宮中窄又尖하고 自小爲人無實學하고
少短無腮再少髯이면 衣食蕭條更沒添이라。

인당이 좁고 준두가 뾰족하며、 얼굴이 작고 짧은데다 뺨이 없고 훌쭉하며、 수염이 듬

성듬성 난 사람은 인격이 변변치 못하여 알찬 학식이 없고、 의식도 궁핍하며 곤경에 빠진다。

○ 산근(山根)—月孛

月孛宣高不宣低니　爲官必定忠臣相이오
瑩然光彩似琉璃면　末主高官有好妻랴。

월패는 산근(山根)인데 코 전체를 월패라고도 한다。 코는 높아야 길격이니 코가 높

이 솟고 맑고 깨끗하여 유리처럼 빛나면 벼슬에 올라 충신이 되는 상이오 말년에는 고관대

작에 어진 아내를 얻으리라。

月孛宮中狹又尖이면　爲官豈得榮高祿이리오
家財早破事相煎이니　字位當生困歲年이라。

산근이 좁고 준두(코끝)가 뾰족하면 재산을 일찍 파하고 사업은 침체된다。 뿐 아니

라 벼슬에 올라 영화와 높은 녹 누리기를 얻지 바라랴、 산근에 유년이 머무르는 해에 곤액

막심하리라。

○ 눈썹(眉)—羅計

羅計星君秀且長하고　不惟此貌居官識이라
分明貼肉應三陽이면　思義彰名播遠方이라。

나계는 나후(羅睺─왼쪽 눈썹)・계도(計都─오른쪽 눈썹)이니 즉 양쪽 눈썹을 합칭한

술어다. 두 눈썹이 수려하고 길며 아울러 눈의 흑백이 분명하면 높은 관직에 거하거나

은의를 널리 베풀어 빛나는 이름이 멀리까지 퍼지리라.

羅計稀疎骨聳高하면　奸邪狀似垂楊柳니

爲人性急愛凶豪라　兄弟同胞有族毛라.

두 눈썹이 듬성듬성 나고 눈썹골이 툭 솟으면 성질이 급하고 흉포하다.

그리고 간사하기는 바람에 나부끼는 버들잎 같은데 눈썹에 선모(旋毛─구불구불한 털)

가 나면 동기간은 있으리라.

○ 눈(目)─日月

日月分明似太陽하고　爲官不拜堂朝上이라도

精神光彩一般强하면　也合高遷作侍郎이라.

일월은 두 눈인데 왼편을 태양(太陽), 오른편을 태음(太陰)이라 한다. 두 눈의 흑

백이 분명하고 빛나며, 정신 광채가 왕성하면 벼슬하여 정승지위는 오르지 못한다 할지라

도 시랑(中品官職) 정도의 벼슬은 틀림 없다.

日月斜窺赤貫瞳하고　　陰陽枯暗因刀死니

更兼孤露又無神이면　　莫待長年主惡終하라.

눈이 흘겨보거나 훔쳐보거나 붉은 줄이 동자에 침입하고 겸하여 눈망울이 불거지며, 신광(神光)이 없으면 이는 음양이 고암(枯暗)한 것이니 칼에 맞아 죽거나 악사하게 된다.

육부 · 삼재 · 삼정（六府 · 三才 · 三停）

註 얼굴을 이마 · 관골 · 턱의 셋으로 나누어 이마를 상부, 관골을 중부, 턱을 하부라 하며 상 · 중 · 하부를 좌우로 나누면 육부가 된다. 또 이마를 천(天), 코를 인(人), 턱을 지(地)라 하여 천인지삼재(天人地三才)라 하고, 이마부위를 상정, 관골부위를 중정, 턱부위를 하정이라 하니 즉 상중하 삼정(三停)이다.

육부(六府)는 두 보골(輔骨—옆이마), 두 관골(觀骨), 두 이골(頤骨—턱의 좌우)의 여섯 부위다.　모두 충실하여 서로 응해야 하고, 밋밋하거나 움푹 패이거나 한쪽 부위만 유난히

-71-

득 불ㅈㅈ 것은 좋지 않다.

영대비결(靈臺秘訣)에 이르기를 『위쪽 두 부위는 보각(輔角)으로부터 천창(天倉)까지요, 가운데 두 부위는 명문(命門)에서 호이(虎耳)까지요, 아래 두 부위는 이골(頤骨)에서 지각(地閣)까지다. 육부가 충직하고, 흉터 주름, 점 따위가 없으면 재물이 왕하고, 천창이 높게 일어나면 재록이 많고, 지각이 모나고 반듯하면 넓은 토지를 소유한다』하였다.

삼재(三才)는 천·인·지(天人地)로 이마는 천(天)에 속하는지라 넓고 둥그스름해야 길하니 이르되 『천(天)의 격을 올바로 갖춘자는 귀히 된다』하였다. 코는 인(人)에 속하니 코는 바르고 가즈런함을 요하는바 이르되 『인(人)의 길격을 갖추면 장수한다.』턱(頦)은 지(地)에 속하니 모나고 넓은 것을 요하는바 이르되 『지(地)의 격을 이루면 부(富)한다』하였다.

삼정(三停)이란 상정, 중정, 하정이다. 즉 이마 꼭대기 머리난 곳에서 아래로 인당까지를 상정(上停)이라 하니 초년운을 주장하고, 산근으로부터 준두(準頭)까지가 중정(中停)이니 중년운을 주관하며, 인중에서 지각까지가 하정(下停)이니 말년운을 주장한다. 또는 발제에서 눈썹까지를 상정, 눈썹에서 코끝(준두)까지를 중정, 준두에서 지각끝까지를 하정이라 한다.

비결에 이르기를 『상정이 길면 소년시절에 창성하고, 중정이 길면 군왕(君王)의 신분에 가까운 귀를 누리고 하정이 길면 늙은 시절에 길하다』하였다.

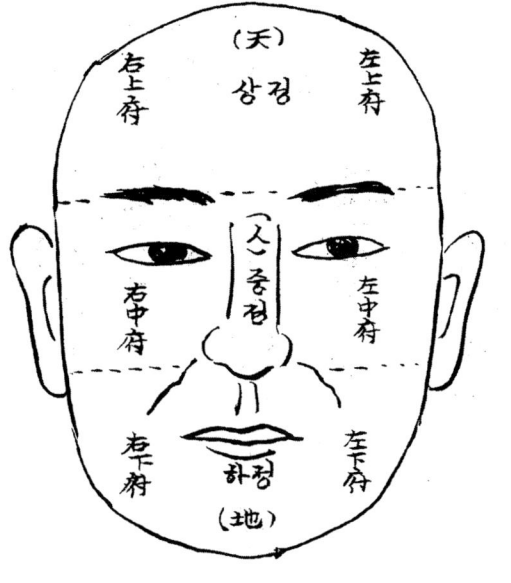

육부삼재삼정도 (六府三才三停圖)

삼정이 평등하면 부귀영달하고、삼정이 고르지 못하면 고독 단명 빈천하다。글에 이르기를 『얼굴의 삼정을 자세히 보라。이마는 높직하고 귀문은 너그러워야 한다』하였다。

사학당(四學堂)

첫째 눈으로 관학당(官學堂)을 삼는데 눈은 길고 맑아야 관직이 이르고、둘째、이마를 녹학당(祿學堂)이라 칭하는데 이마는 넓고 길어야 관록과 수를 누리며、셋째 당문양치(當門兩齒—두개의 가운데 앞니)를 내학당(內學堂)이라 하는데 바르고 이(齒) 사이가 뜨지 않아야 충성되고 믿음있고 효도하고 공경하는 사람이오、이가 이즈러지거나 몹시 작거나 이 사이가 뜨면 망녕된 짓을 잘하며、넷째 귀문(耳門) 앞을 외학당(外學堂)이라 하는데 귀 앞은 풍만하여 살결이 맑고 윤택해야 길상이오、만일 기색이 어둡고 함하면 어리석고 노둔한 사람이다。

팔학당(八學堂)

제일은 고명학당(高明學堂)이니 머리는 둥글되 혹 특이한 골(骨)이 높이 솟으면 대귀한 다.

제이는 고광학당(高廣學堂)이니 위치는 액각(額角)이다. 이곳은 밝고 윤택하고 골이 솟고 모나야 길상이라 한다.

십이학당도 (十二學堂圖)

제삼은 광대학당(光大學堂)이니 위치는 인당(印堂)인데 인당은 모름지기 평평하고 맑으며 결함이 없어야 부귀한다.

제사는 명수학당(明秀學堂)이니 눈은 빛나고 검은동자가 많으며 눈망울이 솟지 않아야 길격이다.

제오는 귀를 총명학당(聰明學堂)이라 칭하니 귀는 윤곽이 잘 이루어지고 빛은 희고 붉고 황명(黃明)해야 길격이라 한다.

제육은 충신학당(忠信學堂)이니 이(齒) 는 빽빽하고 서리발같이 흰 빛을 발해야

-74-

길격이다.

제칠은 광덕학당(廣德學堂)이니 혀는 길고 붉으며 무늬(紋)가 있어야 귀격이다.

제팔은 반순학당(班笋學堂)이니 눈썹은 길고 가즈런하여 초생달 같아야 길격이다.

인면총론(人面總論)

— 얼굴을 칠언시구(七言詩句)로 총합해서 간추려 논함인데 原文과 풀이는 아래와 같다 —

天庭欲起司空平이오　山根不斷年壽潤이오

中正廣潤印堂清이라　準頭齊圓人中正이라

口如四字承漿潤이오　山林圓滿驛馬豊이오

地閣朝歸倉庫應이라　日月高兮邊地靜이라

陰陽肉多魚尾長이오　蘭臺平滿法令正이오

正面觀骨有神光이라　金櫃海角生微黃이라

三陰三陽不枯焦하면　　五嶽四瀆無剋破하면
龍藏虎伏及相當이오　　便是人間可相郎이라

천중
천정
사공
중정
변지　액각　월각　복각
일각　복덕　백각　복덕
변지 산림　복덕
산림 복당
역마
역마　천창 간문
천창 간문　명문
삼음　누당　산근　연상　수상　삼양　누당
관골　　관골
정위　준두　반대
법령　인중　법령
수성
승장
해각　　해각
지고　지각　지고

천정은 도두룩하고 사공은
평만하며 중정은 넓고 윤택하고
인당은 맑아야 한다.
산근은 끊기지 않고, 연상·
수상은 곧고 윤택하며, 준두는
풍만하고 둥글어 좌우의 난대·
정위가 가즈런하며 인중은 바르
고 깊어야 한다.
입은 다물면 넉사자 같고, 승
장은 깨끗해야 하며, 지각은 도
두룩하고 풍륭하여 천창 지고가
같이 응해야 재물이 풍성하다.
산림은 원만하고 역마는 풍륭
해야 하며 두 눈썹과 눈은 높이

붙고, 번지는 결함이 없어야 한다.

눈은 검은동자가 많고 흰망울이 적어야하며 신광(神光)이 발해야 귀히 되고, 정면 즉 관

골은 높고 풍륭해야 권세를 누린다.

준두 좌우의 난대 정위는 오그라지지 않고 평만해야 하며 입 좌우의 법령은 바르고, 금

궤·해각은 기색이 황명(黃明)해야 부귀한다.

좌우의 눈빛이 맑게 빛나 신(神)이 노출되지 않으면 가장 합당하고 오악(이마·좌우관골

·코·턱)과 사독(눈·코·입)에 결함이 없으면 이 모두 인간의 훌륭한 상이라 하는 것

이다.

오행형(五行形)

―아래는 오행의 형상을 글귀로 간단히 나타낸 것이다―

木瘦金方水主肥오　上尖下濶名爲火니

土形敦厚背如龜라　五樣人形仔細推하라

복형은 길죽하여 야윈 듯 하고, 금형은 방원(方圓—모난듯 둥근듯) 하며 수형은 살이

많은 영양질(榮養質)이오 토형은 두툼하여 그 등을 보면 마치 거북과 같다. 그리고 화형

은 위는 좁고 아래는 넓어 由자형의 얼굴인데 사람의 상을 볼 때 金木水火土 오형(五形)가

운데 어느 형에 속하는 가를 자세히 살펴 구분해야 한다.

오행색(五行色)

木色靑令火色紅이오　兄有金形原帶白하니
土黃水黑是眞容이라　五般顔色不相同이라

木은 청색、火는 홍색、土는 황색、金은 백색、水는 흑색이 오행의 근본색이다. 그러

므로 木형은 청색、火형은 홍색、土형은 황색、金형은 백색、水형은 흑색을 띠어야 올바른

기색이라 할 수 있는 것이니 이와 같이 다섯가지 오행형에 따라 안색이 같지 않다.

오형상설(五形象說)

대개 사람은 물(水)의 정(精)과 불(火)의 기(氣)를 받아 사람이 되었다 하였으니 간단히

말해 음양(陰陽―水는 陰에 해당하고 火는 陽에 해당함) 또는 父의 陽精과 母의 陰氣요, 또는 天地自然속에 있는 純粹不雜한 陰陽氣）의 정기(精氣)로 태어났다. 정(精)이 합한 뒤에 신(神)이 생기고, 신(神)이 생긴 뒤에라야 온전한 형체를 갖추게 되는 것이니 이로서 그 외형이 金木水火土 오행의 형상 가운데 그 하나와、새와 짐승들의 형상을 닮아 태어났음을 알 수 있다.

金형은 모난 것을 꺼리지 않고、木형은 야윈 것을 꺼리지 않고、水형은 살찐 것을 꺼리지 않고、火형은 뾰족한 것을 꺼리지 않고 土형은 탁한 것을 꺼리지 않음은 오행의 진형(眞形） 갖추는 것을 기뻐함이다.

金형이 金을 얻으면 강의(剛毅)롭고、木형이 木을 얻어야 재물이 족하고、水형이 水를 얻어야 문학으로 귀히 되고、火형이 火를 얻어야 임기응변에 능하고、土형이 土를 얻어야 부(富)가 족하다. 그러므로 그 모습이 풍후하여 엄중하게 보이는이는 부가 아니면 귀를 언고、천박하여 경조(輕燥)한 자는 빈궁하지 않으면 수명이 짧다. 그리고 기색(氣色) 은 곱고 화평해야 하고 용모는 엄숙하고 단정해야 하니 이와 같은 사람은 부(富)가 아니면 귀히 되는 것이다.

金형은 맑고 작고 견실하고 방정(方正)하니 형체가 짧으면 형부족이오、살결이 견실하면 金형의 유여함이라 한다.

시(詩)에 이르되 『부위가 중정(中正)함을 요하며 또는 삼정(三停)이 방정(方正)해야 한다。 金형을 가진 사람이 격에 부합되면 이름을 드날리게 되느니라」 하였다。

木형은 앙장(昂藏ㅣ늘씬한 모습)하여 여윈듯 하고 길쭉하여 체구가 곧으며, 마디가 솟고 (筋肉形) 머리와 이마가 높이 솟은 것을 말함이니 혹 뼈가 굵고 살이 많으며 등허리가 납짝하면 木형의 좋지 못한 상이다。

시(詩)에 이르되 『늘씬하여 마른듯 하며 늠름하고 길쭉한 모습을 木형이라 하는데 이러한 격을 갖추고 미목이 수려하면 말년에 영화를 누린다」 하였다。

水형은 살이 몽실몽실하고 얼굴과 체구가 넓고 두툼하여 형체가 풍만하면 수형의 진격이다。

시(詩)에 이르되 『눈썹은 빽빽하지 않고 눈이 크며 얼굴 윤곽이 둥글다。 이러한 상을 참된 수형(水形)이라하니 평생 복록을 자연 누리리라」

火형은 얼굴이 이마는 좁고 턱은 넓은니 위는 박하고 아래는 풍후하다。 이러한 사람은 성질이 조급한데 살빛이 붉어야 火형의 본색이다。

시(詩)에 이르되 『火형의 모양을 알려면 아래는 넓고 머리가 뾰족한가를 보라。 행동이 차분하지 못하고 턱에는 수염이 별로 없다」

土형은 비대하고 두텁고 튼실하니 등이 수북하고 허리가 굵어 마치 거북과 흡사한 사람이다。

시(詩)에 이르되 『아담하고 두툼하여 무게 있어 보이니 마치 그 형상이 태산같이 튼튼하다. 이러한 형을 지닌 사람은 심기가 깊어 측량하기 어렵고 신의를 중히 여긴다』하였다.

논형(論形)

─ 형상에 대하여 논한다 ─

사람은 음양의 정기를 받아 천지의 형상을 닮고 오행의 바탕을 받아 만물의 영장이 된 것이다. 그러므로 머리는 하늘을 상징하고, 발은 땅을 상징하며, 눈은 해(日)와 달(月)을 상징하고, 소리는 우뢰를 상징하고, 혈맥(血脈)은 강하(江河)를 상징하고, 뼈는 금석(金石)을 상징하고, 코와 이마와 관골과 턱의 솟은 것은 산악(山嶽)을 상징하고, 터럭은 초목(草木)을 상징함이다.

하늘(머리)은 높고 멀어야 하고, 땅(발)은 모나고 두터워야 하며, 일월(日月─눈)은 밝아야 하고, 우뢰(소리)는 진동해야 하고, 강하(혈맥)는 윤택해야 하고, 금석(뼈)은 튼튼해야 하고, 산악(이마·관골·코·턱)은 높아야 하고, 초목(털)은 아름다와야 하니 이 모두 상법의 대략으로 곽림종(郭林宗)의 관인팔법(觀人八法)에 기록된 말이다.

-81-

논신(論神)

대개 육체가 피(血)를 기르고 피는 기(氣)를 기르며 기는 신(神)을 기른다. 그러므로 몸이 건전하면 피가 온전하고 피가 온전하면 기(氣)가 건전하고, 기가 건전하면 신(神)이 건전해진다. 이로 보아 육체가 결과적으로 신을 기르고, 신은 기(氣)에 의탁해서 안정되는 것이므로 기가 불안하면 신이 이 기에 안착을 못하고 불안해지는 것이니 현명한 사람이라야 능히 그 신(神)을 편안하게 할 수 있는 것이다.

사람이 잠 잘때는 신은 심장에 깊히 처하고 잠이 깨면 눈에서 노는데 신은 기(氣)에서 발하는 것이지만 형체의 의표(儀表)인 두 눈의 빛으로 만물의 형상을 비춰보는 것이므로 신은 항시(잠 잘 때를 제외) 두 눈 속에 숨어있는 것이다. 그리하여 눈이 밝으면 정신도 맑고 눈이 침침하면 정신도 탁해지는데 정신이 맑은 자는 귀하고 혼탁하면 천하며, 정신이 맑으면 잠이 적고 정신이 흐리면 잠이 많아진다. 이로 미루어 잠이 많고 적은 것으로 그 사람의 정신이 건전하고 건전치 못함과 귀하고 천한 것을 알 수 있는 것이다.

사람이 잠이 들어 꿈을 꾸는데 대개 꿈이란 신(神)이 심장에 노닐때 꾸게 되는 것이다. 여러가지 현상이 꿈에 나타나지만 따지고 보면 몸 속에 있는 오장육부의 느낌과 눈으로 보고 귀로 들은 범위 밖으로 벗어나지 못한다. 다시 말해 꿈의 경계는 평소 보고 듣고 느끼고 체험해 본 일로 인해 나타나게 되니 내 몸 밖에서 이루어지는게 아니라 내몸 자체에 의해 꾸어지는 것이다.

백안선사(白眼禪師)가 말한 꿈의 경계는 다섯가지가 있다. 하나는 영경(靈境)이오, 둘은 보경(寶境)이오, 셋은 과거경(過去境)이오, 넷은 현재경(現在境)이오, 다섯은 미래경(未來境)이다. 정신이 산란하면 꿈이 생기고, 정신이 안정되면 꿈이 없다.

신이 건전하고 안정된 사람은 그 형상이 깨끗하게 맑고 명랑하고 화평하며 차분해 보이는데 이는 안에서 발한 신(神)이 겉의 형상으로 화하여 나타나는 까닭이다. 신이 청화(淸和)하고 광명(光明)하고 맑으면 부귀를 누리는 상이오, 어둡고 유약하고, 혼탁하면 단명박복한 상이다. 그리고 형상이 실하고 마음이 고요하면 그 신이 편안하고, 형상이 허약하고 마음이 초급하면 그 신이 산란해진다.

시(詩)에 이르기를 『신은 안에 거하여 보이지 않으나 기와 신을 건전하게 기르는 것이 생명의 근본이다. 기(氣)가 장하고 혈이 화(和)하면 신이 편안하고, 혈(血)이 불화(不和)하여 기가 흩어지면 신이 달아난다. 청수하고 잘생긴 얼굴에 심신이 상쾌하면 기와 혈이 잘 조화되어 정신도 밝아진다. 신이 맑고 흐린 것은 형상으로 나타나니 귀하고 천한 것은 형상을 보아 아느니라』

신(神)은 노출되지 않아야 하니(눈망울이 솟거나 눈이 충혈되거나 눈에 피로한 기색이 있으면 신이

-83-

노출된 증거다) 신이 노출되면 신이 산란하여 안정을 못하니 반드시 흉액이 있다. 그러므로

신(神)은 안에 숨어 있는 것이라야 귀한 상으로 은연히 바라보아 두려운 마음이 생기며

고 귀하게 보이는 사람이면 귀격이다.

무릇 상이란 신이 유하하고 형(形ー모양)은 부족할지언정 형이 유여하고 신이 부족함은 좋지

않다. (즉 형상으로 좀 부족한 점이 있더라도 정신이 건전하면 귀히 되는 수 있지만 정신이

박약하고 형상만 그럴듯해 보이면 아무 소용이 없다는 뜻) 정신이 유여하면 귀히 되고,

형상이 유여하면 부(富)를 누린다.

신(神)은 놀라지말아야 하니 신이 놀래면 수명이 손하고, 신은 조급하면 안되는 것이니 신

이 조급하면 그릇된 판단을 많이 한다.

또는 사람의 상을 볼때 그 그릇의 크고 작음과 지식의 높고 낮음을 살펴야 한다. 그릇이 크

면 덕(德) 또한 크고 넓어 능히 사물을 용납하고, 지식이 높으면 인품이 넉넉하여 심성이

영특하며, 그릇이 얕고 지식이 낮으면 비록 재물은 있다 하나 소인의 근성을 면치 못한다.

논형유여(論形有餘)

ー 이는 형체의 길격을 논함이다 ー

머리통이 둥글고 두터우며, 배와 등이 붉고 이(齒)는 희며, 귀는 둥그스럼하여 귀바퀴가 분명하게 이루어지고, 코는 곧아 쓸개를 달아맨 것 같고, 눈은 흑백이 분명하고, 눈썹은 수려하여 빽빽하지 않아야하고 길며, 어깨는 너그럽고, 배꼽부위는 두툼하며, 가슴은 넓고 평평하며, 배는 둥그스럼하여 아래로 처진듯 하며, 행동거지가 단정하고, 오악(五嶽ㅡ이마, 코, 좌우관골, 턱)이 솟으며, 삼정(三停)이 같고, 살이 풍족하고, 뼈는 가늘며, 손은 길고 발은 모나며, 바라보면 고상하고 화평한 모습이 발하는 상이니 이러한 사람은 장수무병하고 부귀영화를 누린다.

논신유여(論神有餘)

ㅡ 신(神)이 유여(건전함)한 것을 논한다 ㅡ

신(神)이 유여(有餘)함이란 다음과 같은 상을 말한다.

눈빛이 맑고 밝으며, 흘겨보거나 훔쳐보지 아니하며, 눈썹은 수려하고도 길며, 정신이 솟구쳐 활동하고, 얼굴빛이 깨끗하고 맑으며, 행동거지가 자연스럽고 활발하여 멀리 보면

가을의 서릿발이 햇빛을 받아 반짝이는듯 하고、 가까이서 보면 화창한 봄바람에 흔들리는

꽃잎같이 화애롭고、 일을 당하여 썩썩하여 마치 맹호가 깊은 산중에서 당당하게 거니는 것

같고、 무리 속에 섞이면 특이하여 봉황이 구름속으로 날개치며 날아가는 것 같고、 앉은 자

세는 큰 바윗돌이 흔들어도 까딱하지 않는 것 같고、 누운 모습은 단정하고、 걷는 모양은

양양히 흐르는 물 같이 자연스럽고、 서있는 자태는 높은 산봉우리가 우뚝 솟은것 같다。말

할 때 성낸 음성을 발하지 않고、 성품은 조급하거나 서두는 것이 없이 차분하며、 기쁜일과

성낼 일 따위에 그 마음이 동요되지 않고、 영예로움과 곤욕된 일에 그 지조를 변차 않으

며、만가지 태도가 사물의 여하에 흔들리지 않고 마음이 항상 한결같으면 바로 신이 유여

함이니 이러한 인물은 모두 상등 귀함을 누리는 사람이다。 흉액과 재난이 침입하지 않고

하늘에서 내리는 복록이 일생토록 끊기지 않으리라。

논형부족 (論形不足)

— 형체의 부족한 것에 대하여 논한다 —

형상이 부족(不足—길격이 못되는 것)함이란 머리통이 좁고 박약하며、 어깨가 좁거나

기울고、허리가 가늘고 약하며、팔꿈치가 몹시 짧고、손바닥이 얇고、손가락 사이가 뜨며

입술이 걷히고 이마는 깎이며、코구멍이 뻔히 보이고、귀가 뒤짚히고、허리가 낮고、가슴

이 움푹하고、눈썹 좌우가 고르지 않아 한쪽은 굽은데 한쪽 눈은 위에 붙

고 한쪽 눈은 아래에 붙으며 한쪽 눈동자는 크고、한쪽 눈동자는 작으며、한쪽 관골은 높은데 한쪽은

낮고、한쪽손은 무늬가 있으나 한쪽은 없고、눈을 뜬채 잠자고 남자는 여자 목소리요、여자는 남자

목소리가 나오고、이가 누리고 잇몸이 잘 드러나며、입술이 엷고 뾰족하며、머리가 벗겨져

머리털이 없고、눈이 움푹 들어가고、걸을때 휘청거리거나 기울고、얼굴은 병든모습 같거

나 겁을 먹은 것 같고、머리통은 작은데 몸집만 크고、상정(上停―배꼽 위로 머리까지)은

짧고 하정(下停―배꼽에서 발까지)만 유난히 긴 것 등이니 이 모두 형부족으로 질병이

많고 단명하며 박복하여 빈천하다.

논신부족 (論神不足)

― 신(神)이 부족한 상에 대하여 논한다 ―

신(神)이 부족함이란·술을 먹지 않았는데도 항시 취한것 같고、근심이 없는데도 큰 근

심걱정이 있는것 같고、졸음이 오지 않는데도 잠이 부족한듯 깜박깜박 졸기를 잘 하고、

울지 않는데도 우는 것 같고, 갑자기 놀래거나 갑자기 좋아하고, 공연히 누구를 원망하는 것 같고, 기쁜 일이 없는데도 회죽거리고, 놀래지 않을 일에 잘 놀라고, 어리석은듯하고 두렵지 않은데도 겁을 먹은 형상을 하고, 얼굴 표정과 행동거지가 혼란하고, 얼굴에 때가 문은것 같고, 신색이 처창하여 항시 큰 실망에 빠진듯 하고, 황홀장황하여 공연히 허둥대고 공연히 불안해하며, 말이 간간 끊어져 막히거나 말소리가 점점 들어가고, 부끄럼을 잘 타고, 형체가 당당하지 못하여 무엇에 기를 꺾이는듯 하고, 누구에게 능욕을 당한것 같이 불안하고, 기색이 처음은 밝았다가 차츰 어두어지고, 말할때 처음은 쾌활하게 나오다가 차츰 어두어지는 것등이니 이 모두 신부족(神不足)한 상으로 형벌을 자주 범하고 재앙이 많으며 관직을 얻더라도 곧 실직되고 만다.

논성 (論聲)

— 음성에 대하여 논한다 —

사람에게 소리가 있음은 종(鍾)이나 북(鼓)에서 소리를 발함과 같은 이치다. 종이나 북이 크면 울리는 소리도 크고 길며, 종이나 북이 작으면 울리는 소리도 작고 짧다. 따라서 사람의 기국(器局)이 크면 그 목소리도 웅장하고, 기국이 작으면 그 목소리도 작은 것인데,

정신이 맑으면 기(氣)가 화(和)하고 기가 화하면 소리가 깊은데서 나와 아름답게 발하며 정

신이 혼탁하면 기가 촉급하고 기가 촉급하면 소리도 초급하여 가볍고 쉰목소리가 나온다.

그러므로 귀인의 음성은 거의가 단전(丹田─배꼽과 음부 중간쯤)에서 발하여 심장과 기(氣)

와 통하면서 입 밖으로 나오는 것이다.

단전은 소리가 발하는 근원이오 혀(舌)는 소리를 표출하는 기관이다. 근원이

깊으면 소리(表)도 중(重)하게 울리고 근원이 얕으면 소리도 경하게 들리는 것이니 이로 보

아 소리는 근원에서 발하여 입(表)으로 나오는 것임을 알 수 있다.

소리가 맑되 둥글게 퍼지고, 견실하되 크게 울리고, 느리되 맹렬하고, 급하되 평화롭고,

길되 힘이 있고, 우렁차되 절도가 있고, 크게 발하면 큰 종을 울리는 것 같고, 큰 북을 치

는듯 진동하며, 소리를 작게 발하면 옥수(玉水)가 잔잔히 흐르는것 같고, 거문고를 부드럽

게 타는 것 같으며, 말할 때의 기색은 자연스럽게 동하여 그 말소리가 오래도록 여운이 있

는 것 등은 모두 귀인의 음성이다.

소인(小人)의 음성은 모두 근원이 없이 혀끝에서 발하여 촉급하고 여운이 없는 것인데 왜

냐하면 급할 때는 쉰 목소리가 나오고, 느리게 나오면 껄끄럽고, 깊으면 막히고, 얕으면 매

마르다. 그리고 소리가 크면 흩어지고, 흩어지면 쪼개지고, 혹은 경중이 같지 않고, 소리

의 절도가 없으며, 혹은 눈흘기며 말할때는 사납게 들리고 번거롭고 어지럽고 들뜨고, 혹은

깨진 종소리, 찢어진 북을 치는 것 같고, 추위에 떠는 거위새끼가 꽥꽥거리는듯 하고, 오리

우는 소리 같고, 혹은 병든 원숭이가 짝을 찾는 소리도 같고, 혹은 외로운 기러기가 서글프

게 우는 것도 같으며, 가늘게 발하면 지렁이 우는 소리 간고, 밤벌레 우는 소리, 개짓는 소리,

양이 우는 소리도 같은 것이니 이 모두 빈천박복한 상이다.

남자가 여자 음성이면 고단하고 빈천하며, 여자가 남자 음성이면 팔자가 세고 빈천하며,

몸집이 크면서도 목소리가 작으면 이 또한 흉격이다.

소리가 매마르고 거친 것을 나망성(羅網聲)이오, 소리가 컸다 작았다 하는 것을 자웅성

(雌雄聲)이라 하며, 먼저는 느리게 말하다가 뒤에 차츰 급해지거나, 이와 반대로 먼저는

빠르게 말하다가 차츰 느려지거나, 혹은 할 말을 다 끝내기도 전에 기가 끊어지거나 혹은

말하기 전에 얼굴빛이 먼저 변하는 것등은 모두 빈천한 상이다.

대개 신(神)은 안에 처하고, 기(氣)는 외부에 화(和)한 뒤에야 사물을 올바르게 대할 수

있는 것이니 비단 말에 선후의 차서가 있고 말할 때 얼굴 표정도 변치 않는 것이다. 만일

신(神)이 불안하고 기(氣)가 불화하면 그 음성이 선후의 차서를 잃고 말하면서 얼굴 표정이

자주 변하는바 이는 좋지 못한 상이다.

사람이 오행의 형상이 있듯이 소리도 오행의 구분이 있다. 즉 토성(土聲)은 심후하고 목

성(木聲)은 눈게 울리고, 화성(火聲)은 초열(焦烈)-급하고 괄괄하게 들리는 소리)하고, 수

성은 원급(圓急-짧막하게 울리는 것)하고, 금성(金聲)은 화평하고 미끄럽다. 말소리가

가벼우면 일을 결단함에 무능하고, 깨진 목소리를 내는 사람은 매사에 성공이 어렵고, 소

リ가 맑지 못하면 성공운이 막히고, 소리가 낮게 처지는 사람은 노둔하여 높은 학문을 배

우지 못한다.

목소리가 청냉(淸冷—맑고 깨끗한 것)하여 막힘없이 흐르는 물소리 같으면 극히 귀한 신

분이오, 맑으면서도 울려 퍼져 독 안을 향해 발하는 소리 같이 들리면 오복을 누리게 된

다.

시(詩)에 이르되 『목성은 높고, 화성은 매마르며, 화윤(和潤—평화롭고 밝고 부드럽게

들리는 것) 한 금성은 가장 부요하다. 토성은 마치 깊숙한 독 안에서 울리는 소리 같고, 수

성은 원급(圓急)하여 여운이 짧다. 귀인의 음성은 단전에서 나오나니 굳고 너그럽고 음향

이 있다. 빈천한 사람은 소리가 혀끝에서 나오는바 일생 분주하면서 고생함을 다 말할 수

없다.』

소리는 아무리 커도 형체가 없으니 기(氣)에 의탁해서 발한다. 천한 상은 소리가 뜨고

탁하며, 귀한 상은 소리가 맑게 울려나간다. 음성이 지나치게 유약하면 비겁하고, 너무

강하면 꺾인다. 산을 격하여도 소리가 전해져서 둥글고 길게 퍼져 끊기지 않으면 귀인의

상이다.

몸은 작아도 소리가 웅장하면 삼공(三公—정승)의 지위요, 몸은 큰데 소리가 작으면 명

이 짧다. 소리가 찢어진 북소리 같으면 가옥과 토지를 다 팔아 없애고, 소리가 매마르고

급하고 짧게 끊기면 파란만장이오, 남자가 여자 음성이면 재산을 파하고, 여자가 남자 음성

논기 (論氣)

— 이는 기(氣)에 대해서 논함이다 —

대개 돌(石)속에 싸인 옥이 그 빛을 발하여 산을 비치고, 모래 속에 묻힌 금이 냇물을 곱

게 만드는 것은 지극한 보배의 정(精)이 기색(氣色)으로 발함이다.

형체는 질(質)이 있는 물건인데 기(氣)가 질(質) 가운데 충족되면 그 질은 기로 인하여

커지는 것이다. 신(神)이 완전하면 기가 너그럽고, 신이 편안하면 기도 고요해진다. 만

일 길흉화복이 그 기(氣)를 거칠게 아니하고, 기쁘고 성내는 일 따위로 그 신(神)을 놀라게

아니하면 덕(德)과 도량(度量)을 갖춘 인격자니 바로 중후하고 유복한 인물이라 할 수 있다

비유하건대 형상이란 건물에 쓰이는 재목과 같아 재목에는 예를 들어 구기자·노나무·느

름나무·남나무·가시나무등의 쓰임이 좋고 좋지 못한 구별이 있고, 신(神)은 흙과 같아 그

재목을 다스리는 그릇이라 할 수 있다. 소리는 그릇과 같으니 그 그릇의 소리를 들은 뒤

에 좋고 나쁜 것을 알 수 있고, 기(氣)는 말(馬)과 같아 달려본 뒤라야 그 길이 험난한가

순탄한가를 알 수 있다. 현명한 사람은 그 재목을 잘 기르고, 그 덕을 잘 닦고, 그 그릇

을 잘 다스리고、 그 말을 잘 부리지만 소인(小人)은 이와 반대인 것이다。

그릇은 너그러워야 물건을 용납할 수 있고、 화해로와야 물건을 접(다루는 것) 할 수 있

고、 강해야만 물건을 지배할 수 있고、 깨끗해야 그 물건을 올바르게 나타내 보일 수 있고、

바루어야 물건을 순리로 다룰 수 있는 것이다。 그릇이 너그럽지 못하면 조금만 담아도 넘

치고、 화애롭지 못하면 어긋나고、 강하지 못하면 나약해서 패하고、 깨끗치 않으면 혼탁해서

물건을 바르게 나타내지 못하고、 바르지 않으면 치우쳐 불가하다。

기(氣)의 얇고 깊은 것을 잘 살피고、 빛(色)의 뛰고、 안정됨을 살피면 군자와 소인을

구분하게 된다。 기는 길게 펴고、 화하여 사나웁지 않으면 복과 수를 누리는 사람이오、 기

가 촉급하고 고르지 못하여 사나운 빛으로 나타나면 소인이오 천한 사람이다(註ー氣와 色

은 완연히 구분되는 것이지만 氣는 色으로 發하므로 色을 보면 氣의 動態를 알 수 있다。

예를 들어 누구에게 언짢은 말을 들으면 순식간에 얼굴 표정이 변하는데 이는 이미 氣가

동요되어 色으로 나타남이다。 그러나 수양이 깊은 사람은 喜怒間에 마음이 동요되지 않으

므로 氣가 안정되어 色으로 發現되지 않으니 얼굴 빛이 변할 까닭이 없다。 즉 態然自若이

란 氣가 끄떡도 않아 色으로 나타나지 않는 것을 말한다)

의경(醫經)에는 숨을 한번 내쉬고(一呼) 한번 들여마시는 (一吸) 것을 일식(一息)이라 하

는데 보통 사람의 경우 일주야에 일만삼천오백번을 호흡한다。 이제 사람들의 호흡을 살피면 빠

르기도 하고 느리기도 하여 빠른 사람이 열번 호흡하는 동안 느린 사람은 겨우 일곱·여덟번

을 호흡한다. 늙은이와 비대한 자는 빠른 편이고, 어린이와 여윈이는 느린 것이니 옛사람의

말이 이치에 맞지 않는 것 같다. 대개 호흡은 얼굴 곁으로 발하므로 호흡을 보아 길흉의 징

조를 삼기도 한다. 그 흩어짐이 터럭 같고, 모임이 기장쌀 같아 바라 보면 형상이 있고

만져 보면 잡히는게 없으므로 정밀히 살피지 않으면 화복을 알기 어렵다.

기(氣)는 나가고 들어올 때 소리가 없어 귀로 들어 살피지 못한다. 누웠을 때 숨쉬는

것을 느끼지 못하면 이는 구식(龜息—거북이 숨쉬는 모습)이라 하고, 숨쉴 때 기가 답답하

여 몸까지 흔들리면 죽음이 얼마 남지 않은 징조다. 맹자는 민종록(萬鍾祿)을 사양하였으

니 기(氣)를 기르는데 능한 분이시다. 욕심과 이익을 다투어 걸핏하면 발끈발끈 성내어

사나워진 기가 얼굴빛으로 발하는 자는 어찌 비교해 논할 수 있으랴.

시(詩)에 이르기를 『기(氣)는 형(形)의 근본이다. 잘 살펴 어질고 어리석음을 구분할지

니 소인은 조급하고 군자는 너그럽다. 기가 사나워지고 어긋나면 재앙이 이르고 깊히 잠

겨 안정되면 복록이 유여하다』

상골 (相骨)

─ 골격의 상을 설명한다 ─

대개 골절(骨節)은 금석(金石)을 상징함인데 눈이 솟되 옆으로 불거지지 말아야 하고 둥글되 거칠지 말아야 한다. 살이 없어 야윈자는 뼈가 툭 솟지 말아야 한다. (살이 뼈를 감싸지 않고 뼈가 퉁그러지면 어려움과 재난이 많다) 살찐 사람은 살이 뒤룩거리지 말아야 하며(이러한 상은 막힘이 많다. 혹 살이 뒤룩거려 거치장스러울 정도면 죽은 이와 같은 상이다) 뼈와 살이 서로 적당하고 기(氣)와 혈(血)이 서로 응해야 길격이오 골격이 박약하고 곧게 펴지 못한이는 빈궁하거나 아니면 단명하다.

일각(日角)의 왼편과 월각(月角)의 오른편에 곧은 뼈가 솟으면 이를 금성골(金城骨)이라 하는데 지위가 삼공(三公─정승)이오、 인당에 골이 솟아 위로 천정(天庭)까지 이르면 이름을 천주골(天主骨)이라 하며、 천정에서 골이 솟아 정수리까지 뻗치면 이를 복서골(伏犀骨)이라 하니 모두 공경의 지위에 오른다.

정면(正面 — 코와 귀의 중간)에 높이 솟은 뼈를 관골(觀骨)이라 하니 이 골이 발달하면 권

세를 얻고, 이 관골이 귀 가까이 연결되어 솟으면 이는 옥량골(玉梁骨)이라 하는데 이 골이

솟으면 장수(長壽)하는 상이다.

어깨에서 팔꿈치까지의 뼈를 용골(龍骨)이라 하여 임금을 상징하니, 길고 커야 하며, 팔

꿈치에서 손목까지의 뼈를 호골(虎骨)이라 하여 신하에 비유되니 용골보다 짧고 가늘어야

한다.

뼈는 높되 느릿해야 하고 둥글고 튼튼해야 하며, 곧되 응해야 하고 마디는 긴밀하여 거칠

지 않으면 모두 견실한 상이다.

관골이 빈부(鬢部 — 옆이마 머리난 곳)까지 이어지면 이는 역마골(驛馬骨)이오, 왼쪽 눈

위에 솟은 뼈를 일각골(日角骨), 오른쪽 눈 위에 솟은 뼈를 월각골(月角骨), 일월각골이 귀

까지 가지런하면 이를 장군골(將軍骨), 양쪽 구(溝)밖에 솟은 뼈를 거오골(巨鰲骨), 이마

의 중정(中正) 왼쪽의 뼈를 용각골(龍角骨) 오른쪽에 솟은 뼈를 호각골(虎角骨)이라 한다. (

역마골이 솟으면 외직으로 출세하거나 해외에서 명성을 떨치고, 일월각골이 발달하면 부귀

하며, 장군골이 솟으면 무관으로 출세하고 거오골, 용호각골이 발달하면 부귀한다)

뼈는 높되 툭 솟아 불거지지 말아야 하고, 둥글고 맑고 특이해야 길상이다. 또 뼈는 양

(陽)이오 살(肉)은 음인데 살이 없으면 뼈가 의지할데 없어 불가하고, 살만 뒤룩거리면 이

는 음성양쇠(陰盛陽衰)가 되어 또한 불가하다. 그러나 음양이 균등하면 (살과 뼈가 적당한

것) 소년에 귀히되지 않으면 일생 재부(財富)를 누린다.

뼈가 살 밖으로 퉁그러져 나온것 같은이는 일찍 죽고、 뼈가 불거지면 기력이 없으며、 뼈

가 연약하면 수화되 고생이 많고、 뼈가 가로질러 솟으면 흉하고、 뼈가 박약하면 빈천하고、

뼈가 속된이는 어리석고 혼탁하며、 뼈가 앙상하면 빈궁 박복하고、 뼈가 둥글면 복을 누리

고、 뼈가 외롭게 드러나면 고독하다.

목골(木骨)이 마르고 기색이 청흑(靑黑)한 가운데 두 머리가 거칠고 크면 궁박한 액이 많

고、 수골(水骨)이두 머리가 뾰족하면 부귀를 말하지 말고、 화골(火骨)이 두 머리가 거칠면

덕이 없고、 천하기가 종노릇하는 것 같고、 토골(土骨)이 크고 피부가 거칠고 두터우면 자식

이 많고 또는 부유하며、 금골(金骨)이 굳고 딱딱하면 수는 누리되 좋은 일이 별로 없다.

혹 머리 양쪽에 머리를 두른듯한 뼈가 있으면 말년의 복록을 누리고、 턱이나 이마에 두른

듯한 뼈가 있으면 역시 말년에 부유하게 산다.

시(詩)에 이르기를 『귀인의 골절은 가늘고 길다. 뼈 위에 힘줄이 솟지 않으면 아름답고

군골(君骨ー팔뚝뼈)과 신골(臣骨ー손목뼈)이 서로 응하면 벼슬은 없더라도 재물은 족족하다

뼈가 거칠고서야 어찌 의식의 풍부함을 얻으랴、 또는 벼슬운도 없으니 아예 구하려 하지 마

라. 이마의 용각골과 호각골은 상극되거나 함하지 않아야 되며 뼈 위에 힘줄이 툭툭 솟으

면 빈천한 명이다』

상육(相肉)

― 살에 대하여 ―

　살은 피를 생하고 뼈를 감추니 그 상징이 흙에 비유되는바 흙은 만물을 생하여 만물을 성장시키는 덕이 있다. 살은 풍부하되 지나치게 쪄서 뒤룩거리지 말아야 하고, 좀 야위더라도 바싹 마르지 말아야 한다. 살이 너무 찌면 음이 양을 이기는 상이므로 불가하고, 살이 너무 없으면 양이 음을 이기는 상이므로 불가하다. 음이 양을 이기거나 양이 음을 이기면 한쪽으로 치우친 상이어서 좋지못한 것이다.

　살은 견실하고 미끈하여 뼈를 충실히 감추어야 하고 뼈는 살 밖으로 불거지지 않아야 길상인데 살이 뼈 속에 있는것 같거나, 뼈가 살 밖으로 돋아난 것 같으면 이는 음부족(陰不足)에 양유여(陽有餘)가 되어 불길하다.

　사람이 비대(肥大)하면 호흡이 가쁘고, 말은 살찌면 헐덕거린다. 이러한 까닭에 살이 너무 많고 뼈가 너무 가늘면 이는 양부족(陽不足)에 음유여(陰有餘)라 역시 좋지 않은 상이다. 살의 과잉(過剩)으로 숨이 가쁠 정도면 오래 못사는 징조요, 살이 뒤룩거려 옆으로 퍼진 듯하면 성질이 강하고 운세도 좋지 않다. 살은 또 탄력 없이, 느실느실함을 꺼리는데 이러한 사람은 성질이 유약하고 매사에 막힘이 많다.

살은 풍부하되 주름이 많음을 꺼리는 바 살결에 주름이 가득하면 죽음이 가깝다는 징조다.

살결은 향기롭고 따뜻함을 요하며, 살빛은 희고 윤택해야 하며, 피부는 부드럽고 미끄러워야 아름다운 상이다.

살빛이 어둡고, 꺼실하고, 검고, 냄새나거나 군살이 덩이처럼 생긴것 등은 모두 좋은 상이 아니다. 만일 신(神)은 들떠 산란하고, 근육은 뼈를 싸지 못하고, 몸에 살이 없는것 같고, 살갗은 살을 덮지 못하면 죽음이 가까움을 응함이다.

시(詩)에 이르되 『귀인의 살결은 부드럽고 미끄러워 마치 이끼(苔)와 같으니 이에 살빛이 희고 광채나면 부귀한다. 또는 폭신한 솜으로 감싼것 같이 보드랍고 따뜻하면 일생동안 흉한 재앙이 적다. 그러나 살결이 뻣뻣하고 거칠면 좋지 않은데 살이 붕대를 감은 것 같거나 북가죽(皷皮) 같으면 명이 길기 어렵다. 검은 빛이 많고 붉은 빛이 적으면 막히는 일뿐이오, 온 몸에 털이 많으면 성질이 급하고 강하다. 귀인과 공경의 높은 신분의 상을 알려면 지초 난초(이 모두 향기가 아름다운 풀)을 지니지 않고도 그 몸에서 향기로운 냄새가 풍기는가를 살피라』

상두(相頭)

― 머리와 머리털의 상에 대하여 ―

머리는 일신의 우두머리로 백해(百骸―모든 골격)의 어른이오, 모든 양기(陽氣)가 모이는 곳이며 오행(五行)의 중심부(宗)다.

머리가 높은데 거하여 둥근 것은 하늘의 높고 둥근 덕을 상징함이다. 머리골은 풍륭하게 솟아야 하고, 머리를 감싼 피부는 두툼해야 하며 이마는 넓직해야 길격이다.

머리통이 짧으면 두터워야 하고, 길면 방정(方正)해야 길하다. 정수리가 높이 솟으면 고귀하고 오목하면 단명하며, 피부가 엷으면 빈천하고 머리에 살덩이가 뼈처럼 단단하게 뭉쳐 솟으면 대귀한다.

오른쪽이 오목하면 모친을 잃고 왼쪽이 오목하면 부친을 잃는다. 귀 뒤에 있는 뼈를 수골(壽骨)이라 하는데 수골이 솟으면 명이 길고, 이곳이 움푹하면 요절(夭折) 한다.

태양혈(太陽穴)에 솟은 뼈가 있으면 부상골(扶桑骨)이오, 양편 귀 위에 뼈가 솟으면 옥루골(玉樓骨)이라 하는바 모두 부귀를 주장한다.

다닐때 머리를 흔들지 말아야 하고, 앉았을때 머리가 숙여지지 말아야 하니 다니면서 머리를 흔들거나, 앉아서 머리가 숙여지면 모두 빈천한 상이다.

-100-

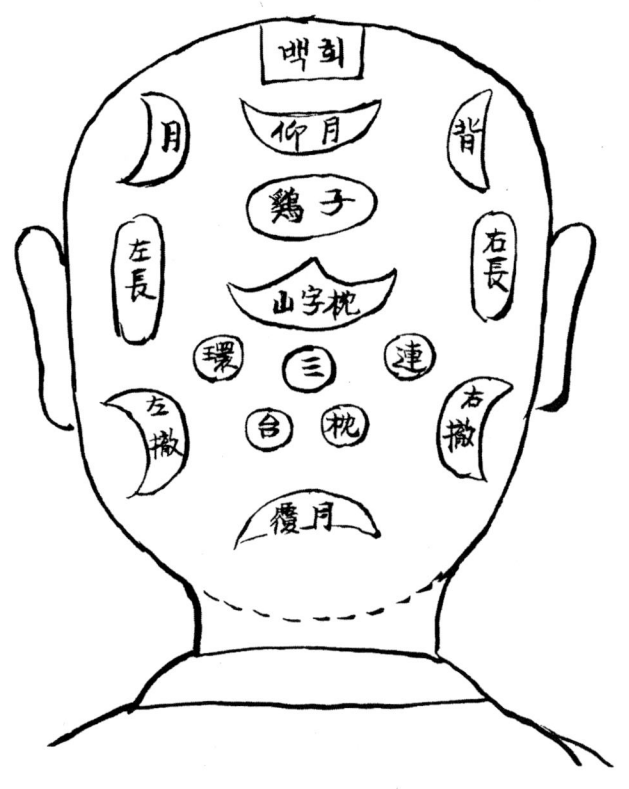

시(詩)에 이르기를 『머리골 이 높이 솟으면 부귀장수를 누리고, 머리털이 듬성하고 피부 가 엷으면 빈궁한 상이다. 머리가 좌우로 기울면 부모를 모시기 어렵고, 머리 위에 뿔 모양의 골이 솟으면 무관으로 출세한다. 뇌골(腦骨)에 뫼산자 (山字)모양의 골이 솟으면 이 또한 부귀하고 침골(枕骨)이 발달하면 일생 복을 누리며, 위는 좁고 아래는 짧으면 하천한 사람의 머리통이다』

상액(相額) ―이마의 상―

이마는 화성(火星)이다. 천정(天庭)·천중(天中)·사공(司空)의 위치는 모두 이마에 있는데 귀하고 천한 것을 작용하는 부위다.

이마의 골격은 높직해야 한다. 이마가 솟고 넓으며 이마뼈가 솟아 정수리까지 연결되면

천자(天字)같은 지극한 귀인의 상이오, 이마가 벽(壁)같고 넓이는 복간(覆肝—엎어놓은 간)

같으며 밝고 윤택하고 모나고 길면 귀함과 수(壽)를 모두 누리는 상이다.

왼편이 기울면 부친을 잃고, 오른편이 기울면 모친을 이별한다.

시(詩)에 이르되 『이마가 도두룩하게 솟아 눈직하고 두터우면 관직과 녹봉이 이른다. 좌

우가 그러지면 천한 상이니 소년에 부모와 이별한다. 발제(髮際)가 풍륭하고 뼈가 높이

솟으면 영웅 호걸이오, 천창 좌우가 풍륭해도 역시 귀하리오. 일월각이 솟으면 벼슬운이 열

리고 중정(中正)의 뼈가 솟으면 二천석의 갑부다. 그러나 이곳이 함하면 자녀를 극하여 기

르기 어렵고, 여자가 이러하면 여러번 시집간다. 남자는 비록 녹을 얻더라도 얼마 못가서

직위를 잃으리라. 인당이 윤택하고 뼈가 솟으면 소년에 벼슬하여 중앙관직에 오르고

이마위에 앙월(仰月—초생달의 양 끝이 위로 향한 모양) 모양의 무늬가 있으면 이를 문성(文

星)이라 하니 귀격이며 얼굴이 둥글고 윤택하면 쾌남에 영웅호걸이니라』

논면(論面)

— 얼굴에 대하여 —

얼굴은 신체 백부(百部—모든 부위)의 영(靈)이 거하고 오장육부의 정신이 통하는 길이며,

삼재(三才—이마·코·턱)의 형상으로 추리해서 일신의 길흉화복을 결정하는 곳이다.

오악(五嶽—이마·좌우관골·코·턱)과 사독(四瀆—눈·귀·코·입)은 서로 조응(朝應)해

야 하고, 삼정(三停—얼굴을 이마 관골 턱 부위로 나눈것)의 모든 부위는 풍만함을 요한다.

용모가 단정하고 신(神)이 안정되며 기(氣)가 화평한 자는 부귀를 누리는 상이오, 만일 눈

을 흘겨보고, 훔쳐보며, 부위가 기울거나 결함이 있고, 기색이 어둡고, 용모가 추악하면 모

두 빈천한 상이다.

얼굴빛은 희되 윤택하고, 검되 칠(漆)같이 반짝이고, 누리되 삶은 밤(栗) 같고, 붉되(紫)

비단빛 같으면 모두 부귀하는 상이다. 그러나 얼굴 빛이 붉기가 활활 타오르는 불빛 같으면

명이 짧아 갑자기 죽고, 터럭빛이 혼탁하고, 살결이 메마르고 풍채가 없으며 마치 티끌이 낀

것 같으면 주로 빈천 단명하다.

성날때 얼굴빛이 푸르게 변하는 이는 독하여 사람을 해치는 자요, 얼굴이 주먹 셋을 붙여

놓은것 같으면 남자는 자식을 극하고 빈궁하며, 여자는 남편을 극하고 천히 된다.

얼굴이 보름달 같이 생겨 맑고 수려하고 눈빛이 반짝이면 이를 조하지면(朝霞之面—아침

햇살같이 밝아오는 모습)이라 하니 남자는 공후재상(公侯宰相)이오, 여자는 후비부인(后妃

夫人)이니 모두 대귀격이다.

얼굴거죽이 두툼하면 성품이 순수하고 착하며, 얼굴이 몹시 엷은이는 감정이 예민하나 빈

궁하다.

몸은 비대하나 얼굴이 마른이는 명이 길고 성질은 느릿하며, 몸은 말랐으나 얼굴만 살찐 사람은 명이 짧고, 성질이 급하다.

얼굴은 흰데 몸이 검은이는 마음이 깊지 못하고 천하며, 얼굴은 검은데 몸이 흰 사람은 마음이 깊고 귀하다.

시(詩)에 이르되 『코가 우뚝하면 어찌 평범한 인물이랴, 이곳에 주름이 많으면 수명이 짧다. 지각이 풍륭하면 토지가 넓어지고, 천정(이마)이 평평하고 넓으면 자손이 창성한다. 얼굴 정면에서 바라보아 귀가 잘 보이지 않으면 대귀하고 양쪽 볼이 보이지 않으면 재앙이 많다. 얼굴은 거칠어도 몸이 미끄러우면 복을 누리고, 얼굴은 고운데 몸이 거칠면 일생 빈궁하다. 그리고 비록 옥루골(玉樓骨)이 솟았더라도 머리털이 없으면 일생 의지할곳이 없어 고독한 사람이다』

논미(論眉) ― 눈썹에 대하여 ―

미(眉)는 미(媚)와 뜻이 통하니 두 눈을 돋보이게 하는 부위이며 얼굴 전체의 의표(儀表―곱고 추한것을 상징함)이며, 또는 눈의 채화(彩華―아름답게 장식하는 것)로서 현명하고 어리석음을 분별하는데 주된 표징이 된다. 그러므로 눈썹은 맑고 가늘고 평평한 곳에 위치하여 눈·사이가 넓고, 수려하고 길어야 하니 이러하면 총명한 사람이다. 만일 눈

썹이 거칠거나 짙고、눈썹털이 거슬리고 지저분하며、짧고 쭈그러지면 성질이 흉완하여 재

앙이 있다.

눈썹이 눈 끝보다 길게 나면 부귀하고、짧아서 눈을 덮지 못하면 재물이 궁핍하며 양쪽

끝이 위로 치켜지면 기(氣)가 강하고、눈게 붙어 눈썹털이 세워지면 성품이 호방하다. 두

눈썹 끝이 아래로 처지면 유약하고、눈썹머리가 맞붙은듯 하면 빈궁박복한 가운데 동기간의

운이 나쁘며、눈썹털이 거슬러 난 사람은 성질이 불량하고 처자를 극한다.

눈썹골이 툭 솟으면 성질이 흉악하여 막히는 일이 많고、눈썹 가운데 검은 사마귀가 있

으면 총명하고 귀하고 선량하며、눈썹 이마 중간쯤 높이 붙으면 대귀하고、눈썹가운데 흰

털이 나면 장수한다.

눈썹 위에 직리(直理ー세로진 무늬)가 많으면 부귀하고 눈썹 위에 가로진 주름이 많으면

빈곤하며、눈썹위에 결함이 있으면 간계가 많은 사람이오、눈썹이 없는것 같은이는 교활하

고 아당하다.

눈썹이 높이 붙어 수려하면 위권을 잡아 중한 녹을 먹고、눈썹털이 길게 나면 명이 길며

눈썹털이 윤택하면 부(富)를 얻기가 어렵지 않다.

눈썹이 교잡되어 어지러우면 일찍 죽고、눈썹이 각궁(角弓)같으면 성품은 착하나 웅심(雄

心ー영웅적인 기상)이 없고、눈썹이 초생달 같으면 총명함이 뛰어난다.

눈썹털이 매우 길어 실처럼 늘어지면 음탕하고 자식이 없으며、활같이 휘어지면 색(色)

을 탐하는 사람이오 눈썹이 길어 눈을 지나면 충직하여 관록을 먹고, 눈보다 짧으면 고독한 상이다.

눈썹머리가 맞닿은듯 하면 형제가 있어도 별거하고, 눈썹털이 가늘고 보드라우면 현명하여 귀하며, 눈썹 끝에 골이 솟아 머리털(鬢)까지 이르면 총명준수한 사람이다.

눈썹털이 가즈런하면 동기간이 많고, 눈썹털이 연약하면 여동기가 많고, 눈썹이 높이 붙어 곧으면 청직(淸職ㅡ교육자, 사무직, 종교계통 등의 직업)에 근무하고, 눈썹머리에 주름이 있거나 흉터가 생기면 항시 막힘이 많다.

시(詩)에 이르되 『눈썹을 인륜자기성(人倫紫氣星)이라 하는데 높이 붙어 빽빽하지 않고 빛이 담박하며 수려하고 맑으면 일생 명예가 높고 사람들의 윗자리에 거하고 녹을 먹고 영화로우며 명성이 높다. 그러나 눈썹이 빽빽하고 두터워 청수하지 못하면 천격이오, 눈썹털이 거칠고 거슬러지면 더 말할 나위없이 불길하다. 만일 특별히 긴 털이 나면 구십장수를 누리고, 눈썹이 짧으면 전원(田園)이 적다』

○ 눈썹의 여러가지

① 교가미(交加眉)

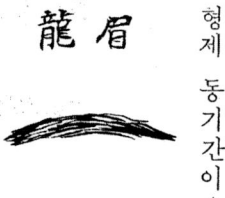

叉加眉

龍眉

鬼眉

교가미란 양쪽 눈썹이 매우 좁게 붙은 것이니 이러한 눈썹을 지닌 사람은 주로 빈천하다.

동기간은 독신 혹은 형제가 있다. 이 눈썹은 흉상으로 중년에 이르러 형옥(刑獄)살이를 면치 못하고 가업을 파하며 형제가 많더라도 동기간 때문에 재앙이 이르고, 부모궁도 나빠 부친은 서에 살고 모친은 동에 거하는 상이다。

② 용미(龍眉)

용의 눈썹이니 대귀한다。 눈썹이 수려하고 가즈런하며 눈썹털이 빽빽하지 않으면 六·七형제 동기간이오、 부모 장수하고 골육이 모두 귀히되며、 자신은 남보다 뛰어나 천하에 기이한 재주를 자랑하게 된다。

③ 귀미(鬼眉)

보기만 해도 소름이 끼칠 것 같은 눈썹으로 털이 거칠고 지저분하며 너울너울 늘어진 털이 눈을 덮는다。 흉하여 도적의 무리니 마음이 악하여 겉으로는 인의를 행하는 것 같으나 속으로는 독을 품고 있다。 백가지로 되는 일이 없어 궁핍하므로 항시 남의 물건 훔칠 계획만 세우고 그러한 일로 평

마치 버들잎처럼 생긴 눈썹인데 일신은 발달하나 골육간에 정이 없다. 눈썹이 거칠고 탁하나 탁한 가운데 청수하면 충신한 벗과 귀인의 도움으로 사업은 발달하고, 선비는 공명을 얻는다. 단 자식운이 늦다.

柳葉眉

⑤ 소산미(疎散眉)

눈썹이 듬성듬성 나고서도 이리저리 흩어진 눈썹이다. 이러한 눈썹을 가진이는 재물이 모였다 없어졌다 하기를 헤아릴 수 없고 헤프게 쓰지 않는데도 모여지지 않는다. 성격은 겉으로 화애롭고 안은 냉담하며 동기간은 一·二형제라 하겠다.

疏散眉

⑥ 검미(劍眉)

그 모양이 칼(劍)처럼 생긴 눈썹이다. 눈썹이 짙어도 단정하고 수려하며 길면 지식이 풍부하니 군왕(君王)을 보좌하는 대신(大臣)이 되어 권세를 떨치게 된다. 초년은 비록 빈궁하나 갑자기 귀히 되어 출세하고 자손이 창성하며 장수한다. 동기간은 四·五형제가 있을 것이다.

劍眉

⑦ 황박미(黃薄眉)

黃薄眉

눈썹이 누리고 박약함이니 불길한 상이다。 눈썹이 짧고 듬성듬성하면 눈
이 눈썹보다 길면 일찍부터 실패하여 재물이 궁하다。 다른 부위가 비록 좋
더라도 길운은 잠깐뿐이오、 게다가 신(神)이 어둡고、 기(氣)가 탁하면 타향
에서 객사한다。

동기간도 있으나 역시 타향에서 액을 당한다。

⑧ 사자미(獅子眉)

사자눈썹을 닮은 것이니 남과 동화력(同化力)은 결핍되나 부귀는 누린다。
눈썹이 거칠고 탁함을 꺼리지 않으나 눈 위로 눈직이 붙어야 길하다。 이
눈썹의 주인공은 발달이 늦은데 사자형상을 닮은 배우자를 만나면 부귀하
여 늙도록 영화를 누린다。

동기간은 四·五형제다。

⑨ 소추미 (掃箒眉)

청소하는 비(箒)와 같이 생긴 눈썹이다。 눈썹머리는 가즈런하나 끝이 흩어진 것이니 동

尖刀眉　　　前清後疎　　　掃篶眉

⑩ 전청후소（前淸後疎）

머리는 청수해보여도 끝은 흩어진 듯 깨끗한 눈썹인데 일찍 공명을 얻거나 재물이 풍부하다。 동기간은 三· 四형제요、 중년과 말년에도 명리（名利）를 달성하여 가문을 빛낸다。

⑪ 첨도미（尖刀眉）

칼（刀─짧은 칼） 모양의 눈썹인데 이러한 눈썹을 가진 사람은 성질이 매우 흉폭하다。 게다가 눈썹이 거칠면 악살（惡殺）이니 마음이 간교하고 음험하여 속에는 해치는 마음을 두고 겉으로는 좋은체 한다。 사나운 올빼미처럼 독하고 집요하고 흉폭해서 함부로 날뛰다가 큰 형벌을 범하여 그 자신도 상하게 된다。 동기간은 二· 三형제다。

⑫ 경청미（輕淸眉）

기간은 一· 二형제로되 우애가 없고 무정하며、 남을 시기하는 마음이 있다。

평생 재물이 불발하여 노력해도 넉넉한 줄 모르고 살으리라。

短促眉　　　　八字眉　　　　輕清眉

눈썹털이 짙지 않고도 수려하게 보이는 눈썹이다. 즉 청수한 눈썹이 약간 휘어져 길고 꼬리 부분은 털이 드물다. 이는 귀격으로 일약 출세하여 대궐에 출입하고 五·六형제 동기간은 모두 순하고 정의가 두터우며, 친구를 사귀되 처음과 끝이 한결같다.

⑬ 팔자미(八字眉)

양쪽을 합치면 여덟팔자(八字)와 흡사한 눈썹을 말하는데 동기간은 없어도 재물은 넉넉하다. 머리는 성글고 꼬리는 흩어져 간문(奸門—눈 끝 부위)을 누르면 늙도록 많은 아내를 맞이해도 해로를 못한다. 재물은 일생 흡족하고 육친의 덕이 없어 자식을 두지 못하고 남의 아들을 구하게 된다.

⑭ 단촉수미(短促秀眉)

비록 짧아도 청수한 눈썹이니 길격으로 청귀(淸貴)를 누린다. 수(壽)와 귀를 겸한 상이니 문무양방(文武兩傍)에 급제하는 영준한 호걸이오 충성되고 효도하고, 어질고 청렴하며 평생동안 언약을 어겨본 때가 없다. 동기간은 一·二형제요 자식 또한 귀히 된다.

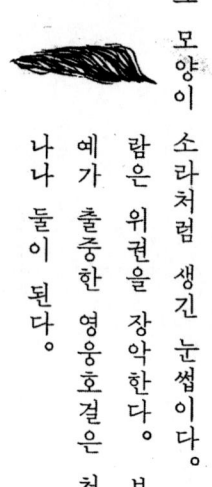

一字眉　　旋螺眉　　羅漢眉

⑮ 나한미(羅漢眉)

나한(羅漢)의 눈썹과 비슷한 눈썹을 말한다. 눈썹털이 길고 빽빽하여 너울거리는 모양인데 매우 좋지 못한 상이다. 이러한 눈썹을 가진이는 특히 처자운이 늦고 초년에 간난신고를 겪는다. 늦게 결혼하여 늦게 자식을 두는데 대개 첫번 아내의 몸에서는 자식을 두지 못한다. 동기간은 三형제라 하겠디.

⑯ 선라미(旋螺眉)

그 모양이 소라처럼 생긴 눈썹이다. 이 선라미는 흔치 않은데 이러한 눈썹을 지닌 사람은 위권을 장악한다. 보통 사람이 이 눈썹을 가지면 도리어 불리하나 무예가 출중한 영웅호걸은 천기(天氣)를 응함이니 크게 출세한다. 동기간은 하나나 둘이 된다.

⑰ 일자미(一字眉)

붓으로 한일자를 단정하게 쓴 모양의 눈썹인데 귀격은 분명하나 단 육친을 극하는 결점이 있다. 일자모양의 눈썹이 터럭이 많고 머리와 꼬리가 모두 단정하면 부귀를 누림이 의심없으니 소년에 발달하여 일찍 과거에 오르고 부부간은 백년해로 하는데 동기간은 없고 독신운이다.

小掃箒眉

⑱ 소소추미(小掃箒眉)

작은 비(箒)모양의 눈썹인데 터럭이 굵어도 거칠지 아니하고 가즈런하며 끝은 이마를 향하되 단정하여 보기가 좋다。자신은 발달하여 부유하나 단 형제간의 덕이 없어 서로 불화하거나 멀리 벌거하여 산다。뿐 아니라 부모 처자와의 인연도 박하다.

臥蠶眉

⑲ 와잠미(臥蠶眉)

누에 모양의 눈썹인데 수려하고 단정하면 교(巧)한 재주가 있어 임기응변을 잘하고 일찍 사회에 두각을 나타낸다。단 형제가 四·五형제로되 정이 없어 다투기를 잘하며 아니면 남북으로 멀리 떨어져 살게 된다。

大短促眉

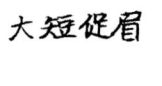

⑳ 대단촉미(大短促眉)

매우 짧은 눈썹이다。그러나 짧더라도 수려하고 터럭이 깨끗하며 꼬리는 약간 누리고 눈썹머리가 세워지면 이 눈썹의 긴격이다。재물은 모였다 흩어졌다 하여 쌓아두기 어려우나 생활에는 궁색치 않으며、자식은 준수하고 아내는 착하여 가정이 화락하고 형제도 많다。

間斷眉　　虎眉　　清秀眉　　新月眉

㉑ 신월미(新月眉)

초생달 같이 곱고 아름다운 눈썹을 말한다. 상(相)중에 최상격으로 미목(眉目)이 같이 수려하면 六·七형제 모두 영달하고, 동기간의 우애도 깊으며 자신도 출세하여 조정대신(朝廷大臣)의 지위에 오른다.

㉒ 청수미(淸秀眉)

눈썹이 수려하고 길어 끝은 천창(天倉)을 향하며 눈을 지나 머리털(鬢) 부근까지 이르면 총명하여 일찍 등과(登科)한다. 동기간은 三·四형제로서 동생은 공순하고 형은 우애하여 가정이 화락하고, 일생 부귀가 면면하다.

㉓ 호미(虎眉)

범 눈썹을 닮은 것이니 위권은 있으나 육친을 극할 우려가 있다. 이 범눈썹은 거칠고도 위엄이 있어 사람을 위압하는데 평생 용력이 과인하다. 부(富)가 아니면 대귀하는 상이오 자신은 건강 장수하나 동기간은 이별한다.

㉔ 간단미(間斷眉)

중간이 끊긴 눈썹인데 만일 털이 누리고 중간이 끊어진듯 하면 형제의 인연이 없어 동기간을 두더라도 반드시 액을 당한다. 뿐 아니라 성패가 다단하여 일신이 곤고한 가운데 먼저는 아비를 잃고 뒤에는 어미를 이별한다.

-114-

상목(相目) ― 눈의 상을 논한다 ―

천지(天地)가 큰 것을 아는 것도 해와 달의 빛을 힘입어 비쳐볼 수 있는 것이니 해와 달은 만물을 비추는 거울이라 할 수 있다. 눈은 일신의 해와 달이니 눈을 일월(日月)에 비유한다.

왼편 눈은 태양이 되니 아버지를 상징하고, 오른편 눈은 태음(달)이 되니 어머니를 상징한다.

잠잘 때는 신(神)은 심장에 처하고 잠이 깨면 신은 눈에 의지하니 눈은 신(神)이 머무는 집이다. 그러므로 눈의 좋고 나쁜 것을 살피면 그 신이 맑고 흐린 것을 알 수 있다.

눈이 깊고 빛나고 윤택하면 대귀하고 눈동자 검기가 칠을 바른것 같으면 총명한 문장이며, 눈이 견실하게 박혀 눈망울이 솟지 않고 반짝반짝 빛나면 부귀하며, 눈이 가늘고 깊으면 수를 누리고 겸하여 성품이 은중(隱重)하다.

눈이 뜨고 눈망울이 솟으면 명이 짧고 눈이 크고 동그랗고 불거지면 명을 재촉하는 상이오, 눈이 솟아 흘겨보는 사람은 음난하고 도벽(盜僻―훔치는 버릇)이 있으며 까닭없이 성낸 눈을 가진이는 바르지못한 사람이오, 붉은 줄이 동자를 침입하면 악사(惡死)한다.

눈이 안정되고 태연자약한 모습을 띠면 그 신(神)이 씩씩함이오, 양눈(羊眼)처럼 노란 눈동자가 불거지면 고독하고 시비를 잘 거는 자요, 눈이 작고 짧으면 어리석고 천하다.

눈 부위가 소복한 사람은 성질이 급하고, 눈 밑에 와잠(臥蠶―누에처럼 생긴 모양)이 생

기면 귀자를 낳는다.

여자는 흑백이 분명하면 거동이 단정하고, 눈 밑에 적기(赤氣)가 돋으면 산액(産厄)이 있

을 징조요, 훔쳐보기를 잘하면 음탕하고 신(神)이 안정되어 바르게 보는 눈은 복을 누린다.

눈은 솟지 않아야 하고, 검은 동자는 많고 흰망울은 적어야 하며, 붉은 줄이 없어야 하

고, 바라보는 형세는 견실해야 하고, 신(神)은 피곤하지 않아야 하고, 눈꺼풀은 뒤짚히지

않음을 요하고, 흘겨보지 않는 것이 길상(吉相)이다.

혹 눈이 동그랗고 작으며, 짧고 움푹 들어가면 선량치 못한 사람이다.

두 눈 사이를 자손궁(子孫宮)이라 하는데 이곳은 풍만함을 요하고 움푹 패이지 말아야

한다.

비결에 이르기를 눈이 수려하고 길면 군왕(君王)에 가깝고, 눈 윤곽이 붕어(鯽魚) 같으

면 재물이 창성하고, 눈이 크고 얼굴이 밝으면 토지가 늘고, 눈 머리에 결함이 있으면 재

물이 흩어지고, 눈이 솟아 흰망울이 가득하면 전쟁터에서 죽는다. 눈이 봉(鳳)이나 난새

눈(鸞眼) 같으면 고관의 신분이오, 눈이 도끼처럼 세모지면 흉악한 자요, 눈이 짧고 눈썹

이 길면 재곡(財穀)이 풍부하고, 눈이 凸자 같으면 일찍 죽고, 붉은 줄이 동자에 있으면

관재송사가 중중하고, 눈이 붉고 동자가 누리면 소년에 사망하고, 눈빛이 번개같으면 귀함

이 극진하고、 눈의 길이가 한치(一寸)가량이면 임금을 섬기는 대신(大臣)이오、 용의 동자

에 봉(鳳)의 눈이면 반드시 중한 국록을 먹는다。

눈이 부리부리하여 위엄이 있으면 만인이 복종하고、 눈이 활처럼 휘어지면 반드시 간웅

(奸雄)이오、 눈이 양눈(羊眼)같으면 골육을 형극(刑克―죽는 것)하고、 벌눈(蜂目)처럼 툭

불거지면 악사하고 또는 고독하며、 눈이 싸움닭 같으면 역시 악사한다。

뱀눈처럼 생기면 사납고 독하고 육친을 형하여 고독하게 되고、 눈 끝이 아래로 처지면

부부 해로를 못하며、 눈 꼬리가 위로 치켜 올라가면 복록이 면면하다。

여자로서 양의 눈에 흰망울이 가득하면 간부(姦夫)를 불러들이고、 눈빛이 모두 누르스

럼하면 충량하고、 현숙하며、 흑백이 분명하면 정절이 높다(남자는 크게 벼슬한다)

눈이 희고(흰망울이 대부분을 차지한 것) 가늘고 길면 빈궁하고、 눈이 한일자(一字) 모양

이면 평생 처사가 분명하고、 눈 밑에 주름이 많으면 여자는 자손을 많이 두고 눈 밑에 와잠(臥

蠶)이 있으면 여인은 도리어 딸보다 아들이 적고 눈에 물기가 반짝거리면 음난하여 간음

을 예사로 삼는다。

눈의 길이가 일촌오분(一寸五分)이면 경륜이 높은 재사(才士)요、 눈이 붉고 동자가 누

리면 육친을 몰라보는 불륜아요、 흰망울이 몹시 많으면 형옥에서 세월을 보내지 않으면

빈궁하다。

시(詩)에 이르기를 『눈은 일월(日月)과 같으니 흑백이 분명함을 요한다。 봉의 눈과 용

의 눈동자에 청수함을 상격이라 하고, 가장 두려운 것은 눈이 누린 가운데 붉은 줄이 있음이

니 이러한 눈을 가진 사람은 일생 흉액이 많아 생활이 어렵고 성공운이 없다. 눈이 크고 솟

고, 양(羊)의 동자를 닮으면 흉상이니 고독하여 의지할곳이 없고 재물도 궁하다. 눈이 너무

가늘고 깊으면 심복(心腹)이 없고, 흘깃흘깃 흘겨보는 사람과는 사귀지 말아야 한다. 눈이 너무

눈은 일신의 주장으로서 하늘의 일월(日月)과 같다. 일월이 빛을 발하면 무리 별들이 다

굴복하고, 삼라만상은 일월의 광명으로 그 모습을 비춘다.

눈썹이 수려하면 벼슬의 영화가 이르고 눈이 항시 맑은이는 부귀가 자연 이른다.

눈은 동그랗고, 솟은 것을 꺼리는데 이러한 사람은 간간히 재앙이 이른다. 눈에 흰망울

이 많으면 여자는 그 남편을 살해하는 독부요, 남자는 포악하고 우둔하다. 눈동자가 누린

데다 붉은 줄이 그어지면 남여를 막론하고 배우자를 사별한다. 눈이 너무 움푹하면 먹을 양

식이 부족(不足)하고, 울지 않는데도 우는것 같은 여인은 남편을 극하고 자손의 액도 많다.

이러한 가운데 다시 입안이 지저분하면 빈천하고, 타향에서 객사한다.

여자는 검은 동자가 너무 많아 눈에 가득하면 간사하고, 눈은 모나고 동자는 둥글면 장수

(長壽) 한다.

검은 동자가 동그랗고 크면 어진 선비의 상이며, 좌측 눈이 약간 작으면 장남의 신분임을

알게 된다. 두 눈꺼풀 아래에 또렷한 사마귀가 있으면 승도(僧道—중)의 운명이오, 왼쪽 눈

밑과 위에 사마귀가 있으면 공경의 위치에 오른다.

눈 밑에 군살이 두두룩하게 가로질러 있으면 자손을 두기 어렵고, 주름이 많거나 결함이 있으면 역시 자식을 극하여 자손이 없다.

눈의 길이가 일촌(一寸)이면 제후나 백작의 신분이오, 용의 눈동자에 봉의 눈은 최상의 귀격이다. 흑백이 분명하면 신의가 두텁고, 닭이나 쥐의 동자를 닮으면 모두 도적의 무리다.

두 눈에 광채가 나면 귀인의 상이며, 호관사시(虎觀獅視) 즉 뭇 사람을 압도하는 눈을 가지면 대장군의 상이다.

우안(牛眼ー소눈)은 인자하고 구목(龜目ー거북눈)은 막힘이 많고, 뱀의 동자 양의 눈을 닮은 사람과는 이웃도 하지 마라. 바라볼때 옆으로 보는 자는 전쟁터에서 죽고, 쥐눈 고양이눈 따위는 모두 좀도적의 무리다. 범의 눈동자는 인자함이 없고, 원숭이 눈은 미치광이오. 왼편 눈이 작으면 아내를 이별하고, 물고기 눈은 전쟁터에서 죽거나 형옥에서 사망하며 눈의 크기가 같지 않으면 성(姓)다른 형제나 배(腹)다른 동기간이 있다.

○ 눈의 여러가지

① 용안(龍眼) ー 용의 눈 ー

孔雀眼　　牛眼　　鳳眼　　龍眼

④ 공작안(孔雀眼) ― 공작의 눈 ―

눈의 윤곽이 뚜렷하고 동자는 검고 광채를 발한다. 만일 푸른 빛이 많고 흰 빛이 적으면 성질이 강하고 흉녕하다.

공작눈을 옳게 가지면 청렴결백하고, 화애롭고 따뜻하여 부부가 화목하며 일생 가업이 흥하고 출세하여 이름을 드날린다.

③ 우안(牛眼) ― 소 눈 ―

눈이 크고 눈동자가 둥근데 소눈처럼 순해 보이며 멀고 가까운 거리에 따라 모양이 다르게 보인다. 이러한 눈을 가진이는 거부(巨富)의 상인데 재곡(財穀)이 진진하여 쓰고 먹고 남으며 수명이 길고 종신토록 복록을 누린다.

② 봉안(鳳眼) ― 봉의 눈 ―

봉(鳳)의 눈을 가진 사람은 대귀지상(大貴之相)이라 한다. 위 그림과 같은 모양인데 눈이 가늘고 길며 수려하고 광채를 발하며, 신(神)이 맑다. 지혜가 총명하고 공명이 현달할 것이오, 무리보다 뛰어나 많은 사람을 통솔하리라.

용의 눈을 가진이는 대귀하는 상으로 극품의 벼슬에 오른다.

흑백이 분명하면 정신이 강하고, 눈이 크되 길고 신(神)이 감춰지면 부귀의 상으로 일찍 입신양명(立身揚名)하여 밝은 임금을 보필하게 된다.

-120-

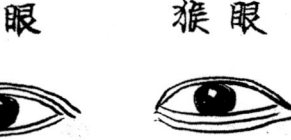

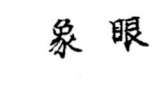

⑤ 후안(猴眼) — 잔나비 눈 —

검은 동자는 위로 붙은듯 하고 눈 아래 위로 눈꺼풀이 겹쳤는데 눈망울이 자주 움직인다. 이 눈을 가진이는 부귀를 누리는 상이오, 평소 과일을 즐겨 먹고, 앉을 때는 머리가 숙여진듯 하다.

⑥ 구안(龜眼) — 거북이 눈 —

이 눈은 수(壽)와 복(福)을 누리는 상이다. 눈동자가 둥글고, 깊으며 수려하고 몇가닥 가는 주름이 눈 위로 그어져 있다. 이 눈을 가진이는 일생 수복을 누리고, 의식이 풍족하며 자손이 면면히 창성한다.

⑦ 상안(象眼) — 코끼리 눈 —

그림과 같이 코끼리눈과 흡사하다. 위 아래로 눈꺼풀이 보기 좋게 있으며 눈이 곱고 길고 가늘되 화평하고 인자한 느낌을 준다. 때를 만나면 부귀를 얻어 영화롭고, 명은 헤아릴 수 없이 길며 평생을 즐겁게 지낸다.

⑧ 작안(鵲眼) — 까치눈 —

눈이 약간 작고 눈동자는 검고 빛난다. 위에 보기좋은 주름이 있고, 수려하고 길다. 이러한 눈을 가진이는 평생 신의 있고 선량하다. 소년에 발달하여 평평히 지내다가 말년에는 더욱 길창(吉昌) 한다.

 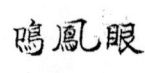 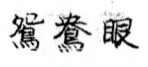

瑞鳳眼　　睡鳳眼　　鳴鳳眼　　鴛鴦眼

⑨ 원앙안(鴛鴦眼) ― 원앙새 눈 ―

눈이 수려하고 동자가 붉은듯 하며, 물기가 있는 것 같이 보인다. 또는 눈이 둥그렇고 약간 솟은듯 하니 이러한 눈은 도화(桃花)를 띠었다 한다. 부부가 단정하여 가정이 화목하나 부귀를 얻은 뒤에는 방탕에 빠질 우려가 있다.

⑩ 명봉안(鳴鳳眼) ― 우는 봉의 눈 ―

위에 눈꺼풀이 분명하고 눈매가 곱고 단정하고 야무지게 보인다. 중년에 귀인을 만나 영화를 얻으니 조종(祖宗)을 빛내고 가문을 일으킨다.

⑪ 수봉안(睡鳳眼) ― 조는 봉의 눈 ―

눈이 가늘고 길며 온화하게 보이는 것이 특징이다. 사물을 바라보매 흘겨보는 일이 없고 똑 바르게 보며 웃음을 띤듯 모습이 평화롭고도 수려하고 우아한 맛이 풍긴다. 사람을 용납하고 아량이 넓으며 온화하고 부드럽고 정대하니 일생 재난이 없이 부귀가 족하다.

⑫ 서봉안(瑞鳳眼) ―

이 역시 봉의 눈인데 봉이 오동나무를 만나 깃드리려는 즈음의 눈매라 할 수 있다. 두 눈의 윤곽이 또렷하여 눈꼬리가 가즈런하며 위 아래로 보일듯

-122-

말듯한 주름이 있고、 길고 수려한 가운데 미소를 먹음었다。 바르게 바라보고 눈빛이 빛나면

대과(大科)에 급제하여 이름을 죽백(竹帛)에 새긴다。

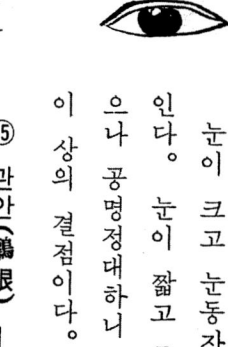

獅眼　虎眼　鶴眼

⑬ 사안(獅眼) ─ 사자 눈 ─

사자눈을 닮은 것인데 눈이 크고도 위엄이 있으며 눈썹은 뻗세고도 단정하며 씩씩하게 보인다。 벼슬하여 비리의 것을 탐하지 않고、 가혹하지 않아 어진 정치를 베푸니 부귀영화가 반석같고 수복강녕(壽福康寧)을 누린다。

⑭ 호안(虎眼) ─ 범의 눈 ─

눈이 크고 눈동자는 담금색(淡金色─엷은 금빛)인데 맹렬하고 위엄있게 보인다。 눈이 짧고 둥글게 보이는게 특징인데 성품이 강하여 남에게 굽히지 않으나 공명정대하니 일생 부귀를 누린다。 단 자손의 형극(刑克)이 있는 것이 이상의 결점이다。

⑮ 관안(鶴眼) ─ 황새 눈 ─

눈이 위에 보기 좋은 무늬가 길게 간문(奸門)까지 이르고 흑백이 분명하며 동자가 수려하고 맑다。 흠결봄이 없이 바르게 보는 것이니 중년에 뜻을 이루어 부귀영화를 누리는 상이다。

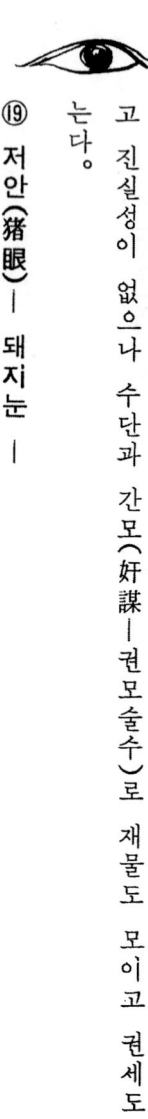

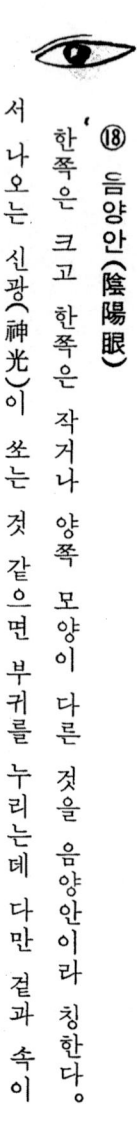

陰陽眼　　雁目　　鷲眼

⑯ 노안(鷲眼) — 따오기 눈 —

눈 위로 두어가닥 수려한 무늬가 천창(天倉)부위로 향하고, 흰망울은 적고 검은 동자는 많으며 사물을 똑바로 본다. 이러한 눈을 가진 사람은 마음이 선량하고 인자하며 성품이 온중(穩重)한데 운세가 길창하여 면면한 수복을 누리면서 노래까지 편안히 산다.

⑰ 안목(鴈目) — 기러기 눈 —

눈동자가 검은 칠을 한 것같은 중에 금황색(金黃色)이 가미되고 위아래로 주름이 길게 있다. 의기 있고 공순하여 신망이 두터우니 능히 벼슬에 올라 영화를 누리고 형제까지도 모두 이름을 날린다.

⑱ 음양안(陰陽眼)

한쪽은 크고 한쪽은 작거나 양쪽 모양이 다른 것을 음양안이라 칭한다. 눈에서 나오는 신광(神光)이 쏘는 것 같으면 부귀를 누리는데 다만 겉과 속이 다르고 진실성이 없으나 수단과 간모(奸謀—권모술수)로 재물도 모이고 권세도 얻는다.

⑲ 저안(猪眼) — 돼지눈 —

醉眼　桃花眼　蛇眼　猪眼

눈이 솟고 동자가 흐릿하며 눈꺼풀이 두텁고도 늘어져 마치 돼지눈과 흡사한 상인데 성질이 흉폭하고 탐욕이 많다. 일생 형벌을 면할 날이 적은데 심한 경우 죽을 때도 온전히 죽지 못하는 최악의 상이다.

⑳ 사안(蛇眼) ― 뱀눈 ―

눈동자가 붉고 동그랗고 붉은 줄이 있는데다 눈망울이 솟았거나 아니면 눈이 가늘고 짧되 눈동자에 독기가 서린듯 유난히 반짝거리는 것이 마치 독을 품은 뱀눈과 흡사한 것이니 그야말로 독사처럼 독하고 간교하며 이리처럼 흉폭하다. 이러한 눈을 가진이는 패륜아(悖倫兒)로 인륜 어기기를 예사로 하니 자식이 아비를 구타한다.

㉑ 도화안(桃花眼)

음난하게 생긴 눈을 도화안이라 한다. 사람을 대할때 눈웃음을 잘치고 동자는 물기에 젖어 반짝이며, 눈꺼풀도 축축한데 옆으로 흘겨보거나 흘깃흘깃 곁눈질을 잘 한다. 이러한 눈을 가진이는 환락과 사치를 좋아하고, 허세를 잘 부리며 음탕하여 간음을 예사로 안다.

㉒ 취안(醉眼)

눈에 붉은 빛과 누른빛이 섞여 깨끗치 못하고 술에 취한듯 잠에 취한듯 어

리석은듯 흐리멍덩한 눈빛을 가진 것을 말하는데 남녀를 막론하고 음탕하고 도벽심이 있

으니 비록 속세를 떠난 중이나 도사의 신분이라 할지라도 이러한 눈을 갖고 보면 본성을

고치기 어렵다.

鶴眼

㉓ 학안(鶴眼) ― 학의 눈 ―

학의 눈을 닮되 눈이 수려하고 동자와 망자가 맑으며 눈이 솟지 않으면 길격

으로 뜻이 고상한 사람이오 공명을 얻어 부귀영달하고 마침내는 공경(公卿)의

지위까지 오른다.

羊眼

㉔ 양안(羊眼) ― 양 눈 ―

눈에 비해 동자가 크고 동그랗고 누려 맑게 보이지 않는데 마치 양이나 염소

의 눈동자를 닮았다. 성질이 흉악하고 무도하여 자신이 재앙을 불러들이고 조업

이 있더라도 바람에 날리는 나무잎같이 흩어지고, 일생 되는 일이 없어 빈천함

을 면키 어렵다.

鴿眼

㉕ 합안(鴿眼) ― 비둘기 눈 ―

눈동자가 누리고 작고 동그랗게 생겼는데 이 비둘기눈을 닮은 사람은 머리와

무릎을 흔들고 앉은 자세도 한쪽으로 기운다. 총명하나 덕이 없고, 남녀를 막론

하고 음란하며 실속보다 허황된 일이 많은데 간혹 조그마한 재미는 본다.

魚眼　　伏犀眼　　狼目　　鸞眼

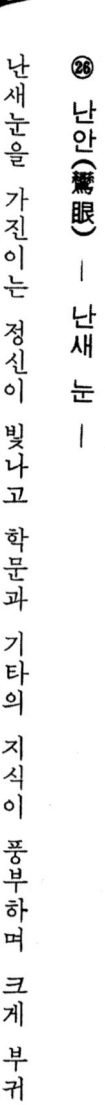

㉖ 난안(鸞眼) ─ 난새 눈 ─

난새눈을 가진이는 정신이 빛나고 학문과 기타의 지식이 풍부하며 크게 부귀하는 상이라 한다. 준두가 둥글고도 크며, 눈이 가늘고 길며 걸음은 빠르고 말소리는 곱고 얌전하다. 귀히 되어 나라에 크게 쓰임이 있으니 공을 세워 이름을 천추에 빛낸다.

㉗ 낭목(狼目) ─ 이리 눈 ─

눈이 작고 동자는 누리며 이리눈 같이 흉악하게 보인다. 사람됨이 비루하고 무식하여 정신이 항시 흐리멍덩 하면서도 망난이 미치꽝이처럼 헛된 세월을 보낸다.

㉘ 복서안(伏犀眼) ─ 물소 눈 ─

머리는 둥글고 눈이 크고, 눈썹은 짙으며, 귀털이 길고 체격은 풍후하다. 이 눈을 가졌는데 성품이 인자하고 청아하며 신의를 중히 여긴다. 대길격으로서 부귀겸전에 백년장수 한다.

㉙ 어안(魚眼) ─ 물고기눈

눈의 모양이 물고기눈과 흡사한 것이니 즉 눈망울이 툭 솟고 신(神)이 어두우

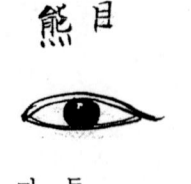

熊目　　鹿目　　馬眼

머 물기가 가득하다。 멀고 가까운 거리를 막론하고 아득히 먼 곳을 바라보는 형상과 같은

데 만일 이러한 눈을 가졌다면 단명한 상으로 머지않아 목숨이 다할 것이다。

㉚ 마안(馬眼) ― 말 눈 ―

세모진 눈에 눈꺼풀이 늘어지고 눈망울이 둥그렇게 튀어났으며 근심이 없는

데도 누당(淚堂)이 축축하여 금시 울고난 사람 같다。 얼굴이 길고 여위고、 피부가 붕대 같으리니 이러한 눈을 가진이는 처자를 극하여 종신(終身)이 없

고、 일생 바쁘고 고달퍼도 궁핍을 면키 어렵다。

㉛ 녹목(鹿目) ― 사슴 눈 ―

눈동자가 검고、 눈이 길며 걸을 때는 나는 듯이 빠르고 성질은 급하고 강

하며、 눈매가 사슴의 눈을 닮으면 산골 그윽한 곳에 살아야만 일신이 편안하고 복록이 자연 따른다。

㉜ 웅목(熊目) ― 곰의 눈 ―

이 상은 얼굴에 비해 눈이 작고 둥글며 눈동자가 동그랗고 누리고、 꺼풀이

두터워 돼지눈과 비슷하다。 한갓 힘만 세고 흉폭하며 우직하고、 오래 앉아있지 못하고 호흡이 급한데 흉액이 많고 죽을 때도 비명횡사(非命橫死) 할 우

려가 있다。

㉝ 노사안(鷺鷥眼) ― 해오라기 눈 ―

이상을 지닌자는 성품은 청정하나 빈한함을 면키 어렵다. 눈이 누리고 몸은 깨끗하여 티끌이 묻지 않은것 같고, 걸을때 몸을 흔들고 움추리게 된다. 눈썹이 짧고 신체가 길며 다리가 말라 가늘면 한때 큰 부(富)를 누리지만 결국은 빈한해진다.

㉞ 원목(猿目) ― 원숭이 눈 ―

눈이 원숭이 눈과 흡사한 사람은 간사하고 거짓되어 사기꾼이 되기 쉽다. 눈이 노랗고 윗눈꺼풀이 없는것 같아 항시 위를 바라보는듯 한데 이러한 눈을 가진 사람은 간교하여 의심과 시기심이 많다. 모든 것이 실속이 없이 허명(虛名)뿐이며 자식을 많이 두어 영특한것 같아도 모두 쓸만한 인물이 되지 못한다.

㉟ 연목(燕目) ― 제비 눈 ―

제비 눈은 신의(信義)를 주장한다. 입이 작고, 입술은 붉으며 머리를 흔드는데 눈은 깊고 흑백이 분명하다. 말이 많고 성질은 급하되 믿음이 있으며 기민한 재주가 있으나 한갓 먹고 입는것 해결하는데 그칠 뿐이다.

猫目　　蟹目　　蝦目　　鷓鴣眼

㊱ 자고목(鷓鴣目) ─ 자고새 눈 ─

눈이 붉고 동자는 누리며 얼굴이 붉다. 걸을때 머리를 흔들고, 체구가 풍륭하지 못하고, 몸이 작고, 귀가 작은데 항시 아래를 보는 습관이 있다. 일생을 마칠때까지 풍족한 때가 없이 항시 모자라 허덕인다.

㊲ 하목(蝦目) ─ 가재 눈 ─

동자가 동그랗고 불쑥 튀어 나온듯 하다. 이 눈을 가진 사람은 성실하고 조심성있게 처세하면 혹 부귀를 누릴 수 있다. 가재는 본시 물에서 사는 것이니 이 원리를 응하여 丙丁의 火年은 운이 막히고 壬癸의 水年은 발달한다. 한때영화 있으나 다만 수한(壽限)이 길지 못할가 염려다.

㊳ 해목(蟹目) ─ 게눈 ─

동그란 눈망울이 유난히 솟아 마치 게눈처럼 생긴 것인데 완만하고 어리석으며 평생 강호(江湖)를 좋아한다. 의식의 구애는 없을 것이오 자식운이 없어 자식의 부양(扶養)을 받기 어렵다.

㊴ 묘목(猫目) ─ 고양이눈 ─

동자가 동그랗고 누리며 생선을 즐겨 먹는 것이 이 상이다. 재주와 능력이 있어 맡은 일을 능히 실행하므로서 윗사람의 귀염을 받아 부귀를 누린다.

코는 오악(五嶽) 가운데 중악(中嶽)이 되니 오행은 土요 따라서 코를 중악토성(中嶽 土星)

이라 하는데 얼굴의 의표(儀表)요 폐(肺)의 영묘(靈苗)다. 그러므로 폐가 허하면 코가 통

하고 폐가 실하면 코가 막히는 것이니 코가 통하고 막힌 것으로 폐가 허한지 실한지를 알

게 된다.

준두(準頭 — 코끝)가 둥그스럼하고, 코구멍이 뻔하게 드러나지 않으며 난대(蘭臺) · 정위(

廷尉)가 가즈런하여 서로 응하면 부귀를 누리는 사람이다.

연상(年上) · 수상(壽上)은 모두 코에 속하므로 코의 좋고 나쁜 것으로 명

이 길고 짧은 것을 추리한다.

토성(土星 — 코)이 밝고 윤택하여 풍만하게 솟으면 귀히 되지 않으면 수부

(壽富)를 누리고, 검은 점이 있거나 마디지거나 박약하면 빈천하지 않으

면 요절한다.

코가 풍륭하게 높고 콧대가 바르게 서면 장수하고, 만일 쓸개를 달아맨것(懸膽) 같고, 대

통을 쪼개어 엎어놓은것 같으면 부귀하며, 튼튼하기가 뼈 같으면 장수하는 상이다.

준두(準頭)가 크고 풍만하면 남을 해롭게 아니하고, 반대로 뾰족하고 가늘면 간계 쓰기를

좋아하며 검은 사마귀가 많으면 운이 막히고, 가로주름이 많으면 교통사고를 당하고 세로

연상
수상
준두
정위
난대

주름이 있으면 자식을 두기 어렵다.

콧대가 둥그스름하게 솟아 인당(印堂)까지 뻗으면 용모가 아름다운 아내를 얻고, 대통을 쪼갠 것 같으면 의식이 풍족하며, 코구멍이 뻔하면 단명할 상이오 또는 빈궁하며, 매부리(鷹嘴) 같이 생긴 코는 남의 뇌수(腦髓—머리골)를 빼 먹는 사람이다.

옆으로 보아 세마디로 굽으면 고독하고 가욱까지 다 팔아먹는 상이오, 뼈와 살이 적당하여 준두가 곧고 둥글면 출외(出外)하여 의식이 잘 생기며, 준두가 풍만하고 높으면 부귀한다.

코끝이 붉은자는 동서 분주하고, 코뼈가 앙상하게 드러나면 일생 골몰(泪沒—고달픈 것)하고, 준두가 살이 쪄서 늘어진 자는 색(色)을 탐하되 만족할 줄을 모른다.

준두가 둥그스름하게 풍륭하면 의식이 풍족하고, 뾰족하거나 박약하면 고독하고 빈궁하다.

콧대가 솟아 이마 복판까지 연결되면 사해에 이름을 떨치고, 콧대가 뼈가 없이 물렁거리면 반드시 요절하고, 코구멍이 뻔하게 들여다 보이면 타향에서 객사하며, 코가 뾰족하고 비뚜러지면 그 마음도 바르지 못하다.

코는 항시 맑고 윤택해야 옳고, 산근(山根)은 끊긴듯 움푹하게 패이지 말아야 한다. 준두가 곧으면 부귀가 항시 따르고, 준두가 높직하면 형제가 발달하며, 코가 비뚜러지면 사기로 종사하고, 코구멍이 밖으로 보이면 방해가 많고 흉하다.

코에 검은 사마귀가 있으면 음부(陰部)에 질환이 있는 증거요, 코가 주머니를 오므린것(

縮囊) 같으면 늙도록 길복을 누린다.

코기둥이 비뚜러지면 타성(他姓)에 의탁하여 살고, 코가 고단하고 박약하면 건강이 매우

나쁘며 코에 가로주름이 있으면 우환이 끊기지 않는다.

사자코를 닮은자는 총명하고 문장이 높은 선비요, 코가 높직하면 벼슬운이 좋고, 코가 밝

고 윤택하면 부귀한다.

준두가 짧고 몹시 작으면 지기가 얕고, 코가 넓직하여 길면 재주가 교(巧)하며, 곧고

두터우면 자손이 귀히 되고, 코에 결함이 있으면 고독하고 굶주린다.

시(詩)에 이르기를 『코가 달아맨 쓸개 같으면 귀한 상이니 코 가운데 가장 으뜸이다.

산근이 높아 이마까지 솟으면 귀함이 삼공(三公)에 이르고 코끝이 뾰족하고 왜소하면 빈천

한 명이며, 코구멍이 넓은이는 재물이 궁해 저축할 날이 없다. 또 두려운 것은 코가 매부

리처럼 굽은 것이니 일생 간계만 부려 남을 등쳐 사는 자요, 준두가 뾰족하고 박약하면 파

란이 많아 궁핍하고, 코에 가로주름이 있거나 검은 사마귀가 있으면 액이 많다.

코구멍이 드러나면 빈궁에 수명이 짧고, 코가 길면 백년이나 장수하며, 코가 왼쪽으로 기

울면 부선망이오 오른쪽으로 기울면 모선망임을 알게 된다.

코구멍이 크면 재물이 모이지 않고 준두가 둥글고 두터우면 수부(壽富)를 누린다.

산근이 푸르면 위인이 집요하고, 법령(法令)이 깊으면 심성이 바르며, 옆으로 보아 칼구

리(鉤) 같으면 재물과 명이 족하니 쓸개모양의 코는 부와 수를 누린다.

준두에 점은 사마귀가 있으면 음부에도 있고, 상하좌우의 위치에 따라 음부의 사마귀도

같다. 고로 코 위에 사마귀가 있고 음부에도 있으면 조물주의 조화라 감탄하리라.

법령 주름에 점은 사마귀가 있으면 좋지 못한 상인데 왼편은 아버지오 오른편은 어머니

를 이별하는 것이라 판단하라.

만가지 원칙에 하나도 착오가 없으니 사악(四嶽―이마, 좌우관골, 턱)이 모두 낮고 유독

콧대만 높으면 도리어 빈궁하고 고독하며, 이(齒)가 드러나고 목뼈가 솟으며 코구멍이 뻔하

면 반드시 굶어죽는 것을 면치 못하리라.

○ 코의 여러가지 모양

① 용비(龍鼻) ― 용의 코 ―

준두가 풍륭하고 가즈런하며 산근 위로 복서골(伏犀骨―산근에서 이마

까지 높게 솟은 뼈)이 솟은 것이니 이에 콧대가 바르고 비뚤어지지 않으면

지위가 정승급에 오른다.

龍鼻

서 부귀공명을 누린다.

② 호비(虎鼻) ─ 호랑이 코 ─

이 코는 둥글고 풍륭하여 코구멍이 잘 보이지 않고 난대 정위가 없는
것 같다. 기울거나 굽지 않고 산근이 높으면 세간에 보기 드문 인물로

③ 산비(蒜鼻) ─ 마늘 코 ─

코의 모양이 흡사 마늘처럼 생긴 코를 말하는데 산근과 연상、수상이 평평하여 작고、난대
정위와 준두가 가즈런하다. 형제간에 우애가 도타웁고 마음이 독하
지 못하여 발달하여 중말년에 가업을 일으킨다.

④ 성랑비(盛囊鼻) ─주머니코 ─

주머니에 물건을 가득 담아 오그려놓은 것 같은 모양의 코인데 매우 길격이다. 난대・
정위가 크지 않고 코구멍이 둥글고 가즈런하다. 초년부터 말년까지
재물이 왕성하고 과거에 급제하여 공명(功名)을 이룩한다.

⑤ 호양비(胡羊鼻)

이 코는 크고 준두가 풍륭하며 난대 정위가 가즈런하다. 산근・연상
수상이 풍만하게 솟으면 부귀겸전한 상으로서 명리(名利)를 성취하여
석숭(石崇)의 부귀를 누린다.

코에 얼굴도 사자형이면 부귀하여 이름을 빛내려니와 그렇지 않으면 재물은 생겨도 모여지

⑥ 사비(獅鼻) —사자코—

모양이 사자코를 닮은 것인데 산근과 연상·수상 부위가 낮은듯 평평하고 준두는 풍만하고 크며 난대·정위의 모양이 같아야 한다. 이러한

獅鼻

⑦ 현담비(懸膽鼻) —쓸개코—

쓸개를 달아맨 모양의 코를 말하는바 코 중에 가장 이상적인 코라 할 수 있다. 준두가 가즈런하고, 산근이 끊기지 않은데다 기울거나 비뚤어지지 않아야 하니 장년(壯年)에 이르면 부귀영화가 비할데 없다.

懸膽鼻

⑧ 복서비(伏犀鼻) —

산근(山根)의 뼈가 높이 솟아 인당까지 풍륭하고 그참 천정(天庭)까지 이어진 것인데 살과 뼈가 적당하여 흠잡을데 없으면 영웅수재(英雄秀才)의 상으로 지위가 삼공(三公—영의정, 좌의정, 우의정)에 오른다.

伏犀鼻

⑨ 후비(猴鼻) —잔나비코—

원숭이코를 닮으면 의심이 많고 인색하며 재물이 궁하다. 그러나 산근·연상·수상이 평평하여 크고 난대·정위가 분명하며, 준두가 붉으레하여 풍만한 가운데 코구멍이 보이지 않으면 부귀를 누린다. 그러나 이

猴鼻

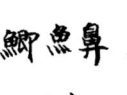 鯽魚鼻

 狗鼻

 鷹嘴鼻

코는 간계(奸計)를 좋아하니 지나친 간계를 부리다가 도리어 흉화를 당할 우려가 있으니 조심해야 한다.

⑩ 응취비(鷹嘴鼻)―매부리코

코뼈가 칼등같고 코끝이 뾰족하며 옆으로 보면 마치 매부리 같은 모양이다. 이에다 난대·정위가 짧고 쭈글대면 간사하고 음험하여 사람의 심장과 골을 빼먹는 악한이라 한다.

⑪ 구비(狗鼻)―개코

연상·수상의 뼈가 툭 솟고 준두 좌우에 있는 난대·정위의 구멍이 크게 보인다. 이 코의 주인공은 의(義)가 있다 칭하나 남의 것을 훔치다시피하여 주린 배를 채운다.

⑫ 즉어비(鯽魚鼻)

연상·수상이 날카롭게 솟아 물고기의 등과 같고, 산근이 가늘고 작으며 준두가 늘어진 것인데 이러한 코를 지닌 사람은 골육간의 정이 없고 빈천하며 사람됨이 변변치 못한데 여기에다 눈의 흰망울이 많고 동자가 솟은듯 하면 일생 의식이 궁핍하다.

⑬ 우비(牛鼻)―소코

이 코는 대부(大富)의 상으로 능히 사람을 용납하고 사물을 용납하는 아량이 있다. 준두

孤峯鼻　　偏凹鼻　　截筒鼻　　牛鼻

가 풍만하고 가즈런하며、 코구멍이 깊고、 난대・정위의 윤곽이 분명하며
연상・수상이 눈지 않고、 또 튼튼해 보이면 가도가 창성하여 금은보화를
쌓아 둔다。

⑭ **절통비(截筒鼻)**

둥근 대통(大筒)을 쪼개어 엎어 놓은것 같은 코인데 성품이 곧고 화애
로우며 부귀공명을 누리는 길상(吉相)이다。 코가 곧아 기울거나 편벽되
지 않은 가운데 준두가 가즈런하며、 산근은 약한 듯、 연상・수상이 풍만
하면 부귀하여 집안을 크게 일으킨다。

⑮ **편요비(偏凹鼻)―오목한 코**

연상・수상이 낮고 산근이 가늘며 준두와 난대・정위가 몹시 작은 중
에 코구멍이 넓으면 빈천 단명하고 병마(病魔)가 따른다。

⑯ **고봉비(孤峰鼻)**

준두에 살이 없이 박약한 중 구멍이 넓고、 양쪽 관골은 낮은데 코만
높게 솟은 상이다。 코가 비록 클지라도 재운이 없고 일신도 고독하리니
중이 되어야 모든 액을 면하리라。

獐鼻　　　劍峰鼻　　　三彎三曲鼻

⑰ 삼만삼곡비 (三彎三曲鼻)

옆에서 보아 굽은 코를 삼만(三彎)이니 즉 반음살(反吟殺)이오, 앞에서 보아 굽은 코를 삼곡(三曲)이라 하니 즉 복음살(伏吟殺)이다. 이러한 코는 주로 고독한 명으로 남자는 홀아비요, 여자는 과부며 또는 남녀를 막론하고 자식을 두기 어렵다。

⑱ 검봉비 (劍鋒鼻) ─ 칼등코

콧대가 칼등처럼 날카롭게 솟아 살이 붙지 않고, 준두에도 살이 없이 코끝만 뾰족하며 두 구멍만 넓게 열린 것이니 성질이 흉악하고 비급한 간계에 능한데 형제 처자 등 육친과의 인연이 박하여 신세가 고독한중 일생 고달프고 처량하게 생애한다。

⑲ 장비 (獐鼻) ─ 노루코

코가 몹시 얕고 가늘고 준두가 뾰족하며 코구멍이 횡하게 뚫린 중에 양쪽 불(金櫃・甲櫃 부위)은 붕대를 동여맨것 같이 밋밋하고 윤기가 없다。 이러한 코를 지닌 주인공은 탐욕과 시기심이 많은 중에 의리를 배반한다。 혹 조상의 유산이 있더라도 지키지 못하고, 재산은 몇번이고 뒤짚게 된다。

猩鼻

⑳ 성비(猩鼻)—성성이코

준두는 작으나 콧대가 눈직하고 성위·난대가 없는듯 하다. 이러한 코에 눈과 눈썹이 가깝게 붙고 눈썹과 머리털은 거칠며 얼굴이 넓고, 영웅호걸이오 따라서 부귀가 높으리라.

입술은 걷힌듯 하고, 체구가 넓고 두터우면 하나의 길격을 형성함이니 너그러운 덕을 지닌

露脊鼻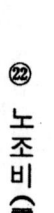

㉑ 노척비(露脊鼻)

코에 살이 붙지 않고 코뼈만 날카롭게 솟은데다 산근이 가늘고, 형용이 거칠고 속되며 정신이 혼탁한 상이다. 토박(土薄)하면 만물이 생장할 수 없는 이치와 같이 중악토성(中嶽土星—코)이 이와 같으면 간사한 좀도직에 불과하니 빈천 고독함을 먼키 어렵다.

露竈鼻

㉒ 노조비(露竈鼻)

코구멍이 넓고 뻥하게 뚫려 코속 깊은곳 까지 들여다보이는 상을 말함이니 가장 좋지 못한 상이다. 평생 재물과는 인연이 없으니 의식이 궁한 중에 간난신고가 많고, 심한 경우 와석종신(臥席終身—자기 집에서 편히 죽는것)을 못하고 타향에서 객사(客死)한다.

鹿　鼻

㉓ 녹비(鹿鼻)—사슴코

코가 풍륭하고 준두가 가즈런하게 둥글며, 걸음이 급하고 잘 놀래고 앉았다 일어섰다 불안정해 보이지만, 천성이 소박하고 인자하고 의리를 숭상하니 자연히 형통하여 복록이 난로 커간다.

猿　鼻

㉔ 원비(猿鼻)—원숭이코

코가 몹시 작고 얕고, 준두도 작으니 자연 코구멍도 작으나 코끗으로 가리지 못해 뻥하게 보인다. 입이 뾰족하고, 미치광이처럼 경망스러워도 무지 존엄성이 없다. 시기심이 많아 사람을 암해(暗害)하고 기만하며 항시 찡그리고 근심하고 걸핏하면 성질내니 사귀지 못할 사람이다. 그리고 항시 과일나무 곁을 지나면 과일 따기를 좋아하는 버릇이 있다.

〈참　고〉

코의 흉격(凶格) 가운데 코구멍이 뻔하게 보이는 것을 가장 꺼린다. 그런데 코구멍이 뻔히 보여도 길격을 이루는 경우가 있으니 이는 소위 오로(五露)의 격을 갖추게 되면 꺼리지 않는다. 즉 눈이 솟고, 코구멍이 뻔하고, 귀가 재껴지고, 입술이 건히고 목뼈(結喉)가 솟으면 흉극생길(凶極生吉)의 원칙이 적용되어 초년에는 곤액을 겪으나 중년부터 발복하여 재부(財富)를 누린다. 다만 알아둘 것은 이 다섯가지 나쁜 상(相)을 모두 갖춰야지 그중 한곳만 이에 해당하지 않아도 파격(破格)인 것이다.

인중(人中)

인중은 비유하건대 구혁(溝洫 —도랑)과 같다. 도랑이 넓고 깊으면 물이 막히지 않고 흘러나가지만 도랑이 얕거나 좁으면 물이 막혀 흘러나가지 못한다.

상(相)을 보는데는 인중의 길고 짧은 것으로 수한(壽限)의 길고 짧은 것을 논하고, 인중의 넓고 좁은 것으로 자녀의 다소를 판단하기도 한다. 그러므로 인중은 수명과 자녀궁이라 할 수 있다.

인중은 길어야 하고 주름잡히지 말아야 하며, 깊고 넓어야 하고, 비뚜러지지 말고 곧아야 하며 깨끗하고 윤택하면 다 길상(吉相)이다.

인중이 가늘고 좁으면 의식이 걱정이 있고, 도랑이 없이 평평하면 재앙과 막히는 일이 많다.

인중골(人中溝洫)이 위는 좁고 아래는 넓으면 자손이 많고, 위는 넓고 아래가 좁으면 자손이 많지 않고, 위 아래는 모두 좁고 가운데만 넓으면 그 자녀가 질병등으로 자라지 못한다.

인중 위 아래가 곧고 깊으면 자손이 가득하고、위 아래 모두 평평하고 얕으면 자녀를 낳지 못하며、깊고 길면 장수하고 얕고 짧으면 단명하다。

인중이 굽은이는 신의가 없는 사람이오、인중이 바르게 내려오면 수부(壽富)를 누리고、인중골이 시원치 않은데다 쭈굴대면 천하고 단명히다。

인중이 맑기가 쪼갠 대속(竹裏) 같으면 二천석의 녹봉(太守職)이오、바늘같으면 자식이 끊기고 또는 빈궁하다。

인중 윗부분에 검은사마귀가 있으면 딸보다 아들이 많고、아래 부분에 사마귀가 나면 아들보다 딸을 더 많이 두며、인중 중간에 검은사마귀가 있으면 혼인한 아내와 해로를 못하거나 자식을 기르기 어렵고、양쪽에 모두 사마귀가 있으면 쌍동이를 낳는다。

인중에 굵은 가로주름이 있으면 늙도록 자녀가 없고、비스듬한 주름이 있으면 남의 자식을 양자로 들이며、세로 주름이 있으면 자식을 낳긴하나 항시 병꾸러기다。

인중이 펀펀하여 구혁(溝洫)이 없는것 같으면 이를 경함(傾陷)이라 하니 늙도록 자식이 없고 또는 궁빈곤고한 상이며 왼쪽으로 기울면 부선망이오、오른쪽으로 기울면 모선망이라 한다。

시(詩)에 이르기를 『인중 및 정부(井部)・수성(水星)에 가로주름이 있거든 항시 물가에

임하더라도 배에 오르지 마라, 왼편으로 치우치면 아들을 낳고 오른편으로 치우치면 딸을

낳으며 인중 상하가 평평하면 지손이 없다.

준두 아래를 인중이라 하니 얼굴의 도랑은 모두 인중으로 통해 흘러나간다. 인중이

치우치거나, 몹시 박약하거나 몹시 좁으면 자손이 없어 고독하게 지낸다.

인중이 평평하고 짧으면 어떤 일이 나쁜가, 신의도 없고, 자손도 없으며 사람들을 상대

하기를 꺼린다. 만일 곧고 깊어 한치나 길면 정녕코 자녀가 많음을 알 것이다]

상구(相口) ― 입에 대하여 ―

입은 말이 나오는 문(門)이오, 음식을 먹는 기관(器)이며, 만물 조화의 관련되는 곳이오

또는 마음의 밖깥 문호(門戶)니 상벌(賞罰)이 나오는 곳이오 옳고 그른 것을 분별하기 위

한 부위이다.

입이 단정하고 두툼하여 망년된 말이 나오지 않으면 이를 구덕(口德)이라 하고, 남을 비

방하기를 좋아하고 말이 많으면 이를 구적(口賊)이라 한다.

입은 방정하고 넓직하고 입 끝의 윤곽이 뚜렷하면 수와 귀를 누리며, 그 형상이 각궁(角

弓―활)같으면 관록을 먹는 사람이오, 넓고 두터우면 재복을 누리고, 입이 바르고, 비뚜러지

지 않으며 입술이 엷지 않고 두툼하면 의식이 풍족하다.

입을 다물어 녁사자(四字) 같으면 부족(富足)하고, 입이 뾰족하여 입술이 걷히고 비뚤어지 거나 박약하면 빈천한 상이다.

말을 하지 않는데도 입이 움직이고 모양이 말 주둥이와 같으면 재물이야 있건 없건 굶어 죽는다.

입술이 검붉으면 일이 잘 막히고, 입을 벌려 이(齒)가 드러나면 기민(機敏)하지 못하며 입에 검은 사마귀가 있으면 주식(酒食)이 이르고, 입이 함단(含丹) 같으면 배고픈 때가 없다.

입이 한일자(一字) 모양으로 생긴 것은 빈천 박복하고, 입이 커서 주먹이 들어갈만 하면 출장입상(出將入相ー밖에서는 장군이오, 조정 안에서는 정승노릇하는 것) 하고, 입이 넓고 풍릉하면 만종록(萬鍾祿ー公卿級)을 먹으며 사람이 없는데도 혼자 중얼거리는 자는 천하가 쥐(鼠) 같은 무리다.

입술은 입과 혀의 성곽이오、혀(舌)는 입을 보호하는 창날(鋒刀)에 비유된다。성곽은 두텁고 튼튼해야 하고 창날은 날카로와야 쓸모가 있는 것이니 성곽이 두터우면 적에게 함락되지 않고、창날이 날카로우면 적을 무찌를 때 둔하지 않는 것과 같이 입이 두텁고 혀가 날카로우면 훌륭한 상이다.

입은 작은데 혀만 크면 빈천박복에 요절하고、입이 작고 짧으면 재물이 없다.

입은 붉고 목소리는 맑고、모양은 단정하고 두터워야 최상의 길격이다.

비결에 이르기를 입이 주사(朱砂)를 뿜은것 같으면 녹을 먹고 영화를 누리며、입이 말단

（抹丹—붉은 물감） 같으면 굶주림이 없고, 입이 맑고 짙게 붉으면 부귀지상이오, 입이 소입

술 같으면 반드시 성품이 어진 사람이다.

입이 각궁（角弓—활 모양으로 생기되 두 끝이 위로 향한것） 같으면 지위가 삼공（三公）이오

이와 반대로 두 끝이 아래로 처지면 의식이 궁하다.

입을 다물어 입술이 보이지 않으면 병권（兵權）을 장악하고, 입 모서리가 한쪽은 높고 한

쪽은 얕으면 간사하여 자기 편한대로 행동하는 자요, 입이 뾰족하고 쭈굴거리면 걸식（乞食

）하는 운명이다.

입술이 보이지 않는 사람은 장수가 되어 위엄을 삼군（三軍）에 떨치고, 입이 졸라맨 주머

니처럼 오무라지면 식량이 없어 굶어죽을 지경이오 또 자식이 있다하나 별방（別房—즉 庶出

出）의 자손이다.

입모양이 혹 소라（螺）같으면 항시 혼자 노래 부르기를 즐기는 사람이오, 용의 입술에 봉

의 입이면 더불어 사귀지 말아야할 것이니 말이 많고, 항상 비루하고 추악한 마음을 품은

사람이다.

입이 붉고 윤택하면 기방（妓房） 출입을 않는 사람이오, 여인은 그 남편의 귀염을 받는다

입이 너그럽고 혀가 얇으면 노래와 오락을 즐기는데 이러한 사람은 흉악한 일이 이르지

않고, 입가에 자색（紫色—붉은 빛과 푸른빛이 섞인것）을 띠면 재물을 탐하나 운이 쇠약하

며, 말이 나오기도전에 입술부터 열리면 음란한 생각을 품고 있는 사람이오, 입속에 검은

사마귀가 있으면 먹을 복이 있다 한다.

시(詩)에 이르기를 귀한 신분은 첫째 그 입술이 주사를 뿜은것 같이 붉은 것인데 입술이

이러한중 넉사자(四字) 같으면 영화가 무궁하니라. 빈천한 사람은 입이 쥐입(鼠口) 처럼 항

상.검푸른 것이니 집과 토지를 다 팔아 없애고 거처할 집도 없다.

입이 두툼하고 네모지면 일신은 영귀하고, 가정은 부유하며 자손은 창성한다. 입모서리의

상하가 다르고 입술이 박약하면 마음이 바르지 못하여 남을 비방하는 말을 끊길 때가 없다

입이 방정하면 신의 있는 사람이오, 두 끝이 아래로 처지면 고래고래 소리 지르는 사람

이다. 입술 위에 주름이 많은 가를 자세히 보라, 입술이 푸르고 박한데다 내천자(川字) 같

은 주름이 있으면 굶어죽는 운명이다.

입이 불(火)을 부는것(吹) 같으면 자손을 두기 어렵고, 왼쪽으로 기울면 아내가 죽고 오른

쪽이 기울면 토지와 재산을 없애며, 입술에 검은 사마귀가 있으면 독약에 중독된다.

불부는입(吹火口)은 자식이 없고, 얼굴위에 석삼자(三字) 무늬가 있으면 의로운 사람이

다. 혀가 항시 푸른이는 좋은 상이 아니니 동기간이 있더라도 분리하게 된다.

입이 붉고 모나면 토지를 넓게 마련하고, 불을 부는것 같이 생겼으면 늙도록 처자가 없

다. 입 위에 무늬가 있으면 신의가 깊고, 입술이 엷으면 남의 참견을 좋아하는 사람이다.

彎弓口　仰月口　　方口　　四字口

○ 입의 여러가지

① 사자구(四字口)—넉사자입

입 모서리가 깨끗하고 입술은 단정하며, 두 끝이 아래로 처지지 않고 위로 향하여 넉사자(四字)와 같으면 총명하고 글재주가 뛰어나 학문에 통하니 부귀공명을 얻어 자의(紫衣—官服)를 두른다.

② 방구(方口)—방정한 입

입이 단정하여 이(齒)가 보이지 않고, 입술은 주사같이 붉고 윤택하다. 웃을때도 이가 보이지 않고, 이가 희면 정녕코 부귀영화를 누리게 되리라.

③ 앙월구(仰月口)

초생달이 옆으로 누어 두 끝이 위로 향한것 같은 입인데 이가 희고 입술이 붉으면 문장이 배에 가득한 재사로서 급제하여 조정에 출입하며 부귀를 누린다.

④ 만궁구(彎弓口)

다문 입이 활처럼 생겨 두 끝이 위로 올라가고 위아래 입술은 붉고 풍후하다. 이러한 입을 가진 주인공은 신(神)이 맑고 (氣)가 상쾌하여 나라에

쓰임이 있는 재목감이다。그러므로 중년부터 발복이니 부귀를 얻어 행복한 생애를 지낼 것

이다。

⑤ 저구(猪口)—돼지입

윗입술은 길고 거칠고 넓적한 반면에 아래입술은 뾰족하고 엷으며 침을 질질 흘린다。마음이 간사하고 음험하여 사람을 꾀어 이익을 취하고、남을 헐뜯기 좋아하는데 흉액과 빈궁을 면치 못할뿐 아니라 죽을 때는 거리에 나

猪口

가 비명횡사할 우려가 있다。

吹火口

⑥ 취화구(吹火口)—불 부는 입

입이 불을 부는 것 같이 항시 동그랗게 벌려 다물어지지 않는 입인데 입가운데 가장 흉상으로 빈천단명함은 물론이오、슬하에 자식을 두기 어렵다。

雛紋口

⑦ 추문구(皺紋口)—주름잡힌 입

입술이 쭈글쭈글하여 그 모양이 우는 것 같은 상인데 사람됨이 모자라거나 추루하여 보기만 해도 혐오감이 생긴다。이러한 입을 가진이는 비록 명은 짧지 않을지라도 일생 곤고함이 많고 말년에 더욱 빈궁하며 자식은 두더라

도 온전히 기르기 어렵다。

⑧ 앵도구(櫻桃口)—앵두입

虎口　　龍口　　牛口　　櫻桃口

입술은 연지를 바른것 같이 붉고 두툼하고 아름다워 마치 앵두처럼 생겼다

이가 석류알같이 빽빽하고 가즈런하며 웃을 때는 연꽃을 먹음은것 같이 정

이 담북 서리고 화애롭게 보이는데 대길한 상으로 뛰어난 총명에 벼슬을 얻

어 부귀를 누린다.

⑨ 우구(牛口)─소 입

입술이 모두 풍후하고 다문입이 야무지다. 부귀와 수복을 누리는 길상으로

평생 의식이 궁할 때가 없다. 탁한듯 하면서도 자세히 보면 깨끗한데 마음이

영특하고 깊은 재주가 있어 부귀장수가 의심 없다.

⑩ 용구(龍口)─용의 입

위 아래 입술이 모두 풍후하고 가즈런하며, 살셜이 깨끗하고 밝아 기이하

게 보인다. 통변(通變)하는 재주와 경륜이 높을셨이오, 뭇 사람의 위에 거

하여 권세를 누리니 세간에 보기 드문 인물이라 할 것이다.

⑪ 호구(虎口)─호랑이 입

입이 넓고 크되 야무지게 다물고 입을 벌리면 주먹이 들어갈만 하다. 이러

한 입을 가진 사람은 만일 귀히 되지 않으면 부(富)를 누리는데 금옥을 쌓아

놓고 즐거운 생애를 보낼 것이다.

鯽魚口　　鮎魚口　　羊口　猴口

⑫ 후구(猴口) — 잔나비 입

잔나비 입이란 위 아래 입술이 길고 두툼하며 입을 다물면 대(竹)를 쪼개어 붙여 놓은것 같다. 성품이 몹시 인색한 것이 흠이지만 평생 의식의 궁핍이 없고 백년 가까이 장수하는 상이다.

⑬ 양구(羊口) — 양의 입

다문 입 모양이 뾰족하여 음식을 먹을 때는 개와 흡사하며, 위 아래 입술이 박약하여 없는 것 같고 윗수염이 없어 보기에도 혐오감이 든다. 흉격으로 평생을 허송세월하게 되고, 빈천하여 골몰하게 지낸다.

⑭ 점어구(鮎魚口) — 메기 입

입이 째진듯이 넓고 두 끝이 아래로 쳐져 메기입처럼 생겼는데 위 아래 입술이 단정하지 못하다. 이러한 입을 가진 사람은 빈천단명한 상이니 얼마살지 못하고 황천길을 재촉한다.

⑮ 즉어구(鯽魚口) — 붕어 입

입이 작으면서도 입술만 두텁고 거칠어 입 가운데가 빠끔히 열렸는데 마치 붕어 주둥이처럼 생겼다. 일생 의식이 족할 때가 없이 근근히 생애하는데 이러한 상에다가 기(氣)가 탁하고, 눈빛이 흐리면 운이 막혀 되는 일이 없다.

⑯ 복선구(覆船口) ─ 엎어진 배 모양의 입

입을 다물면 마치 엎어 놓은 배(覆船)처럼 생겼는데 위 아래 입술은 쇠고기 빛 같이 검붉어 지저분하고 추해 보인다. 걸인(乞人)에게 이러한 상이 많은 것이니 일생 빈궁함을 다 말할 수 없다.

상순(相脣) ─ 입술에 대하여 ─

입술은 입을 보호하는 성곽이오 혀가 출입하는 문호(門戶)로서 한 번 열고 한 번 닫는 사이에 영욕(榮辱)이 달렸다 해도 과언은 아니다. 그러므로 입술은 엷어서는 안되니 두툼함이 좋고, 도두룩하되 오글오글 주름이 잡혀서는 불가하다.

입술이 주사(朱砂)처럼 붉으면 귀히 되지 않으면 부유하고, 푸른 빛이 돋으면 재앙이 있고 요수(夭壽)하며, 빛이 검고 어두우면 고질병을 앓거나 악사(惡死)한다.

입술이 밝은 자색(紫色)을 띠면 의식이 족하고, 깨끗하고 붉으레하면 어진 아내를 얻으며 홍황(紅黃)하면 귀자를 낳는다.

입술이 쭈글대면 단명이오, 박약하면 빈천하며, 윗입술은 길고 아랫입술이 짧으면 부친을 먼저 잃고, 아랫입술이 길고 윗입술이 짧으면 모친을 먼저 이별하며, 윗입술이 엷으면 말이 간교하고, 아랫입술 엷으면 빈한하고 막히는 일이 많다.

위 아래가 모두 두툼하면 충직하고 신의 있는 사람이오 이와 반대로 위 아래 입술이 모두

박약하면 망년된 말을 잘 하거나 비겁한 사람이며, 위 아래가 서로 겹쳐지면 빈한하거나 도

둑질하는 버릇이 있고, 위 아래 입술이 가즈런하면 말과 행동이 정직하다.

용의 입술은 부귀하고, 양(羊)의 입술은 빈천하며, 입이 솟고 쭈글거리면 단명하고 입술이

아래로 처지면 고독 빈한하다.

입술에 보기 좋은 무늬가 아롱지면 자손이 많고, 무늬가 없이 밋밋하면 고독하다.

입술 빛이 닭의 간(肝)처럼 검붉으면 늙도록 빈한하고, 검푸르면 길거리에서 굶어 죽고,

빛나고 붉으면 자연 풍족해지고, 검으스럼하면 사람을 독살하는 악한이다.

입술이 평평하면 굶어죽을 지경에 이를만큼 가난하고, 입술이 째지거나 하면 하천한 신

분이오, 입술이 길고 이(齒)가 짧으면 명이 길고, 입술이 비뚤어진 사람은 종잡을 수 없는

말을 잘 지꺼린다.

상설(相舌) ― 혀에 대하여 ―

혀는 안으로는 단원(丹元)으로 더불어 호령하고 밖으로는 중기(重機)로 더불어 방울을 울

린다。 그러므로 침이 잘 나오는데、 혀는 또 신(神)의 사체(舍體)가 되고、 은밀하게 뜻과 생

각을 전하는 작용을 하는 것으로 마음의 주즙(舟楫—배와 노)이라 할 수 있다。 고로 혀는

성명(性命)의 추기(樞機—기틀)요 일신의 길흉이 매인 곳이다(쉽게 말하여 혀는 마음 속에

비상된 뜻을 나타내고 혀를 놀리는데 따라 길흉화복이 작용한다는 뜻이다) 이러한 까닭에 옛

사람은 혀의 단정하고 추한 것으로、 귀천을 평하고마혀를 망녕되이 움직이지 말 것을 경계하였다。

혀는 단정하고 날카롭고 크고 길면 가장 훌륭한 상이오、 혀가 길기만하고 몹시 좁으면 간

사하고 천하며、 짧고 뭉툭하면 운이 막힌다。

혀가 크기만하고 얇으면 망녕된 언행을 잘하고、 작고 뾰족하면 탐욕스러운 사람이오、 혀를

빼어 코끝까지 닿으면 제후나 군왕의 신분이며、 혀가 단단하여 손바닥 같으면 공경(公卿)과

재상의 지위에 오른다。

빛이 주사(朱砂)처럼 붉으면 귀하고、 간장빛 같이 생긴 혀는 천하며、 피빛같이 붉으면 녹을

얻고、 회끄므레하여 재빛(灰色)같으면 빈궁한 상이다。

혀 위에 곧은 무늬(直理)가 있으면 높은 벼슬에 오르고、 세로무늬(縱紋)가 있으면 문직(文

職)이오、 혀에 무늬가 둘러있으면 지극히 귀한 신분이다。

혀가 짙게 붉고 아름다워 보기에 황홀하여 입안 가득히 메꾸면 지극한 부(富)를 누리고、

혀 위에 비단무늬(錦紋)가 있으면 조정(朝廷)에 출입한다。

혀 위에 검은 사마귀가 있으면 거짓된 말을 잘하고、 뱀의 혀처럼 날름거리면 독하여 사람

을 해치며, 혀가 몹시 짧으면 운이 막혀 발달하지 못한다.

말하지 않는데도 혀가 움직이는 자는 망녕된 말을 좋아하고, 말하지 않는데도 입술에 침

을 바르는 자는 음난 방탕하다.

혀만 크고 입이 작으면 말 끝을 잘 맺지 못하고, 반대로 혀는 작은데 입이 크면 말이 경

쾌하며, 혀가 작고도 짧으면 빈한하고, 혀가 작고 길면 벼슬 운이 트인다.

혀 위에 교문(交紋—이리저리 얽힌 무늬)이 있으면 귀가 하늘에 솟고, 혀에 무늬가 없이

매끈하면 보통사람이다. 대저 혀는 모나고 깊어야 하며, 붉되 검거나 희지 말아야 한다.

논 치(論齒) — 이에 대하여 —

모든 뼈(骨)의 정화(精華)를 얻어 모아 입(口)을 방어하는 창날(鋒刀)인데 억세고 거친음

식을 잘게 씹어 위(胃)의 소화(消化)를 돕고, 오음(宮·商·角·徵·羽) 가운데 상음(商音—

金)을 발하여 언어작용(言語作用)을 같이 담당한 것이 이(齒)다.

이는 크고 빽빽하고 길고 곧고 희되 갯수가 많아야 아름다운데 이가 튼튼하고 단단하면

장수지상(長壽之相)이오, 이가 가즈런하지 않고 겹친 이가 나면 교활하다.

이가 뻔히 보이면 단명한 상이오, 잇새가 뜨면 빈천박복하며, 짧거나 바스라지면 어리석다

이가 매말라 윤기가 없으면 요절(夭折)하고、 말할때 이가 보이지 않으면 부귀하고、 늙기

도 전에 이가 빠지면 명을 재촉한다.

이는 갯수가 많을수록 좋다. 그러므로 상하를 합해서 三十八치면 왕후(王侯)의 신분이오

三十六치는 조정대신(朝廷大臣)이 아니면 거부(巨富)의 명이오 三十二치는 중간정도의 복록

을 누리고 三十치는 보통 사람의 신분이오、 二十八치는 빈천한 명이다. 이가 옥같이 희면

뜻대로 안되는 일이 없고、 이가 누리면 일마다 막힌다. 그러므로 이는 백옥(白玉)같이 희

고 깨끗하면 고귀한 신분이오、 은빛같이 청귀(清貴)하고、 석류씨처럼 조밀하면 복록을

누리고、 이가 창끝같이 날카롭거나 쌀알같이 잘고 희고 빽빽하면 장수한다.

오디(椹―뽕열매) 같은 이는 단명하고、 위는 넓고 뾰족하여 톱니처럼 생기면 성질이 거칠

고 육식(肉食)을 즐기는자요、 반대로 위는 좁고 끝은 넓어 뿔 처럼 생기면 성질이 비루한

데 수유(茱)를 즐겨 먹는다.

용(龍)의 이는 자손이 현달하고、 소이(牛齒)는 영화를 얻고、 쥐이(鼠齒)는 빈궁 단명하고、

개이(犬齒)는 독하고 잔인하다.

이가 옥(玉)을 먹음은것 같으면 복록이 창성하고、 찬란한 은빛같으면 부귀하며、 희고 빽빽

하고 길면 벼슬 운이 좋다.

이가 검고 사이가 뜨면 일생 재앙이 중중할 것이오、 곧고 길면 극히 귀히 되고、 어긋버긋

하여 가즈런하지 않으면 마음이 간사하고 거짓이 많다.

시(詩)에 이르기를 『이가 빽빽하고 방정하면 군자의 상이오 이가 성글어 사이가 뜨면 소인의 무리다. 희기가 백옥같아 고르고 조밀하면 소년에 성취하여 이름을 드날린다. 입술이 붉고 이가 희면 문장이 뛰어난 선비요, 눈이 수려하고 눈썹이 높으면 귀인의 상이다 잘고 짧고 사이가 뜨면 빈궁 단명한 명이니 아무리 노력해도 한갖 힘만 허비할 뿐이다.』

상이(相耳) ─ 귀에 대하여 ─

귀는 뇌부(腦部)와 가슴의 심장에 통하니 심장을 사령(司令)하고 신장(腎臟)과 응한다.

그러므로 신기(腎氣)가 왕하면 귀가 밝고, 허하면 귀가 어둡다.

귀가 두툼하여 견실하고 위로 솟아 길면 장수하는 상이다. 윤곽이 분명하면 총명하고, 수주(垂珠─귀의 맨 아랫부분에 늘어진 살)가 입을 향하여 오긋하면 재물이 따르고 아울러 장수한다.

귀밥이 두툼하게 살찌면 부유하고, 귀속에 털이 나면 수(壽)하고, 귀에 검은 사마귀가 있으면 귀자를 낳고 또는 총명하며, 귀문(耳門)이 넓직하면 지혜롭고 포부가 원대하다.

귀가 붉으레하고 윤택하면 관직을 얻고, 희고 깨끗하면 명망이 높으며, 빛이 검붉으면 빈천하다.

귀가 엷고 윤곽이 정면으로 향하면 이를 부채귀(扇耳)라하니 가옥이며 전답을 다 팔아먹

는 상이오, 귀가 뒤짚히거나 기울거나 비뚜러지면 셋빙살이 신세를 면치 못한다.

한편은 크고 한편은 작으면 일생 장애가 따르고, 광명하고 윤택하면 이름을 멀리 드날리

며, 거칠고 깨끗치 못하거나, 검고 윤기가 없으면 빈천하고 박복하고 우매하다.

귀가 단단하여 어름같이 맑고 희면 늙도록 재앙이 없고, 귀가 길쭉하여 높이 솟으면 지

위를 얻고, 두툼하고 둥글면 의식이 풍부하다.

대저 귀인의 상이란 『귀격을 갖춘 눈은 있어도 귀격을 갖춘 귀는 없고, 빈천한 사람은

혹 좋은 귀는 가졌어도 훌륭한 눈은 타고나지 못하였다』하였으니 상을 잘 보는이는 먼저

기색을 살피고 뒤에 그 형상을 살피는게 옳은 것이다.

비결에서 말하기를 귀가 높이 이끌어 붙으면 이름을 떨치고, 두 귀가 어깨를 닿을듯이 늘

어지면 귀함이 비할떼 없다(옛날 劉備는 귀가 어깨에 닿았다 한다)

귀가 얼굴보다 회면 이름이 천하에 가득하고, 기자귀(棋子耳)는 가업을 성취하며, 귀가

검거나 꽃잎처럼 뒤짚히면 가업을 파한 뒤 조상의 터를 떠나게 된다.

귀가 종이처럼 박하면 일찍 죽고, 윤곽이 복숭아빛 같이 붉으레하면 성품이 영리하다.

토끼귀를 닮은이는 빈궁함을 호소할곳 없고, 쥐귀(鼠耳)를 닮으면 빈천함은 고사하고 명

을 보전키 어려우며, 귀가 뒤짚혀 윤곽이 모호하면 조업은 티끌처럼 사라진다.

귀뿌리(珠)가 늘어지면 의식이 넉넉하고, 귀가 엷은데다 귀뿌리가 없으면 단명한 상이오,

귓문이 넓으면 총명 활달한 사람이다.

귀에 성골(成骨)이 솟으면 수명이 모자라고, 귀 밑에 둥근 뼈가 툭 솟으면 일용비가 모자라며, 귀가 눈 위로 높이 솟으면 깨끗한 녹을 먹는 사람이오 눈썹 위로 두치가량 높이 솟으면 일생 빈곤한 때가 없다.

귀가 높고 윤곽이 뚜렸하면 안락한 생애를 누리고, 귀가 환도(環刀―둥글게 만들어진 칼) 같으면 오품(五品)의 벼슬이오 귀뿌리가 두텁게 늘어지면 부귀를 장구히 누린다.

귀 모양이 화살깃(箭) 같으면 빈궁한 중에 의지할 곳이 없고, 귀에 긴 터럭이 나면 부귀장수하는 상이오, 겸하여 재앙이 없고, 귀가 짐승귀 같이 쫑긋하면 길흉이 자주 번복되며, 귀문이 너그럽고 귀가 크면 총명한데 재물도 족족하고, 귀가 박약하고 몹시 작으면 박복하여 명이 짧고 의식도 궁하다.

시(詩)에 이르기를 『윤곽이 분명한 가운데 귀뿌리(珠)가 늘어지면 일생 인의를 행하는 사람으로 복록도 무궁하고, 귀가 잘 생기고 기색이 선명하면 문장이 뛰어나 대궐에 출입하며 이름을 빛낸다.

귀가 뒤짚힌 것은 가장 좋지 못한 상인데 여기에다 화살깃 같이 생기면 먹을 식량이 떨어지며 귀문이 몹시 좁고, 귀가 작으면 수(壽)를 기약하기 어렵고, 푸르거나 검거나 거칠면 타향에 주류하며 풍상을 겪는다.

귀에 단단한 살이 뼈처럼 뭉치고 윤곽이 분명하며 붉으레하게 빛나면 부귀영화를 누리고

뒤짚혀 귀구멍이 뻔히 보이거나 박약하고 건조하면 빈곤한 상이며, 귀 구멍에 긴 털이 나온

사람은 수를 천년이나 누린다.

귀가 얼굴보다 희면 높은 이름을 얻고, 앞에서 바라보아 귀가 보이지 않는 것 같으면 귀

하고 영화로우며, 앞에서 바라보아 귀 전체가 다 보이면 빈곤하고, 귀 윗부분에 보기 흉한

사마귀나 점이 있으면 우둔하여 영리하지 못하다.

귀뿌리가 늘어지고 빛이 윤택하며 입을 향한듯 약간 오긋하면 부귀창성하고, 위가 좁고

뾰족하여 이리귀(狼耳)를 닮았으면 마음이 간악하며, 귀뿌리가 없는듯 뾰족한데다 맑지 못

하면 불량한 상이다.

윤곽이 잘 이루어지면 명리(名利)가 따르고, 귀속에 터럭이 생기면 백년 장수하는 상이오

귀가 솟고 입과 유정하면 부귀장수를 누리며, 귀에 검은 사마귀가 있으면 재화를 부른다.

○ 귀의 여러가지

① 금이(金耳)

윤곽이 모난 것도 같고, 둥근 것도 같아 모나고 둥근 것의 중간형이 金형에 속하는 귀라

할 수 있다. 대개 이 귀는 눈썹위 한치쯤에 높이 붙고, 귀가 얼굴보다 희며 윗부분이 좁

金耳

은듯 하다. 부귀지상으로 공명을 얻어 조정에 출입하는데 다만 처자운
이 박하여 말년에 고독할 우려가 있는 것이 결점이다.

② 목이(木耳)

이 귀는 길쭉하여 좁은 것이 본형인데 대개 윤곽이 뒤로 재껴지고, 빛이 푸르다. 육친의
덕이 없고, 재물이 부족하다. 다른 부위가 좋으면 평범하게 살고 그렇
지 않으면 몹시 빈궁하여 끼니끼니를 걱정하는 상태다.

③ 수이(水耳)

이 귀는 둥글고 두터우며 눈썹 위로 높이 붙고, 겸하여 귀뿌리가 풍후하게 늘어졌다. 윤
곽이 튼튼하고 붉으레하여 윤택하면 부귀공명을 얻어 이름을 사해에 날
리는 대장부라 할 것이다.

④ 화이(火耳)

위가 좁고 아래가 넓으며 귀뿌리가 튼튼한게 이 본형이다. 대개 윤곽이 뒤짚힌듯 한데
눈썹위로 높이 붙고 귀뿌리가 늘어졌다 자랑할것 없다. 늙게 고달
프고 처자의 덕이 없어 고독하다.

⑤ 토이(土耳)

土耳

귀가 크고 두텁고 튼튼하며 윤곽이 방정한 것이 본형이다. 붉으레하게 빛이 선명하고 맑으면 육친과 화목하고 부귀가 면면하여 흰머리가 나오도록 군왕을 섬긴다.

⑥ 저이(猪耳)—돼지 귀

猪耳

비록 두툼하고 튼튼해 보이나 윤곽의 결함이 있어 불가하다. 얼핏 보아 돼지귀를 연상케하면 고독 빈궁한 상이니 어쩌다가 한때 부귀를 얻는 수 있으나 무슨 소용이 있으랴, 말년에는 결국 흉액이 연달아 패가망신에 고종명(考終命—자기 집에서 편안히 죽는 것)도 못한다.

⑦ 저반이(低反耳)

低反耳

귀가 눈 밑으로 낮게 붙은데다 뒤로 재껴진 것을 일컬음인데 어려서부터 육친을 이별하고 고독한 신세에다 재물의 실패가 중중하고, 횡액으로 비명(非命)에 죽을가 두렵다.

⑧ 수견이(垂肩耳)

垂肩耳

귀가 크고 길어 위로는 눈썹 위에 솟고 아래로는 귀뿌리가 어깨에 닿을듯한 귀를 칭함이다. 이러한 형상에다 빛이 선명하고 살결이 윤택하며, 또는 이마는 넓고, 머리는 둥글어 형용이 기이(寄異)하면 군왕(君王) 이상의 신분이다.

⑨ 첨뇌이(貼腦耳)

貼腦耳

양쪽 귀에 모두 뇌(腦ㅡ둥그스럼한 뼈가 특별이 있거나 살이 단단하게 뭉쳐 바둑알처럼 생긴 것)가 붙고 윤곽이 튼튼하며, 눈썹 위로 눈이 붙으면 고귀한 상이다 복록이 창성하여 어진 아내를 얻고 꽃다운 이름이 백세까지 전하며 육친 까지 발달하여 모두 부귀를 누린다.

⑩ 개화이(開花耳)

開花耳

귀의 흉격 중에도 가장 꺼리는 흉상이다. 이 귀를 그냥 화이(花耳)라고도 하는바 윤곽이 뒤짚혀 마치 꽃잎처럼 생겼다는 뜻이다. 비록 단단해 보일지라도 소용이 없으니 억대 재산을 상속받았다 할지라도 광풍에 나부끼는 낙엽처럼 흩어 져 없어지고 말년에 신세는 빈궁함이 비할데 없다.

⑪ 기자이(棋子耳)

棋子耳

윤곽이 둥그스럼하여 단정하고, 두텁고 희고 맑고 보드라운 것이 이 귀의 본형이니 자수성가 하여 가업을 일으키고, 일취월장으로 재산이 늘어 중년에는 이미 도주(陶朱ㅡ옛날 부자로 이름난 사람)가 부럽지 않다.

⑫ 호이(虎耳)

귀가 작고 윤곽의 결함이 있어 앞에서 보면 기이한 것을 발견할 수 없다. 이러한 귀를

虎耳

箭羽耳

扇風耳

鼠耳

가진 자는 성질이 간사하고 마음이 음험하여 경이원지(敬而遠之)해야 되는
데 주인공은 귀를 얻어 위엄과 권세를 누린다.

⑬ 전우이(箭羽耳)ㅡ화살깃 닮은 귀

위는 넓고 높게 붙었으나 아래는 마치 화살깃(箭扇)처럼 생겨 귀뿌리(垂珠)가 없다. 초
년에 비록 부모 조상의 유산을 많이 타고났다 할지라도 차츰차츰 없어져
결국에는 빈궁하게 된다.

⑭ 선풍이(扇風耳)ㅡ 부채귀

두 귀가 모두 코를 향하여 부채질하는 형상같이 보이는 귀로서 매우 좋지못한 상이다. 그
러므로 이러한 귀를 가진 주인공은 조종의 유산은 물론 기타의 재산을 다없
애게 된다. 말년에 간난신고가 많고 고독 빈궁하며 타향에서 객사할 우려
도 있다.

⑮ 서이(鼠耳)ㅡ쥐귀

윤곽이 뒤짚히거나 모호하고 아래에 귀뿌리가 없는듯 뾰족하다. 귀 모양이 쥐귀(鼠耳)와
흡사하면 쥐나 개 같이 천한 무리이니 항시 남의것 훔치는 습관을 버리지
못한다. 감옥살이 하는 것이 다반사라 부귀야 어찌 논할 수 있으랴.

耳
驢

즉 당나귀 귀와 같은 상이다. 윤곽이 있고 두터우며 위가 쫑긋하고 아래는 귀뿌리가 박약하다. 빈궁한 상으로 항시 분주하나 생기는게 적고 노력은 많아도 공이 없다. 다만 수한(壽限)에는 결함이 없다.

달마조사 상결비전(達磨祖師相訣秘傳)

註 — 아래는 달마조사가 제자에게 전수해준 상법의 비결이다.

구년동안 면벽(面壁—벽을 향하고 앉아 禪을 닦는것)하니 육신이 있는지 없는지 정신이 황홀하다. 한낱 좁쌀만큼 깨달음을 얻었으니 온 세계가 강비(糠粃—겨, 먹을 수 없는 겨 같이 하찮게 여겨지는 것) 같이 보인다. 저 무량광대한 삼천세계(三千世界)를 헤아려보건대 인간세상에 사는 모든 사람들이나 내가 한갖 허상(虛相)이니 상(相—有)이라 하면 공(空)이오, 공이라 하면 상(相)이니 상이나 공이나 모두 내 마음 속에 있는 것이다.

황하(黃河)의 물이 하늘로부터 흘러오니 뿌리가 깊은 나무는 큰 바람에도 흔들리지 않

는다。〈수양이 깊고 깨달음이 크면 어떠한 일에도 동요되지 않는다는 뜻〉

내가 바다로 좇아 와서 불가(佛家)의 의발(衣鉢)을 다 전수하였으나 다만 상가의발(相家

衣鉢―즉 相法)을 전할 사람이 없어 근심하였는데 오늘 너를 만나 전수하게 되었으니 내가

할 일은 다 한 셈이다。 뒤에 내 뜻을 저버리고 망년된 짓을 행하면 이는 하늘의 뜻을

거역함이나 다름 없으니 함부로 남용하지 말고 깊히 새겨 경계하라。

제일법(第一法)

―상(相)의 주(主)는 신(神)인데 신에는 일곱가지가 있다―

첫째, 신은 깊히 감추어짐을 요하고 어둡지 않아야 한다(藏不晦)

신이 「감추어진다」 함은 눈이 솟지 않음이오、「어둡다」 함은 신이 없다는 뜻이다。

둘째, 신은 안정되고 어리석지 않아야 한다(安不愚)

「안정된다」 함은 동요되지 않음이오、「어리석다」 함이란 변통수가 없다는 말이다。

셋째, 신은 활발하고 드러나지 않아야 한다(發不露)

「활발하다」는 뜻은 신이 발양(發揚)함이오 드러난다(露)는 것은 가볍게 두리번거리지 않는다는 뜻이다.

넷째, 신은 맑되 마르지 않아야 한다. (淸不枯)

맑다(淸)함은 사람을 쏘아보는듯 하는 것이오 마르다(枯)함은 혼탁하다는 뜻이다.

다섯째, 신은 화애롭되 약하지 않아야 한다(和不弱)

화애롭다 함은 친근감이 있다는 뜻이오, 약하다 함은 나약하다는 뜻이다.

여섯째, 신은 노한듯 하되 다투지 말아야 한다(怒不爭)

노한다 함은 기(氣)를 바르게 가짐이오, 다툰다 함은 기가 어긋난다는 뜻이다.

일곱째, 신은 강하되 의롭지 않아야 한다(剛不孤)

강하다 함은 엄숙하여 공경하는 마음이 생기는 것이오, 외롭다 함은 미워한다는 뜻이당

제 이 법 (第二法)

一신(神)을 보는데는 주로 눈을 살펴야 하는바 눈에는 일곱가지 법이 있다 ─

첫째, 눈은 수려하고 바루어야 한다 (秀而正)

수려함이란 눈의 광채를 논함이오, 바르다 함은 눈의 형상이 바르다는 뜻이다.

둘째, 눈은 가늘고 길어야 한다 (細而長)

눈이 가늘기만 하고 길지 않으면 간교한 소인이오, 길기만 하고 가늘지 않으면 성질이 포악하다.

셋째, 눈은 안정됨을 요하되 움푹하게 들어가지 말아야 한다 (定而出)

눈이 안정되면 솟지 않으나 그렇다 해서 눈이 움푹 패이면 어리석다.

넷째, 눈은 솟은듯 들어가야 한다 (出而入)

이 뜻은 눈은 솟아서도 안되고, 움푹 들어가서도 안되니 적당한 위치에 서해야 한다. 눈이 움푹하지 않으면 신(神)이 있는 것이지만 들어가지 않으면 방탕하다.

다섯째, 눈은 위 아래로 흰망울이 보이지 않아야 한다 (上下不白)

눈동자위에 흰망울이 많이 보이면 간교하고, 아래에 흰망울이 많이 보이면 횡액을 당한다.

여섯째, 오래 보아도 시선이 흩어지지 않으면 신(神)이 족하다는 증거다 (視之不脫이면 足神也)

일곱째, 사물의 어떤 변화가 생겨도 이곳 저곳 흘겨보지 않는이는 신(神)을 잘 기르는 사람이다.

─얼굴을 열가지로 분류해서 살핀다─

눈을 다섯가지로 나누어 보는 것이니 눈이 바루어야 마음이 바르고, 하는 일에도 끝까지 진취하고, 눈이 바르고 마음이 험악하지 않을지라도 신(神)이 건전하게 있어야 한다. 눈만 바르고 신이 없으면 대수롭지 않은 눈의 상이니 하는 일도 바르지 못하다. 부귀인은 한가지 재주만 있어도 반드시 진취한다.

가장 꺼리는 것은 유안(流眼)·여안(麗眼)·사안(思眼)이니 좋은것 같지만 옳지못한 상이다. 유안(流眼)이란 학식(學識)이 없는데도 총명수려한 눈과 같이 보이는 것이오, 여안(麗眼)이란 탐음(貪淫)스러운 눈빛인데도 신(神)이 있는것 같이 보이는 눈이며, 사안(思眼)은 악행을 좋아하면서도 행실이 바른것 같이 보이는 눈인데 상(相)의 좋고 그른 것이 유사하지만 인품의 귀천에는 천리차이가 있으니 실로 구분하기 어려운 것이다.

이마(額)는 세가지로 분별하는바 이마가 넓고 평평하여 주름이 없으면 눈의 상(相)을 도와 정신이 배로 좋아진다. 이마가 넓다 함은 가로 넓이를 일컬음이오, 평평함이란 곧다는 말이다. 눈썹·입·코·귀가 두가지로 분류함이니 눈썹은 짜임새 있고 코는 단아하고 곧아야 하고 귀는 솟고 밝아야 한다. 입이 넓직하여 앙궁(仰弓─활을 쥐어놓은 모양인데 두 끝

-169-

이 위로 향하였다) 같이 생겼으면 말년운이 필히 형통하다.

원문(原文)에 『眉緊鼻端平이오 耳須聳又明이라 海口仰弓形이면 晩運必亨通이라』 하였는데 緊은 눈썹이 듬성듬성 하거나 흩어지지 않음이오, 端은 바르다 함이오, 平은 곧음이오 聳은 일어남이오, 明은 능각이 분명함이오, 海는 크고 야무진 입이오, 弓은 두 모서리가 위로 향한다는 뜻이며 晩運은 입이 하정(下停)에 속하므로 입은 말년에 응한다는 뜻이다.

제사법(第四法)

사람을 사귈때는 그 사람의 선불선(善不善)이 눈에 있는 것이니 눈을 살펴야 한다 (擇交在眼)

눈이 악한이는 인정이 박하여 사귀면 해가 있다. 그리고 눈이 솟은이는 무심한 사람이니 자세히 살펴야 한다.

사람이 귀하고 천한 것도 눈에 매어 있다 (問貴在眼)

눈에 신(神)이 건전하면 귀하고 또는 장수한다.

부(富)하고 빈한한 것은 코(鼻)의 좋고 나쁜 것에 달렸다 (問富在鼻)

코는 토성(土星)으로 土生金이란 의가 있음이니 코가 두툼하고 풍륭하면 반드시 부를 언는다.

수명의 길고 짧은 것은 신(神)이 건전한가 아닌가에 달렸다 (問壽在神)

신(神)이 부족하지 않으면 장수하고 또는 귀히 된다.

모든 일이 성불성(成不成)은 음성에 있다 (求全在聲)

사농공상(士農工商) 어떤 분야를 막론하고 그 음성이 맑은이는 필히 성취하고 맑지 못하
면 종내는 실패한다.

상격의 상(相)은 이 다섯가지 법칙에서 벗어나지 못하는 것이니 입과 귀와 눈썹과 이마
와 손과 발과 등과 배 따위로 상을 논하는 자는 범용(凡庸)한 술사(術士)에 지나지 못한다.

총결제일(總訣第一)

시방세계(十方世界) 제자들아 불(佛)과 법(法) 이귀(二歸─뜻은 未詳이나 헤아리건대 아
마 三歸인 佛·法·僧 가운데 佛과 法만을 일컫는 듯)를 융통(融通─통하는 것)하고 삼매
(三昧─無我境)에 들어가라, 이러한 경지에 이르러야 바야흐로 법륜(法輪─佛佗의 敎化)
이 항시 굴러 석가세존의 진성(眞性)과 진상(眞相)이 바르게 보일 것이니 불법에서는 번뇌
가 그 몸을 불사른다 하는 것이다.

육체의 형상으로 어찌 여래를 볼 수 있으랴 무릇 상(相─형체)이란 도시 허망한 것이라

중생에게 이르나니 나도 없고(無我相)·남도 없고(無人相) 부귀상(富貴相)·수상(壽相)도없

고、 법상(法相)도 없고 법상이 아닌 것도 없다。 중생에게 이르나니 마음을 바른 곳에 두

어 형상을 보아야만 바야흐로 유상무상(有相無相)의 눈을 갖추어 여래상(如來相ー부처의 진

면목)을 볼 수 있는 것이다。

여래는 육안(肉眼)·천안(天眼)·혜안(慧眼)·법안(法眼)·불안(佛眼)을 다 갖추었으

니 이 다섯가지 눈을 살필 줄 알아야만 여래상을 볼 수 있다。

제자감(弟子鑑)에 이르기를 우리의 조사(祖師ー達磨祖師를 가리킴) 사람보는 법이 신묘하

여 제일절 이귀(二歸)와 삼매(三昧)의 진리 가운데 다 있으나 쉽게 터득할 수 없으므로 감

히 망녕된 풀이를 못하고 애오라지 억측으로 대략 제이절 제삼절과 사절의 뜻을 논한다。

신상절(身相節)의 구절에 말하기를 이목구비 및 모든 신상(身相)이 다 좋더라도 심상(心相

ー마음 보는 것)만 못하므로 「마음을 바른곳에 두어 상을 보아야만 상(相)이 있음을 보고

마음을 비면 형상도 마음에서 멸한다」 하였으니 이는 상법에서 음즐문(陰騭紋)이 천창(天

倉)사이에 있다는 등의 형상에 대해 논한 것이라 할 수 있다。

신동(神動) 운운한 구절은 오로지 오행(五行)에 대해 논한 것이다。 즉 신(神)이 동함은

水라 수형(水形)을 갖춘이는 신이 동함이 좋은데 그 바른 색은 검다。 신이 정(靜)한 것

은 土라 토형(土形)을 갖춘이는 정(靜)함을 요하는데 그 빛은 누리다。 신이 나온 것(出神)

은 木이라 木은 떨기가 돋아나는 것을 의(義)로 삼는바 목형(木形)을 갖춘이는 마땅히 길

쭉하고 맑고 단단해야 하는데 그 빛은 푸르다. 신이 들어간 것(入神)은 金이라 물(物)에 드

는 것을 의로 삼는바 금형(金形)을 갖춘이는 견실하고 작달막해야 좋은데 그 빛은 희다.

신이 궁한것(窮神)은 火라 화형(火形)을 갖춘이는 첨삭(尖削—깎인듯이 뾰족함) 한데 그 빛

은 붉다.

오행이 상생되면 화(和)하고, 상극되면 불화(不和)한데 먼저 그 형상이 어떠함을 살핀 뒤

에 그 기색의 변화와 순역(順逆)을 논하면 잘못 판단됨이 없다. 만일 한가지 형상(五行으

로)을 바르게 갖추어 항상 기색이 상생되면 어디로 가고 무엇을 한들 해로우랴.

육안(肉眼)이란 구절은 전부 눈(眼)에 대해서 논한 것인데 나의 조사(祖師)께서 상(相)을

보는 법이 유독 눈을 중요시 하였으므로 특별히 이에 대해서 언급한다.

육안(肉眼)이란、눈 밑을 자궁(子宮)으로 삼는데 살이 풍족하고 느릿하여 단정해 보이면

육안을 진(眞)으로 갖춘 것이니 필히 대귀하는 자식을 두어 높은 지위에 봉함을 받는다.

하늘은 본시 그 빛이 푸르고 푸르니 눈망울이 하늘빛 같이 맑고 푸르면 이를 천안(天眼

)이라 하는바 반드시 문장이 높아 조정대신(朝廷大臣)의 위에 오른다.

이 혜안을 갖춘이는 반드시 눈이 대귀하며、혜(慧)는 총명함이니 혜안(慧眼)이란 눈이 수려한 것으

법(法)이란 즉 규율(規律)이오、올바름이니 눈이 바르고、흘겨보지 않으면 그 마음도 단

정하다. 눈은 생사(生死)를 의탁하고、처자의 길흉이 매인 곳이니 선인(善人)과 군자가 이

법안을 갖추면 부귀장수하는 상이다.

불(佛)은 자비(慈悲)를 위주한다. 고로 그 눈이 자비롭게 보이면 이를 불안(佛眼)이라 하

는데 반드시 의롭고、인(仁) 베풀기를 좋아하여 남은 복이 자손에게까지 미친다. 그러나 이

눈(慈眼)은 즉 佛眼)은 알아보기가 어렵다. 눈이 자비롭게 보이고、눈동자는 솟지 않으며 데

굴데굴 굴려보거나 흘겨보지 않고、광채가 사람을 쏘아보면서도 무섭지 않아 친밀감이 드

는 눈이라야 불안(佛眼)이라 칭할 수 있는 것이다.

총결제이(總缺第二)

이마가 모나고 지각이 솟으면 일찍 영귀로운 지위에 오르는데 인당(印堂)이 항시 밝고

윤택해야 한다.

변지(邊地)・역마(驛馬)가 넓고 밝으면 학문으로 출세하며 부모도 장수한다.(변지 역마는

부모궁도 된다)

눈썹이 길어 머리털 가까이 이르고 청수하면 명성을 떨치는데 눈이 속되면 소용이 없다

눈썹 모서리에 쌍주름이 생겨 간문(奸門)까지 이르면 처첩이 날마다 다툰다. 또는 간

문에서 주름이 올라가 눈썹꼬리까지 이르면 그 아내가 집안을 시끄럽게 한다.

인당이 넓고 맑으면 삼십에 공명을 성취하고、눈이 수려하고 신(神)이 안정되어 봉(鳳)

이나 곰(熊)의 눈을 가지면 부귀가 족하다.

눈이 수려하여 신(神)이 유여한 가운데 눈망울이 솟으면 눈썹골(眉骨)이 높이 솟아야 격을

갖춘 상인데 비록 벼슬에 오르긴 해도 장구한 관직은 누리지 못한다.

누당(淚堂)은 평만하되 살이 늘어지지 않아야 좋고, 누당이 소복하면 자식이 병약하거나

단명하다.

자녀궁(淚堂과 臥蠶, 즉 눈 밑)에 주름이 생겨 위로 치켜 올라가면 아비를 시역(弑逆)하

는 자식을 둔다.

산근(山根)이 끊기면 되는 일이 하나도 없고, 산근에 유년(流年)이 닿는 해(四十一歲)에

사망한다.

연상·수상·준두는 모두 높직해야 길격이로되 너무 높아 코만 외롭게 드러나면 자녀운

이 없어 고독하다.

코구멍이 크고 뻔하게 보이면 재물이 모여지지 않아 늙도록 생활의 안정을 이룩하지 못

한다.

양쪽 관골이 높이 솟되 살이 없어 뼈가 튀어나오지 않으면 四十六세에 발복한다.

관골과 뺨과 턱과 입은 형세가 비등하여 유정함을 요하니 이 부위가 모두 밝고 풍만하면

중년·말년에 복을 누린다.

수염은 맑고 깨끗하고 빽빽하지 말고, 힘이 있어 쭉쭉 뻗은듯 하면 五十에 명리(名利)를

성취한다。

귀는 어릴때부터 장성하기 전에 운에 해당하는데 어릴 때와 늙은 나이에 이곳이 고(枯
─기름기가 없이 가죽처럼 매마르고 침침한 것)하면 생명을 잃는다。

오관(五官─耳・目・口・鼻・眉)이 모두 정대(正大)하면 오직 백사를 성취하고、오악(五嶽)이
모두 솟으면 뛰어난 인물이다。(本文에는 五露라 하여 오직 水火 二形만이 귀격이라 하였
다。五露는 눈이 솟고、코구멍이 크게 보이고、귀가 재껴지고、입술이 걷혀 이가 보이고、
목뼈가 솟은것)

얼굴에 살이 많아 느실느실 하면 단명하고、반대로「너무 말라서 널판자(板)같이 생긴 것도 오래
살지 못한다。

뼈가 거칠거나 살이 뒤룩거리거나、걸음이 경박스러우면 늙도록 편안할 날이 없다。

기(氣)가 씩씩하고 행동이 으젖한 가운데 한일자(一字) 눈썹을 가지면 눈무(文武)를 겸한
재사(才士)다。

얼굴이 맑다 해서 귀하다 믿지 마라、고독하고 단명함은 너무 맑은데서 연유된다(맑고박
약하면 단명하고、극히 청수하여 神이 유여한이는 大貴하나 고독은 면치 못한다。)

얼굴이 탁(濁)하다 해서 우둔한 사람이라 웃지 마라、부귀인은 대략 후중(厚重)한 사람에
게서 볼 수 있다(厚重하면 濁해 보인다)

총결제삼（總缺第三）

두 눈동자가 서로 싸우면 재물이 많은것이 도리어 재앙을 부른다(싸운다는 뜻은 눈동자가 서로 산근으로 향한 것인데 성질이 급하고 마음이 음험하며, 예의에 구애받지 않는다. 그리고 재물이 많은 것이 화근이 된다)

양쪽 역마궁에 실같은 기색이 돋으면 항시 바쁘게 노력하는 상인데 남모르는 이익이 많다(양쪽 역마부위에 은은한 黃紅色이 실같이 나타나면 바쁘게 동분서주하나 작은 이익은 착실히 얻는다)

착한 사람이라도 눈이 악하게 보이면 처자(妻子)로 인해 재앙을 부른다(惡形이 神처럼 보이고 눈이 혹 솟은데다 氣色이 누리거든 그 사람의 평소 행동을 살피되 마음이 착한 중에 준두가 풍륭하고 단정하면 처자로 인해 송사가 발생하나 큰 해는 없다. 이와 같은 상을 지닌자는 포악한 성질을 쓰지 말고, 또는 여자를 가까이 말아야 재앙을 면한다。)

얼굴빛이 칠(漆)을 바른것 같이 빛나고 윤택하며 이(齒)가 은빛(銀色) 같이 희면 기예가 능하여 명예를 떨친다。

칙량할수 없는 재앙이 생기는 것은 인당에 청기(靑氣)가 모인 때문이다。

지위가 갑자기 영전되는 것은 연상·수상에 황명(黃明)한 기색이 발함이다。

순탄한 일은 적고, 막히는 일이 많은 것은 그 형상이 보잘것 없는 탓이니 보잘것 없는 중에도 맑고 야무진 면이 보이므로 적으나마 순탄한 일이 있다。

먼저는 순조롭지 못하다가 뒤에 발복하는 까닭은 유유히 참고 노력하는 인내력이 있음이

다。이러한 상은 신체와 골격이 청수하고 야무진 가운데 코(연상・수상・산근)가 밝지 못하

고 어두운 까닭인데 기색이 한번 밝아오면 늦게 발복하는 것이다.

목 부위에 사마귀가 있어 옷깃 밖으로 보이면 말(言) 때문에 화(禍)를 부른다。

사마귀가 음부(陰部)에 있으면 빈곤함이 원인이 되어 재물을 얻는다。

양미간(兩眉間―즉 印堂)에 청백색이 섞이면 경영하는 일이 성취된다。

천창(天倉)에 백기(白氣)가 은은하게 돋으면 가업을 파하여 남는 것이 없다。

미목(眉目)이 청수하면 귀인의 상이라 한다。 그러나 너무 청수하고 고운것이 도리어 흠

이 되는 줄을 누가 알으랴<지극히 청수하면 자식이 없고 너무 아름다우면 예쁘게 깎아 놓

은 인형과 같아 生氣가 없는지라 자식이 없고 壽도 누리지 못한다。 글에 水之淸則 無魚라

하여 물이 너무 맑으면 물고기가 살지 않는다는 이치와 부합된다。>

등이 풍만하고 거위걸음(鵝行)을 치면 부격(富格)이라 한다。 그러나 육배(肉背)와 시행(屍

行)의 다름이 있음을 누가 알으랴<肉背란 등에 살이 쪄서 뼈가 없는 것 같이 보이는 것이오

屍行이란 뒤룩거리는 살이 血色이 없이 죽은 고깃덩이처럼 희기만 한 것인데 이 두가지에

해당하면 반드시 횡사한다。>

사공(司空)에 누른빛이 은은히 비치면 재물때문에 송사가 일어난다.

호이(虎耳—눈썹 위)에 백색을 띤 가운데 붉은 기운이 비치면 놀랠일이 생기고 또는 재물이 생긴다.

二十에 목(頸項)이 비대하여 막힌듯이 보이면 단명하고, 五十에 와잠(臥蠶)이 수북하면 자식이 없다〈商瞿는 五十에도 자식을 두었다. 그러나 눈 밑에 군살이 쪄서 늘어지면 자식을 두지 못한다〉

걸을때 옷을 자주 벗는이는 성질이 조폭해서 사귀기 어려운 사람이다〈길을 걷다 멈추고 서서 옷을 벗는 습관이 있는 것은 좋지 못한 상이다〉

서로 헤어진후 여러번 뒤돌아 보는 사람은 의심이 많고, 마음이 음험하다는 증거니 이런 사람과 어떻게 마음을 터 놓고 사귀랴.

간문(奸門)이 깊고 주름이 많으면 아내를 두세번 사별(死別)하고 와잠이 두툼하여 빛이 밝고 살결이 윤택하면 五·六명의 자식을 둔다.

얼굴 빛이 자주 변하는이는 마음이 좁고, 경박한 사람이며 의심이 많지 않으면 접장이다

준두에 한점 붉은 기운이 위로 번지면 화재(火災)가 생길 징조요, 입술에 몇줄기 청기(青氣)가 돌아 입으로 들어가면 물귀신이 부른다.

준두에 맑은 누른빛이 천정(이마)까지 미치고 천창과 역마가 밝으면 이름이 높게 드날린다. 〈천창·역마가 황명하지 않고 오직 준두에서 천정까지만 黃亮하면 중간 귀에 그칠 뿐 윗자리에 군림하지는 못한다.〉

인당이 붉으레하고 윤택하며 관골과 턱이 희면 관직이 높게 영전된다 〈만약 관골과 턱이 희지 않고 인당만 紅潤하면 영전은 될지라도 껑충 뛰어 오르는 못한다〉

신기(神氣)가 맑고 상쾌하며 살결이 윤택하면 형상이 좀 나쁘더라도 유년을 만나 승진한다. 〈유년이 혹 눈이나 관골에 이르렀을 경우 눈이 솟거나 관골이 툭 불거져 나쁜 상을 가졌더라도 이곳의 기색이 좋으면 그 유년 기간에는 발복한다는 뜻이다〉

눈에 광채가 없고 기색이 자주 변하거나 어두우면 비록 좋은 부위에 유년이 이르렀더라도 그때 당하여 문득 죽는 것을 면치 못한다 〈한때 나타나는 나쁜 기색은 생명을 뺏기도 하는 것이니 형상이 좋더라도 기색이 흉하면 재앙이 이르는고로 나쁜 기색이 돋을때는 매우 조심해야 한다〉

깨진 배(破船)라도 순풍을 만나면 능히 바다를 건느고, 진옥(眞玉)이라도 돌 속에서 나오지 못하면 헛되이 산에 묻혀 쓸모 없이 되고 만다. 〈골격이 좀 미흡하더라도 기색이 좋으면 무방하나 단 장구하지 못할 뿐이며, 또는 골격이 잘 생겼더라도 기색이 어두어 쉽게 밝아지지 않으면 어려움을 겪는다. 그러나 골격이 잘 생긴이가 기색이 밝게 열린다면 바야흐로 크게 발복하며 국가 대신의 지위에 오르게 된다.〉

형상이 중(僧)처럼 생긴이는 반드시 고독하고, 나무나 흙으로 만든 신상(神象)처럼 생긴 이는 딸은 둘지라도 아들은 두지 못한다.

얼굴빛이 도화색(桃花色)처럼 생겼으면 단명하고, 귤피(橘皮)처럼 생겼으면 늦게 귀자를 얻는다.

말은 사람을 상대로 하면서도 눈은 딴곳을 바라보는 자는 의심이 많고 좋은 사람이 못되며, 먹을 때 음식을 입에 가져가지 않고 고개를 숙여 음식을 입으로 가져가는 사람은 탐욕이 많은 사람으로 서 가업을 파한다.

눈이 자비롭게 보이는 이는 재물을 가볍게 여겨 애써 얻으려 아니해도 궁색하지 않다.

눈동자가 누리면 재물에 사죽을 못쓰는 사람인데 재물은 비록 족할지라도 재앙은 면치 못한다.

처자궁에 누른 기색이 돋은 가운데 은은한 흑기(黑氣)가 비치면 재물은 생기지만 처자가 병이 든다〈옛날 어떤 사람은 아내의 친정아버지가 자식을 두지 못하고 죽었으므로 처자 재산을 천금이나 얻었으나 얼마 뒤에 처자를 잃었다 하였으니 즉 위에서 말한 기색 때문이다〉

첩궁(妾宮)에 백기(白氣)가 돋은 중에 은은한 붉은 색이 발하면 첩이 사망으로 인해 송사가 발생한다.〈어떤 벼슬아치가 있었는데 어떤 일로 婢妾을 몹시 매질하여 그 첩은 우물에 몸을 던져 자살한 뒤 벼슬을 잃었는데 이러한 사고가 발생하기 두달 전에 이와 같은 기색이 나타났다고 한다〉

대귀(大貴)는 청수한데 있으나 고독무자한 사람은 청수한데서 많이 나오고, 대부(大富)는 지각(地閣)이 풍후함을 요하나 마치 살찐 돼지와 비슷하면 고종명(考終命)을 못한다.

발이 땅에 닿지 않는듯 가벼워 보이고, 얼굴이 푸르고 박약하면 반드시 패망한다. 말할때 머리통이 움추려지고 똑바로 바라보지 않고 시선이 흩어지는 사람은 형법을 범하고 사망한다.

기색이 흰 것이 진금(眞金)인데 음성이 크게 울리고 기국이 크면 금형이 금국을 얻음이오, 구름이 가고 물이 흐르듯 근원이 깊으면 수형이 수국을 얻음이다. 목형은 수려하고 견

실하며 마른듯 해도 걸음이 경박하지 않으면 동량(棟樑) 재목이니 목형이 목국을 얻음이오

화청은 밝고 기(氣)가 활달하고 붉되 조(燥)하지 않아 윤택하면 이는 진양(眞陽)이니 화형

이 화국을 얻음인데 후중한 자는 실하게 살찌되 살색이 붉고 윤택하여 어둡지 않아야 하며

형용이 묵직하고 후중한 자는 안정감이 들면서도 활동적이어서 생기가 발하면 이는 토형이

토국을 얻음이다.

三十전은 천정(天庭)과 일월각(日月角) 그리고 인당(印堂)인데 이 가운데 인당이 가장 중

요하고, 四十전은 천창(天倉)과 눈썹 그리고 눈인데 이 가운데 눈이 가장 요긴하며, 四十

후 五十은 코와 관골과 준두(準頭)와 인중(人中)에 해당하는데 가장 두려운 것은 피부가 박

약하여 뼈가 툭 불거진 것이며, 五十후로 七十까지는 턱과 입과 이(齒)와 뺨(頰)인데 윗수

염은 맑아야하고 아랫수염은 곱슬거리지 말아야 한다.

부인(婦人)의 덕스러운 상이란 요염하지 말고, 가볍지도 말고 억세지도 말고(不雄) 거칠

지도 말아야 한다.

어린이를 잘 키우는 상은 눈이 안정되고, 골격은 견실하며, 소리는 건전해야 한다. 눈이

동그랗게 솟고 관골이 불거지고, 지나치게 위맹하면 재앙이 많고 남편과 아들을 형(刑)한

다.

코끝이 인중으로 늘어져 코구멍이 막힌듯 하고 수염이 부들거리면 탐욕이 많고, 사람들

이 상대하기를 꺼리는바 죽어서 몸을 안장(安葬)하지 못하는데 등통(鄧通)이 이러한 형상

이었다.

얼굴빛이 삼베(麻布)처럼 생긴자는 기색이 흰 것을 꺼리는데 수염이 짙으면 통달하고

때때로·누리거나 검으면 대통한다.

얼굴이 교(嬌)하면 눈색(嫩色—몹시 엷은 빛 즉 갓낳은 어린이의 氣色이 눈색이라 할 수

있다)을 꺼리는데 구렛나루가 있으면 무방하고 때때로 검거나 누른 기색이 발하면 도리어

유리하다.

마음이 억세고、말소리가 큰 사람이 산근이 함하고 좁으면 이루어지는 일이 없고、마음

이 연약하고 아량이 너그러우며、준두가 높고 풍만하면 일생 재물이 넉넉하다.

양편 눈썹끝이 아래로 처져 눈을 누르는듯 하고 턱이 이마를 향해 툭 솟으면 아내가 남

편의 권리를 뺏는다.

왼쪽 간문이 검고 오른쪽 눈썹이 높으면 첩이 아내의 자리를 뺏는다.

걸을때 머리가 처지거나 않으면 다리를 흔들거나 웃어도 우는것 같거나 잠잘때 입이 열

리면 간사한 사람이 아니면 고독하다.

눈동자가 노릿하고、눈썹머리는 위로 치켜 올라가고 입은 헤벌레하고、말은 더듬거리는

것 등은 빈궁하지 않으면 요절(夭折)한다.

왼쪽 관골에 가로주름이 홀연히 한가닥 생기면 十년을 더 살고、두가닥이 생기면二十년

을 더 살며 세가닥 주름이 생기면 백세를 가까이 산다.

오른편 관골에 청기(靑氣)가 발하여 一月을 걷히지 않으면 손아(孫兒)를 보고、二月을 걷

히지 않으면 외손주를 얻고 三月을 걷히지 않으면 五十에 생남한다。

복(服)은 백기(白氣)의 짙고 엷은 것으로 경중을 요량하지만 일월각(日月角)에 청기가 뜨

면 부모복을 입는다。

병(病)은 산근에 기색이 푸른가 검은가를 보아 생사를 추리하지만 눈에 신(神)이 벗어나

면 병사(病死)한다는 이치를 모른다。

○ 목광삼탈(目光三脫)

질병이 없는이는 눈의 깊고 얕은 것으로 병들고 죽는것을 분별한다。질병이 없는이가 눈

빛이 벗어나면(脫) 질병이 발생한 증거다。그러므로 눈을 살펴 병들거나 죽는 것을 가늠하

다。그리고 병든이는 눈의 동정을 보아 살고 죽는 것을 구별한다。

병든 뒤에 눈빛이 벗으면 동자의 상태로 죽고 사는 징조를 삼는다。

또 어떤 일을 경영하거나 소망의 성취 여부를 알고자 할 때 좌우 눈의 좋고 나쁜 것으로

성패를 분별하는바 변고가 있어 눈빛이 벗어나면 눈의 좌우를 보아 경영이나 소망의 길흉

을 경험하니 왼쪽은 흉하고 오른쪽은 길하다 한다。

○ 신색삼의(神色三疑)

평상한 일에 의심하는 자는 음험한 짓을 많이 하는 것이니 오래 의심하면 마음이 옹졸해 지고, 잠깐동안 의심하면 질병이 조금 침입하며, 무심히 의심 두면 작은 병이 곧 이른다. 자신의 육신에 의심이 생기면 죽음이 곧 이르는데 온 몸에 이상이 있으면 사망한다. 형상(즉 육체)에 마음이 써 지면 병을 얻고, 사물에 욕심이 생기면 실패하며, 신(神)으로 인해 마음이 쓰이면 사망한다. 반대로 마음(즉 욕심)을 위해 육체를 부리는이는 빈궁하고, 욕심을 위해 일을 하면 단명해지며, 욕심을 위해 신(神)을 부리는 자는 간사하다.

총결제사(總缺第四)

─ 아래는 모두 여자의 상에 대해서 논함이다 ─

불꽃(火焰)이 위로 솟구치면(이마가 높고 뾰족하면 火形이다) 혼인하기도 전에 과부가 된다.

물이 넘쳐 흐르면(人中이 평평한것) 반드시 자식을 두지 못한다.

일월각(日月角)이 높이 솟으면 三十六・八세에 남편을 극한다.

인당(印堂)에 황홍(黃紅)한 기색이 항시 윤택하면 그 남편이 괴거에 급제하고、누당(涙堂)과 정사(精舍)에 푸른 빛과 검은 빛이 섞여 있으면 음난하다.

귀가 쫑긋하게 솟은데다 뒤짚히면 남편을 해치고、눈꼬리가 아래로 처지고 흩어져 비(篦)처럼 생겼으면 재산을 파한다.

간문(奸門)이 함하지 않으면 현명한 자식을 많이 두고、누당에 살이 평평하면 딸을 많이 두어 귀히 된다.

첩(姜)을 두어 자식을 얻고자 할진대 맑고 온중하여 콧대가 높지 않아야 한다. 청수하고 파리한 여자는 골(骨)이 살(肉)보다 발달되었는데 이러한 상은 기혈(氣血)이 청명하여 자식을 두게 된다. 또는 행동거지가 안온하고 코가 너무 높지 않으면 자식을 많이 두고、콧대가 너무 높으면 남편 속이기를 잘하고 또는 자식의 운도 없다.

아내를 택할 때 덕이 있고 없는 것을 아는 방법은 용모가 깨끗하고 피부가 향그럽고 윤택한가를 보아야 한다. 또는 부끄러움을 알고、언행이 신중하며 말이 적고 몸이 향그러우며、머리털이 곱고 윤택하면 덕을 갖춘 상이다.

목이 굵어 억세고、가슴이 솟으면 그 남편을 능멸할 뿐 아니라 자식을 극하여 후사(後嗣)가 없고、머리통이 딴딴하고 가슴이 높으면 자식이 없는 상이니 비단 자식을 극할뿐 아니라 그 자신도 수(壽)를 누리지 못하며 혹은 빈궁하고、혹은 과부가 되는 상이다.

눈빛이 바르고 부드러우며 손가락이 견실하면 자식운이 왕한데 그 남편을 순히 섬기고 복록이 장구하다。

여자는 음부가 납작한 가운데 음모(陰毛)가 없으면 자식이 없고 또는 사정(私情)을 통한다。

얼굴이 희고 황명(黃明)하면 복록을 누리고 투기하지 않으며 그 남편과 자식이 귀히 되고 덕이 있다。만약 희기만 하고 붉으레한 기색이 없으면 음난하고 질투가 많다。

눈은 무엇을 그윽히 생각하는듯 하고、발을 흔드는 버릇이 있으며、옆머리(鬢)는 치렁치렁하여 자주 턱에 휘감고、꿈속에 깜짝깜짝 놀라면서 꿈결 말을 하는 여인은 음란한 상이니 선량한 부녀자가 아니다。

소리는 맑고、기색은 안정되며、잘 웃지 않고、걸음이 안온하며 기쁨을 당하여도 태도가 한결같으면 훌륭한 여인이다。

좋은 일을 당하면 좋아서 어쩔줄을 모르고、실망을 당하면 사람들을 보고 원망하고 한탄하기를 잘 하는 것 등은 어진 여인이 아니며、수복(壽福)을 오래 누리지 못한다。

눈썹과 눈이 인당 위로 치켜 올라간 여자는 마음이 악독하여 능히 그 남편이나 남편의 첩을 살해한다。

관골과 준두가 콧대(年上・壽上)보다 높으면 고독한 명으로 과부의 상인데 성질은 질투심이 강하고 흉악하다。

덕을 갖춘 여인은 모든 일에 소홀한듯 태연자약한 것이니・비록 어떤 변화가 있을때라도 아무렇지 않은듯 평상시와 같은 태도를 갖는 여인은 덕망이 풍부하다.

자식이 많은 상은 탐욕이 없는 여인이니 욕심이 적고 청염하며 건강하면 반드시 자식을 많이

둔다.

총결제오 (總訣第五)

골(骨)의 상을 보는데는 먼저 머리골(頭骨)을 보고 다음으로 코를 보아 거칠지 않고 솟지

않으면 아름답다(頭骨은 전후좌우를 막론하고 솟으면 좋은 상이요 코뼈는 툭 불거지면 파패를

보는데 뼈가 거칠지 말아야 하고, 솟지 말아야 함은 비단 머리골이나 코뿐 아니라 全身이 마

찬가지다. 대개 뼈는 살보다 발달됨이 좋은 상이다. 그리고 살은 아래로 쭉쭉 곧으면 귀하고 옆

으로 뒤룩거리면 천하며 뜨지 않고 끄어 당기지 않음이 상격이다. 살이 뒤룩거리거나 뜨면 단

명하고 끄어 당기면 천하며 윤택하고 밝으면 귀한 것이니 대개 뼈가 박약하고 살만 풍성하

면(肉勝骨) 번번치 못한 상이다.

걷는 모습으로도 상(相)을 보는 것이니 걸음은 무게 있어야 하나 몸에 무게만 실리고 억

지로 움직이는 것 같으면 이는 시행(屍行)이니 빈천 단명하다.

앉은 모습은 편안하게 보여야 하니 오래 앉았어도 피로한 기색이 없는이는 부귀한다.

그러므로 앉은 모습이 산악(山嶽) 같고、어깨·등·배가 똑바르게 곧아 튼튼하기가 산봉우

리 같으면 반드시 부귀할 것이오、오래 앉으면 어깨가 턱위로 올라가고 근골(筋骨)이 나른

하고 허약해서 몸 무게를 지탱하기 어려워 보이는 것은 박복하고 단명한 상이다.

좋을 때도 성난것 같으면 간난신고가 따르고、성낼 때도 웃는것 같으면 성질이 각박하고

억세고 똑똑하고 사나운 사람이다.

흘깃흘깃 훔쳐보는 사람과는 사귀지 말아야 하고、사람이 없는데도 공연히 중얼거리면 빈

천단명하며、앉을때마다 머리가 숙여지면 마음이 사납고 독하고 집요하다.

먹으면서 침을 줄줄 흘리면 빈천단명하고、가래가 없는데도 항상 「캑캑」하고 가래를 뱉

으면 먼저 부하고 뒤에 빈궁하다.

무슨 말을 하려는데도 그 말이 잘 나오지 않거나、말 끝을 다 맺지 못하는 사람은 매사

에 유두무미(有頭無尾)요、말을 끊기지 않고 빨리 하면서도 말하는 사이에 입을 자주 오므

리면 재산을 파한다.

바쁜 일이 없는데도 항시 바쁜 것 같이 서두르는 사는 조종(祖宗)의 유산을 없애고 멀리

떠나가게 된다.

붉은 줄이 눈에 그어지고 산근에 힘줄이 솟으면 중한 형벌을 범하고、입술이 주사(朱砂)

를 바른것 같이 빨간 중에 얼굴에 도화빛이 가득하면 부랑방탕한 사람이다.

상(相)의 대략이 위와 같으나 기색(氣色)으로 화복을 징험함에 있어서는 살피기가 어려우므

로 다시 더 말해두는 것이니 말로서 전하는것은 불가하고 모름지기 스스로 시험해 보라.

천도(天道)는 일년에 이십사절기(二十四節氣)가 있고, 사람의 얼굴도 일년에 이십사번이 변하는데 이를 오행 생극 비화(生克比和)의 원리로 추리하면 응하지 않는 것이 없다.

기색(氣色)은 아침 햇살에 반사된 구름빛(아침노을)같이 은은히 밝아오되 따습고 친밀감이 있어야 귀한 상이오, 마르고, 거칠고, 어둡고 악하면 발달하기 어려울 뿐 아니라 주로 비위와 심장·복부의 질환과 수액(水厄)·소송·형옥(刑嶽)의 액을 만난다.

기색은 가장 살피기 어렵다. 정신이 맑고 상쾌하고 기(氣)가 혼란하지 않을 때 살피면 쉽게 볼 수 있지만 만일 정신이 착잡하거나 주색이 지나쳐서 기색이 잠깐잠깐 자주 변하고, 밝은것 같으면서도 밝지 않고, 어두운것 같으면서 어둡지 않으며(이것을 流散이라 한다) 취한듯 하면서도 취한것이 아니오 졸리는듯 하면서도 졸리는게 아닌 것(이를 氣濁이라 한다) 등은 어떻다고 결단하기 어려운 것이니 신중해야 한다.

대개 기색은 반달(十五日)에 한번 바뀌고, 한 절기에 한번 사귀되 자시(子時—밤 十一時)에 변하는 것이니 사시(四時—春·夏·秋·冬)의 기색을 살피려면 그 기색의 오행소속을 분별해야 한다. 즉 봄은 청(靑)이오, 여름은 홍(紅)이오, 가을은 백(白)이오, 겨울은 흑색(黑色)이오, 사계(四季)인 三·六·九·十二月 은 황색(黃色)이 발함을 요하는바 이것이 즉 사시의 정기(正氣)다.

피부 위에 나타나는 것을 색(色)이라 하고, 피부 속에 있는 것을 기(氣)라 한다. 기는 서

속(栗)도 같고、 팥(荳)도 같고、 실(絲)도 같고、 머리카락(髮)도 같아 피부 안에 숨어 있어

가늘기가 명주실 같다.

목형(木形)은 청색이오、 화형(火刑)은 홍색이오、 금형(金形)은 백색이오、 수형(水形)은 흑

색이오、 토형(土形)은 황색이라야 몸의 형체에 따른 정기(正氣)다.

목형은 청색이 정기로서 흑기를 띠면 水木 상생이 되어 길하고 백기를 띠면 金木이 상극

되어 좋지 않다。 火형은 홍색이 정기로서 청기를 띠면 木生火가 되어 길하고 흑기를 띠면

水克火가 되어 나쁘다。 金형은 백기가 본색이니 황기를 띠면 土生金이 되어 길하고、 홍기

를 띠면 火克金이 되어 불리하다。 水형은 흑기가 본색인데 백기를 띠면 金生水가 되어 길

하고 황기를 띠면 土克水가 되어 불길하다。 土형은 황기가 정기이니 홍기를 띠면 火生土가

되어 길하나 청기를 띠면 木克土로 정기가 克을 받아 흉하다。

대개 기(氣)는 한 가지 이치로되 셋으로도 구별한다。 즉 자연지기(自然之氣)와 소양지기(所

養之氣)와 소습지기(所襲之氣)를 칭한다。

자연지기는 오행의 수기(秀氣)로서 내가 본래부터 품수받은 기(氣)이므로 항시 맑게 지니

고 있는 기요、 소양지기는 내가 수양으로 길러낸 기이니 스스로 안정하여 사물에도 동요되

지 않는 기요、 소습지기는 사기(邪氣)로서 수양이 깊지 못하면 사(邪)에 물들어 생기는 기

로서 이 모두 청황적백흑 오색(五色)이 있을 뿐이다。

신(神)이 크다 함은、 신이 유여함이오、 신겁(神怯)이란 신이 부족함이다。 기(氣)가 신보

다 넘치면 기가 유여한 것이고, 기가 신에 못미치면 기가 부족함이니 이와 같은 뜻으로 단정하면 실험이 될 것이다.

기(氣)가 오장(五臟)에 통하면 보는 바가 있는데 세상 사람들이 기쁘고 성내고 슬퍼하고, 두려워하는 감정이 모두 한결같이 심장에 이르면 기(氣)는 이의 영향을 받아 변한다. 하물며 질병이 있고 없는 것과 생사(生死)관계에 있어서랴.

청색은 목색(木色)인데 맑은 하늘에 아침 해가 뜰 무렵의 하늘빛처럼 푸르고 윤택해야 청색의 정기(正氣)가 되어 길하다. 만일 기색이 매마르고 응결되어 백색(白色)이 번쩍거리면 이는 金이 청기를 克함이니 이러한 기색이 재백궁에 나타나면 크게 손재하고, 부모궁에 있으면 부모의 질환이오. 자식궁에 있으면 자식이 질병을 얻는다. 적색(赤色)은 火에 속하는데 약하면 기가 막힌 것이라 역시 재물을 파하고 관재 송사 구설이 따르고, 황색은 土에 속하니 木克土라 이는 내가 극하므로 나의 재(財)가 되어 주로 寅卯辰月에 재록(財祿)이 왕한다. 흑색(黑色)은 水로서 水生木이라 비록 좋으나 짙은 것을 꺼리고 맑으면 길하다. 만일 이 짙으면 재화가 이르고, 매우 짙으면 사기(死氣)가 되어 사망한다. 홍색(紅色)은 화색(火色)인데 틈사이로 해가 비치는 색과 같아 윤택하여 정기(正氣)가 되어 길하고, 만일 초열조번(焦列燥煩一몹시 매마른 것)하여 불꽃이 활활 타오르는것 같은 흑기가 섞이면 큰 재앙이 이른다. 즉 이러한 기색이 질액궁에 있으면 사망하고, 관록궁이 있으면 형옥에 갇히거나 파면 실직당한다. 백색은 金이라 火의 재(財)가 되니 홍색 가운데 백색이 발하면 재

물이 크게 이르고, 황색은 火生土라 火의 기운을 빼내므로 이를 체기(滯氣)라 하는바 근심

이 이르고, 청색은 木生火가 되어 火가 生을 받으므로 길하나 너무 짙으면 슬픔과 근심이

이른다.

백색(白色)은 금색(金色)인데 옥(玉)처럼 희고 윤택하여야 정기(正氣)가 되어 길하고, 빛

이 분(粉)가루 같거나 눈(雪)같아 좁쌀 모양으로 돋으면 효복(孝服ー부모의 상복)을 입는다

흑색이 발하면 金生水라 설기(泄氣ー氣가 새어나감)되므로 재물을 파하고 또는 큰 질병을

얻으며, 적색은 火라 火克金하여 극을 받으니 관재구설과 놀랄일이 생기고 백사가 뜻대로

안되며, 청색은 木인데 金克木으로 재물도 생기고 근심도 생기며, 황색은 土라 土生金으로

金이 生을 받으니 경영이 성취되고 백사가 마음대로 된다.

흑색(黑色)은 水인데 칠(漆)같이 윤택해야 정색(正色)이 되어 길하고 만일 연기나 끄럼빛

같이 어두우면 재앙이 있다. 백색은 金이라 金生水로 生을 받으니 재록을 얻고, 황색은 土

라 土克水로 극을 받아 재액이 발생하니 황색이 자녀궁에 거하면 자녀에게 질병이 있고, 재

백궁에 거하면 재물이 파하며, 적색은 火로 水克火로 재가 되어 재물이 이르고, 적색이 태

왕하면 관재수가 이르나 큰 해가 없는 것은 火는 쉽게 흩어지기 때문이오, 청색은 水生木으로

의 적색은 기운이 없기 때문이오, 청색은 水生木으로 설기되어 체기(滯氣)라 하니 주로 재

물을 파하고 기타의 재액이 이르며 백사가 여의치 않다. 만일 겨울에 청색이 발하거든 봄에

온역(瘟疫)을 예방해야 하고 가족의 질병이 이르리니 예방함이 좋다.

-193-

三·六·九·十二月에는 코(연상·수상)에 황색을 띠면 가장 좋다. 백색이 비치면 복(服)을 입고, 홍색이 발하면 송사 및 창질(瘡疾)이 이르고 재물을 파하며, 구슬처럼 생긴 적기가 발하면 재액이 이른다. 청색은 놀라운 일과 질병을 주장하고, 흑색은 질병과 사망이 발생하고, 황색은 질병과 실패를 일으킨다.

이상과 같이 기색이 나타나더라도 더욱 긴요한 것은 신색(神色)을 살피는 일이다. 색이 바르고 신(神)이 벗어나면 기색 좋은 것이 쓸데 없으나 기색이 나쁘더라도 신이 건전하면 기색 때문에 큰 화(禍)까지 이르지는 아니한다.

십이궁극응결(十二宮尅應缺)

① 명궁(命宮)

인당(印堂)이 평정하면 명궁이 제대로 된 것이오 천중의 뼈가 솟으면 부호의 명이다. 코는 밝고 분명하고 좌우 관골이 조응하며 용(龍)의 무늬가 몸에 있으면 오품(五品—중간 벼슬의 벼슬이다. 상(相)이 이상과 같으면 소년에 급제하여 이름을 조정과 온 세사에 드날리게 된다.

인당이 저함한 가운데 두 눈썹이 맞붙은듯 하고、 눈썹이 교잡되면 부모를 이별한다。 눈썹

이 굽거나 인당에 주름이 있으면 토지를 팔아 없애고、 주름이 갈쿠리같이 엉키거나 가로주

름이 산란하면 몸을 크게 상한다。 그리고、 인당에 주름이나 사마귀가 있으면 타향에서 죽고

또는 이곳에 흉터나 칼자국 등이 있어도 재앙이 있다。 혹 소년에 벼슬하여 발달할지라도 마

침내는 빈천하여 편할 날이 없이 분주하다。

② 재백(財帛)

재백궁은 준두(準頭)로서 이곳이 좋아야 재물이 발하고、 귓문이 넓으면 재물이 풍부하다

코가 오른편으로 기울면 처재가 흩어지고 왼편으로 기울면 노년에 곤궁하다。

어쨌던지 코가 비뚜러지면 의식이 궁핍하고、 준두가 박약한 가운데 코구멍이 넓으면 재물

이 없다。 그러나 코가 곧고 콧대가 솟아 이마까지 뻗치면 대귀하고、 코에 주름이 있거나 두

눈썹이 사귀면 흉액이 많다。

② 형제(兄弟)

눈썹이 눈보다 길면 형제가 많고 눈썹머리는 준두(準頭)쪽으로 처진듯 하고 눈썹꼬리는 약

간 위로 올라간듯 해야 길격이다。 오른편 눈썹에 긴 털이 나면 장수하고、 눈썹이 너무 짧

으면 빈궁하다。두 눈썹이 마주 닿은듯 하면 형제간에 객사하는 자가 있고、눈썹이 거칠거

나 듬성듬성 하면 동기가 없어 고독하다。양쪽 이마(눈썹 위)에 주름이 생기면 두 어머니

를 섬기고 검은 사마귀가 있거나 난문(亂紋ー얽힌 주름)이 있으면 막히는 일이 많다。

④ 부모(父母)

일월각(日月角)은 부모궁으로 이곳이 분명함을 요하고、눈의 흑백이 분명하면 자신은 물

론 부모도 귀히 된다。신(神)이 잘 감춰지면(눈동자가 솟지 않은것) 부귀를 누리고、위로치

켜보거나 옆으로 흘겨보면·형옥을 범한다。

눈이 길어 봉(鳳)의 눈과 같으면 재주가 총명하고、눈이 둥글고 작아 거북이 눈과 같으면

지혜롭다。붉은 줄이 동자를 침범하면 횡사하는 상이니 눈이 이러하거든 다른 것은 묻지도 마랑

⑤ 남녀(男女)

남녀궁은 삼양(三陽ー왼편 눈)과 삼음(三陰ー오른편 눈)인데 와잠이 너그럽고 맑으면 자

식이 창성한다。만일 왼편눈에 와잠이 뚜렷하고 겸하여 반달이 누운것 같은 모양을 이루면

문장이 높다。

검은 사마귀가 있거나 얽힌 주름이 있으면 자식의 실패가 많고、누당(淚堂)이 깊고 건조

하면 자녀가 적다. 붉으레하게 기색이 밝으면 귀자를 낳고 또는 귀하고 수(壽)한다.

⑥ 노복(奴僕)

노복궁은 양편 턱을 볼지니 단정하고 깨끗하면 영화를 누린다. 지각(地閣)에 주름이 얽히면 노복이 도망가고 함하거나 비뚜러지면 가축(家畜)이 죽는다.

지각이 평만하면 외지(外地)의 재물을 얻고, 승장이 깊지 않으면 노복이 모인다. 오악(五嶽)이 도두룩하여 조응하면 부귀영화가 으뜸이니라.

⑦ 처첩(妻妾)

어미(魚尾)는 천궁인데 풍융함을 요하며 눈꼬리 옆 한 치 가량이 간문(奸門)이라 하여 광명함이 가하다. 어미·간문에 검은 점이나 주름이 얽히면 아내를 극하고, 이곳이 움푹 패이면 아내에게 산액(産厄)이 있다.

간문이 윤택하면 처가(妻家)의 재물을 얻고, 흉터가 생기거나 주름이 많으면 자신에게도 액이 있다. 간문에 칼자국 같은 것이 생기면 흉악한 아내를 얻는데 그렇지 않으면 자신이 해롭다.

⑧ 질액(疾厄)

질액궁의 위치는 산근이다. 평만하고 밝으면 흉액이 없고, 이곳에 가로주름이 얽히면 질병을 얻는다. 검은 사마귀가 있으면 풍온(風瘟)으로 죽고, 산근이 몹시 요함하면 큰 액을 당한다. (淚堂)이 깊어도 흉액이 있다). 산근에서 뼈가 솟아 인당까지 곧게 뻗으면 이름을 후세까지 길이 빛낸다.

⑨ 천이(遷移)

천이궁은 어미·간문 옆에서 빈부(鬢部—옆머리) 까지로 이곳이 풍부하면 관직에 오른당

이곳이 두두룩하여 위로는 천창(天倉)과 아래로는 갑궤(甲櫃)까지 연결되면 영현(英賢)의 상으로서 이름을 천하에 떨친다.

천창(魚尾 위)과 명문(命門)이 함하면 녹(祿)이 없고, 머리털이 푸실하여 기름기가 없으면 재물이 적고, 교통사고를 당하기 쉽다.

⑩ 관록(官祿)

관록궁은 이마를 보는데 이마는 넓직하고 평평함을 요한다. 천정(天庭)이 방정하면 지위가 삼공(三公)에 이르고, 산림(山林)·무고(武庫)와 역마(驛馬) 용궁(龍宮)이 풍만하고 밝으면 외직(外職)으로 출세한다.

이마가 깎이거나 함하면 지위가 없고, 이마골이 낮고 이마가 좁으면 빈궁하며, 이마에 검

은 사마귀가 있거나 잔주름이 많으면 벼슬을 얻더라도 명예를 손상당한다.

⑪ 복덕(福德)

복덕궁은 창고(倉庫—天倉과 地庫)를 보고 또는 명문(命門)과 관골(顴骨)과 용당(龍堂)을 보라.(즉 이마의 좌우 관골의 좌우, 입의 좌우)이상의 부위가 평만하고, 오악이 솟으면 지위는 삼공(三公)에 오른다. 그러나 부위가 함하거나 결함이 있으면 지위도 없고 의식도 궁하다. 무릇 작록(爵祿)은 복덕궁을 보아야 하니 복덕궁이 길하면 녹이 있고 종신토록 수복을 누린다.

⑫ 상모(相貌)

상모를 잘 보려면 삼방(三方)과 십이궁(十二宮)에 대해서 잘 알아야 한다. 삼주(三主—이마·코·턱)가 모두 결함이 없으면 일생 의식이 풍륭하다.

오성(五星)은 상극됨을 꺼리는데 부위와 삼정(三停)을 구분해서 길흉을 추리하라. 이는 신선의 참된 묘결이니 등한히 여겨 아리송하게 알아서는 안되느니라.

○ 결게(結偈)

철박(鐵舶—쇠로 만든 배)과 철풍(鐵風—몹시 강한 바람)이 날라서 흑해(黑海)로 들어가니 달 밝은 만리에 고인(故人)이 온다.

너는 모름지기 먼저 상가(相家)의 격(格)과 각 부위(部位)보는 법식으로 입문하고 다시

이 비결로 깨달아 신(神)의 경지에 이르면 과거와 현재 미래가 모두 눈 속에 비치리라.

논사지(論四肢) ─ 사지에 대하여 ─

두 손과 두 발을 합쳐 사지(四肢)라 한다。 사지는 춘하추동 사시(四時)를 본받고、 사지에 머리를 가하면 오체(五體)라 하는바 오행(五行)을 상징함이다。 그러므로 사시가 순조롭지 않으면 만물이 편안하게 자라지 못하고、 사지가 단정치 않으면 일신이 곤고하며、 오행이 조화 되지 않으면(不利) 만물이 생장(生長)하지 못하고、 오체(五體)가 길격을 못이루면 일생 빈궁하다。

수족(手足)은 또 나무의 줄기(枝乾)에 비유되는바 마디(節)가 많은 나무는 좋은 재목감이 못되고、 수족이 나쁘면 또한 훌륭한 인물이 될 수 없다。

손과 발은 모두 부드럽고 미끄럽고 깨끗해야 하고、 힘줄과 뼈는 솟지말아야 하며、 옥(玉)같 이 희고 줄기같이 곧고 이끼(苔) 같이 미끄럽고 솜(綿) 같이 부드러우면 부귀를 누리는 상 이오、 그렇지 아니하고 딱딱하고 거칠고 크고、 힘줄이 뼈 위로 솟아 피부는 흙같이 거칠고 돌처럼 딱딱하고、 뗄나무처럼 굽고、 살은 부럼(腫) 처럼 추악하게 보이는 것 등은 모두 빈한한 상이다。

○ 논수(論水) ─ 손에 대하여

손은 그 용(用)이 물건을 잡는데 있고, 그 정(情)이 취사(取捨─물건을 취하기도 하고, 놓기도 하는것) 하는데 있다. 고로 손이 가늘고 길면 성품이 너그러워 베풀기를 좋아하며, 손이 짧고 두터우면 성품이 비루하여 취하는 것만 좋아한다.

팔이 길어 무릎까지 닿으면 보기 드문 영웅 호걸이오, 손의 길이가 허리를 지나지 못하면 빈천한 상이다.

몸은 작은데 손(팔)이 크면 복록을 누리고, 몸이 크고 손(팔)이 작으면 청빈(淸貧)하며, 손이 향그럽고 따뜻하면 고상하고, 손에서 땀냄새가 나는 사람은 천탁하다.

손가락이 가늘고도 미끄럽고 길면 총명하고, 손가락이 짧고 굵고 거칠면 우악(愚惡)하며, 손가락이 부드러워 사이가 뜨지 않으면 재물을 쌓고, 손가락이 억세고 사이가 뜨면 경영에 실패한다.

손가락이 죽순(竹筍) 같으면 청귀하고, 북채 같으면 어리석으며, 손가락이 파(葱)처럼 미끄러우면 식록이 이르고 대처럼 마디가 굵으면 빈천하다.

손이 얇고도 단단하여 닭의 발처럼 생기면 지혜롭지 못할 뿐 아니라 빈궁하고, 손이 억세어 돼지발꿉 같으면 어리석고 노둔하고 빈천하다.

손이 부드럽고 미끄럽기가 비단주머니 같으면 지극한 부(富)를 누리고, 손가락이 거위발

-202-

비슷하면 지극히 귀히 되며, 손바닥이 길고 두터우면 귀하고, 짧고 엷으면 천하다.

손바닥 모양이 둥글고 딴딴하면 어리석은 자요, 손바닥이 모나고 부드러우면 손바

닥 네 귀가 도두룩하여 가운데가 오목하면 부하고, 네 귀가 살이 박약해서 가운데가 편편하

면 재물이 흩어진다.

손바닥이 윤택하면 부귀하고, 매마르면 빈궁하고, 손바닥이 피를 뿜은듯이 붉으면 영귀하

고, 누리기가 흙물을 바른것 같으면 지극히 천하다.

손이 얇고 깎이면 빈궁하고, 손이 길고도 두터우면 부유하며, 손결이 거칠고 단단하면 하

천한 상이오, 손이 부드럽고 섬세하면 청빈하다.

손바닥이 푸르면 빈곤하고, 펏기가 없이 희면 한미하며, 손바닥 가운데에 검은 사마귀가

있으면 지혜롭고, 재부(財富)를 누리며, 손바닥 네귀에 가로주름이 많으면 어리석고 빈천하

다.

시(詩)에 이르되 『귀인은 열 손가락이 모두 섬세하고 부드러우니 인품이 청고하고 복록

이 무궁하다. 손가락이 잘리거나 기타의 결함이 있는 것은 군자의 상이 아니니 흉악하고 어리석

다. 단정해도 잘못된 판단이 아니다』

대개 사람의 손은 부드럽고 팔이 길며, 평평하고 두툼하며 둥글고 낮아야 한다. 팔꿈치

마디는 작아야 하고, 손가락 마디는 가늘어야 길격이다.

용골(龍骨ー어깨에서 팔꿈치까지)은 길어야 하고 호골(虎骨ー팔꿈치에서 손목까지)은 용

골보다 짧음을 요하는데 뼈가 솟아 거칠고 힘줄이 뜨고 흩어지며, 실처럼 가는 주름이 많고

살결이 매마르고, 골격이 깎아낸 것 같으면 모두 좋지 못한 상이다. 옛날 왕극정(王克正)이

란 사람이 있었는데 그가 세상을 떠나 고인의 명복을 빌기 위해 불사(佛事)를 행하는데 집

안에 주인(主人ー男喪主)이 없고 오직 딸 하나가 있어 불상(佛像) 앞에 놓은 향로 앞에 꿇

어앉게 되었다. 마침 진박(陳博)이 조문(吊問)차로 상가에 들어갔다가 그녀를 슬적 본 뒤

다른 문상객에게 하는 말이 『왕씨네의 딸의 얼굴은 보지 못하였으나 다만 화로를 받들고

있는 손을 보건대 매우 귀히될 상(相)이라 만일 남자가 되었더라면 한림(翰林)벼슬에 이를

것이오 여자라도 시집가면 부인(夫人ー재상 같은 높은 벼슬아치의 아내에게 임금이 내리는

爵號)될것이다』하고 칭찬한 일이 있었다. 뒤에 후진(後陳)의 진공(晉公)이 참지정사(參知政事)가

되었는데 아내가 없는지라 태종(太宗)이 진공에게 말하기를『왕극정은 강남의 옛 벼슬아치로 그의 딸

하나가 있어 현숙하니 경은 아내로 맞으니하면 좋으리라』하고 재삼 권유하였으므로 진공은

그녀를 아내로 삼게 되었다. 그러자 며칠 뒤에 그녀에게 군부인(郡夫人)을 봉(封)하였다하

니 진박의 예언이 틀림없었던 것이다.

팔을 내려 무릎을 지나면 대귀라 하였는데 옛날 촉(蜀) 나라 선주(先主)인 유비(劉備ー字

는 玄德)는 키가 일곱자 다섯치요, 팔이 길어 무릎을 지났다고 한다.

스스로 돌아보아 자기의 귀가 보이고 손이 옥(玉)같이 희면 귀하며, 손이 죽순처럼 곧으

면 수와 복을 다 누리고 손이 미끄럽기가 이끼(苔)같으면 이 또한 수복을 누린다.

용골은 길고 호골은 짧음은 요한다. 어깨에서 팔꿈치까지를 용골(龍骨)이라 하여 임금에

비유하고, 팔꿈치에서 손목까지를 호골(虎骨)이라 하여 신하에 비유한다. 그러므로 용골은

크고 길어야 가하고, 호골은 용골보다 짧고 작아야. 임금과 신하의 차서가 있는 상이어서 길

격이다.

손에 아름다운 무늬가 있으면 복록이 이루고 일생 재앙이 없으며, 가로주름이 있으면 대

흉하나 손에 세로무늬가 있으면 지위가 삼공(三公)에 이른다.

손이 마치 범의 발 같으면 빈천하고 남자의 손이 비단주머니 같이 부드러우면 지위가 공

후(公侯)요 여자의 손이 비녀 같으면 복과 지혜가 무궁하다.

손뼈가 너무 박약해서 휘청거려지거나 짧고 굵어 가로로 뭉친듯 하면 이 모두 천격이오,

용골이 호골보다 크고 길면 영화롭고, 열 손가락이 섬세하고 윤택하면 지식이 풍부하다.

뼈가 없는듯 살만 뭉쳐 뭉퉁하면 빈한하고 몸이 편하지 못하다.

○ 논장문(論掌紋) —손바닥의 무늬—

손에 무늬가 있음은 나무에 무늬가 있는 것을 형상함이니 나무에 아름다운 무늬가 있으면

공작(工作) 재료에 훌륭한 것 같이 손에 좋은 무늬가 있으면 귀한 바탕이라 하겠다. 그러므로 손에 무늬가 없으면 불가한 것이니 무늬가 있는이는 상격의 상이오, 무늬가 없는이는 하격의 상이다.

무늬가 있더라도 가늘고 깊어야 길하고 얕거나 단정하지 못하면 천하다.

손바닥 위에 세가닥 무늬(三紋)가 있을 경우 맨 위는 하늘을 응하니 임금과 아버지를 상징하므로 일신의 귀천을 정하고, 가운데는 사람을 응하니 어질고 어리석음을 나타내는지라 그 사람의 빈부를 분별하고, 아래는 땅을 응함이니 신하와 어머니를 상징하여 명이 길고 짧음을 나타낸다.

세가닥 무늬가 맑고 깨끗하여 끊기거나 방해되지 않으면 복록을 누리는 상이오, 세로주름이 무늬 위로 그어져 있으면 성질이 난폭하여 재앙을 부르고, 가로주름이 산란하면 백사가 다 깨진다.

가는 무늬가 엉킨 실같이 생겼으면 총명하여 좋은 녹을 얻고, 무늬가 거칠어 어지러운 자갈처럼 생겼으면 어리석고 둔하고 천하며, 어지러운 주름이 아무렇게나 꺾여지고 하면 일생 빈궁하고, 겨를 뿌려놓은것 같은 무늬가 있으면 일생 쾌락하다.

구멍뚫린 동전 모양의 무늬가 있으면 재물이 날로 늘고, 짧은 홀(笏)처럼 생긴 무늬가 있으면 문관(文官)으로 출세한다.

열손가락 끝에 소라(螺) 모양으로 두른 무늬가 있으면 영귀하고 열손가락 끝에 가로무늬

가 삼구(三鉤) 있으면 귀히 되어 부하를 부리며, 열손가락 끝에 가로무늬가 일구(一鉤)만

있으면 천하여 남의 부림을 받는다.

구문(龜紋)이 있으면 장상(將相)의 상이오, 어문(魚紋)은 역시 귀히 되고, 언월문(偃月紋ㅡ

누운 달 모양), 거륜문(車輪紋ㅡ수레바퀴 모양)이 있으면 길경(吉慶)이 많고, 음즐문(陰

隲紋)·연수문(延壽紋)은 복록이오, 인문(印紋)은 귀히 되고, 전문(田紋ㅡ밭전자 모양)이 있

으면 부(富)를 누린다.

정문(井紋ㅡ井字 모양)은 복을 주장하고, 십문(十紋ㅡ十字무늬)은 녹을 주장하며, 옥책문(玉

策紋)이 위로 뻗쳐 손가락 까지 이르면 이름을 만방에 빛낸다.

안검문(按劍紋)이 있고 또 권인문(權印紋)이 있으면 사해의 군졸을 거느리고, 결관문(結關

紋)이 있으면 흉악한 반역자가 되거나 방해가 따르고, 야차문(夜叉紋)이 있으면 하천한 좀

도둑이다.

비록 좋은 무늬가 있더라도 다른 주름이 방해하거나 기타의 결함이 있으면 아무

쓸모가 없을뿐 아니라 차라리 없는 것만도 못하다.

〈참 고〉

이상에서 손의 무늬에 대해 논하였으나 원문에 있으므로 그대로 풀이하여 기록할 뿐 그

모양에 대해서는 매우 알기가 어렵다. 실지 이러한 무늬가 있는지도 의심스럽지만 설사 있

더라도 그림이나 설명이 없어 도저히 알아낼 수가 없다. 다만 아래에 손바닥의 여러가지 무늬에 대해 그림으로 표시되었으므로 참고하기 바라거니와 현대 수상학(手相學)의 생명선이니 감정선이니 하는 것은 누구나 가지고 있는 것이어서 이해가 가려니와 이에 수록하는 무늬는 극히 드문 것으로 생각되니 참고 정도로 살펴 보는것이 좋으리라 믿는다.

○ 논수배문(論手背紋) ─ 손등의 무늬에 대하여 ─

손등의 무늬는 그 효험이 높다. 고로 인화(人和)하는 이치가 있으니 기이하고 아름다운무늬가 다섯 손가락의 위마디에 있으면 천자(天子)의 스승이오, 아래마디에 있으면 공후(公侯)의 위치요 가운데 마디에 있으면 재상이다. 그리고 무명지에 있으면 경감(卿監─재상 다음가는 벼슬)이오, 새끼손가락에 있으면 조정의 신하요, 가운데손가락에 있으면 거부(巨富)의 상이다.

손등 다섯손가락에 모두 가로무늬가 얽혀져 있으면 제후나 왕의 신분이오 세로무늬는、재상이다.

식지(食指─둘째)의 첫마디를 명당(明堂)이라 하는데 이곳에 기이한 무늬가 있거나 검은 사마귀가 있으면 재예가 뛰어나고, 이곳에 날으는 새 모양의 무늬가 있으면 고귀한 지위에

이르고, 대지(大指—가운데)의 첫마디에 가로무늬가 있는 것을 공곡문(空谷紋)이라 하는바

어딜 가거나 이익이 없는 곳이 없어 마침내는 크게 부자된다.

손목에 얽은무늬가 끊기지 않고 연결되어 있으면 이것을 옥천문(玉釧紋)이라 하는데 사람

들의 공경과 사랑을 받는다. 이와 같은 무늬가 하나나 둘이 있으면 관귀(官貴)를 얻고 세개

이상이면 대제학(大提學) 같은 벼슬이다.

남녀가 모두 같은데 무늬는 모름지기 싸아두른 것이 길하고 끊기거나 싸아두르지 않으면 길한

효력이 없다.

○ 손바닥 무늬의 여러가지

① 사계문(四季紋)

봄에는 청색 여름은 적색, 가을은 백색, 겨울은 흑색이 발함을 기뻐하니 만일 가을에 적

색, 겨울에 황색, 봄에 백색, 여름에 흑색이 나타나면 이는 상극된

기색이므로 대흉하다.

四季紋

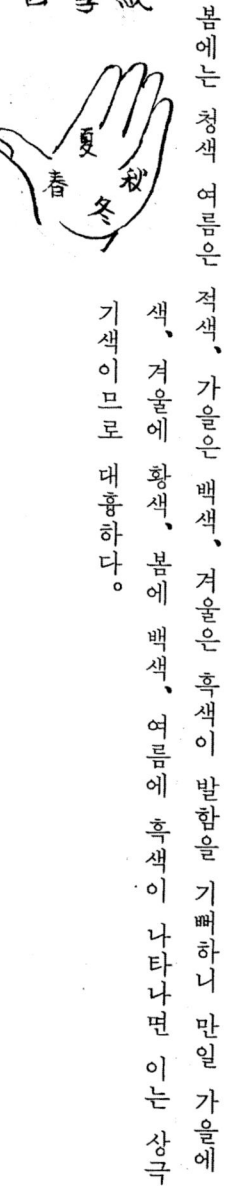

帶印紋

兵符紋

金花紋

른다。

② 대인문(帶印紋)

위 보기와 같은 무늬를 인문(印紋)이라 한다。손바닥 중심에 인문이 있으면 대귀하는 상으로 공명(功名)을 떨친다。비록 부귀가 소원이 아니어서 구하지 않더라도 자연 청고한 이름을 얻어 재상의 지위에 오

③ 병부문(兵符紋)

위와 같은 무늬가 병부문인데 옛날 진평(陳平)이 이러한 무늬가 있었다 한다。병부문이 손바닥 중앙에 있으면 소년에 등과하여 벼슬길이 장구하다。만일 손가락이 굳세면 무위(武威)를 떨치리니 출장입상(出將入相)하는 인물이 된다。

④ 금화문(金花紋)

위와 같은 무늬를 금화문(金花紋)이라 하는데 남자는 제후에 봉함을 받고、여자는 부인(夫人—우리나라의 貞敬夫人)이 된다。그러므로 이러한 무늬가 있는 사람은 군자는 출세하고、서민은 재부(財富)를 누린다。

-210-

雙魚紋　　　　　　　鴈陣紋　　　　　　　拜相紋

한다.

⑤ 배상문(拜相紋)

위와 같은 무늬를 배상문(拜相紋)이라 하는데 모양이 마치 접은고 같다. 이러한 무늬가 있는 사람은 성품이 돈후하고 문장이 뛰어나 항시 임금의 총애를 받는다. 옛날 장량(張良)이 이러한 무늬가 있었다고

⑥ 안진문(鴈陳紋)

모양이 마치 기러기떼가 날아가는 것 같다. 일명 조아문(朝衙紋)이라고도 하는데 이 무늬가 있으면 하루 아침에 공명을 성취하여 성명을 드날린다. 대인(大人)이 만일 안진문이 있으면 출장입상(出將入相)하여 의기양양하게 장안대로를 편답하리라.

⑦ 쌍어문(雙魚紋)

위와 같은 무늬를 쌍어문(雙魚紋)이라 하는데 이러한 무늬가 손바닥 학당(學堂) 중앙에 있으면 문장이 뛰어나 조종(祖宗)을 빛낼 것이오, 이 무늬가 천정(天庭)을 지나고 기색이 붉고 살결이 윤택하면 벼슬하여 지위가 정승급에 이를 것이다.

四直紋　　懸魚紋　　文花紋

 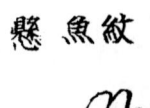 

⑧ 육화문(六花紋)

위와 같은 육화문(六花紋)이 있으면 부귀영화를 누리는 상이다. 그러므로 벼슬에 올라 정승의 지위까지 이르며 경사가 날로 이르러 가문을 크게 빛낸다.

⑨ 현어문(懸魚紋)

위와 같은 무늬를 현어문(懸魚紋)이라 하는데 이 무늬가 학당(學堂)을 전부 가리면 소년에 일찍 부귀를 얻는다. 그러므로 단번에 용호방(龍虎榜—文武科)에 급제하고 금안준마(錦鞍駿馬)에 올라 의기양양하게 채찍을 가하리라.

⑩ 사직문(四直紋)

위 그림과 같이 네줄로 곧게 내려온 무늬가 사직문(四直紋)으로 이 무늬가 있으면 중년부터 부귀한다. 이 무늬가 있고 기색이 붉으레하고 윤택하면 하루 아침에 제후의 봉함을 받으리라.

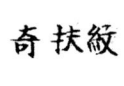

⑪ 천인문(天印紋)

위와 같은 천인문(天印紋)이 건위(乾位)에 있으면 문장 재예가 출중하여 영화를 누린다. 군자는 벼슬하여 평지에서 하늘 거리에 뛰어 오르고 평범한 사람은 황금을 가득히 쌓으리라.

⑫ 기부문(奇扶紋)

그림과 같은 무늬를 기부문(奇扶紋)이라 하는데 이러한 무늬가 있는 사람은 특히 담기(膽氣)가 매우 고강하여 견줄 자가 없다. 이 무늬가 있고 겸하여 기색이 붉고 윤택하면 평생토록 부귀를 누릴것이다.

⑬ 보운문(寶暈紋)

마치 해무리(暈)같이 기이하고 아름다운 무늬가 손바닥 중심에 있으면 지극히 귀한 상으로 제후(諸侯)의 봉함을 받게 되며, 서인(庶人)은

⑭ 삼일문(三日紋)

금은 재백이 쓰고 남는다.

筆陣紋　　金龜紋　　三日紋

위와 같은 삼일문(三日紋)이 맑고 정교하게 손바닥 위에 있으면 소년에 문장을 성취하여 머리에는 월계화(月桂花)를 꽂게 된다. 그러므로 이십에 등과하여 이름을 사해에 떨칠 것이오, 만일 학문을 닦지 못하였으면 만금을 쌓아둔 부자가 될 것이다.

⑮ 금구문(金龜紋)

태궁(兌宮ー즉 西嶽)의 살이 두두룩하게 찐 가운데 위와 같은 금구문(金龜紋)이 선명하면 창고에는 금은보화가 가득하고 수는 백년을 향수(享壽)한다.

⑯ 필진문(筆陳紋)

위 그림과 같은 무늬를 필진문(筆陳紋)이라 하는데 이 무늬가 있으면 문장이 뛰어나고 덕행이 높다. 중년에 과거에 급제해서 몸에 비단옷을 입고 무궁한 복록을 누릴 것이다.

⑰ 옥주문(玉柱紋)

三峰紋　　　三奇紋　　　玉柱紋

위 그림과 같은 무늬를 옥주문(玉柱紋)이라 하는데 이러한 무늬가 있는 주인공은 담력과 지혜가 뛰어나고 총명하다. 더욱이 손바닥 기색이 맑고 윤택하며 살이 부드럽고 풍만하면 중년에 벌써 상공(相公)의 지위에 오른다.

⑱ 삼기문(三奇紋)

위와 같이 삼기문(三奇紋)이 무명지 아래에 보이고, 한가닥에서 세가닥으로 갈라져 보기에 묘하다. 이 무늬가 다시 학당(學堂—즉 掌心)에 있으면 대과에 급제하여 금문(金門)을 출입하는 상신(相臣)이 될 것이다

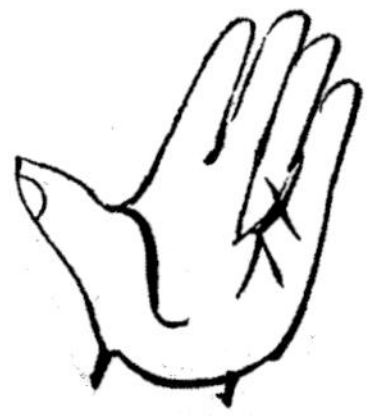

⑲ 삼봉문(三峰紋)

손바닥이 두툼하고, 네 귀가 도두룩하며 살결이 부드럽고 붉으레하고 윤택한 가운데 위 그림모양의 삼봉문(三峰紋)이 있으면 부귀를 누리는데 집안에는 금옥이 가득하고 울 밖에는 전답(田畓)이 즐비하리라.

⑳ 미록문(美祿紋)

이 미록문(美祿紋)은 보기와 같이 삼각형인데 이 무늬가 선명하면 의식이 자연 이르고 가

學堂紋　　玉井紋　　立身紋　　美祿紋

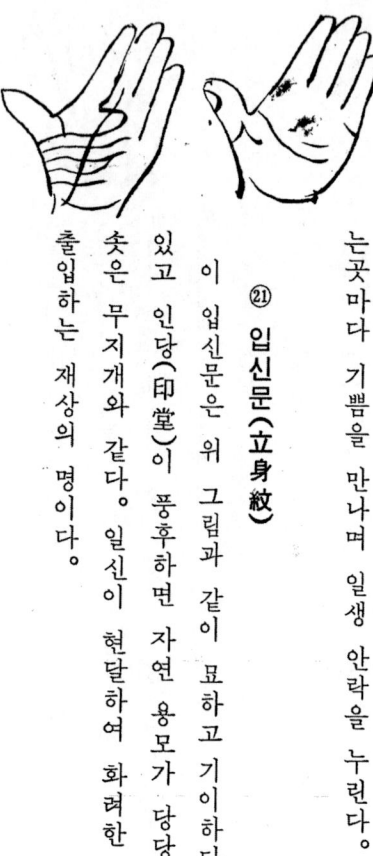

는곳마다 기쁨을 만나며 일생 안락을 누린다.

㉑ 입신문(立身紋)

이 입신문은 위 그림과 같이 묘하고 기이하다. 만일 이러한 무늬가 있고 인당(印堂)이 풍후하면 자연 용모가 당당하여 하늘에 찬란하게 솟은 무지개와 같다. 일신이 현달하여 화려한 귀(貴)를 누리니 조정에 출입하는 재상의 명이다.

㉒ 옥정문(玉井紋)

그림처럼 손바닥에 우물정자 무늬가 있으면 옥정문(玉井紋)이라 한다. 이 무늬가 하나면 복덕을 갖춘 사람이오 두 세개가 있으면 옥제(玉梯—대궐)에 오른다. 이와 같은 무늬가 맑고 선명히면 청귀(淸貴)를 누리는데 대궐에 출입하며 성명(聖明)한 임금을 섬기리라.

㉓ 학당문(學堂紋)

위 그림과 같은 무늬가 학당문(學堂紋)인데 이러한 무늬가 있으면 특히 문장(文章)으로 출세한다. 그러므로 금방(金榜)에 합격하여 청

異學紋　　學堂紋　　車輪紋

고(淸高)한 이름이 멀리 퍼지리라.

㉔ 거륜문(車輪紋)

손바닥에 무늬가 수레바퀴처럼 둥글고 묘한 것이 거륜문(車輪紋)이라 하는데 이 무늬가 있으면 대귀하는 상이다. 그러므로 대궐에 출입하는 조정대신(朝廷大臣)이오 마침내는 제후(諸侯)의 봉함을 받는다.

㉕ 학당문(學堂紋) 二

위와 같은 무늬를 또 학당문(學堂紋)이라 칭하는데 이러한 무늬가 있으면 재간이 뛰어난다. 고로 크고 작은 일을 막론하고 교(巧)한 솜씨가 있으며 청귀(淸貴)함을 얻어 복록을 누린다.

㉖ 이학문(異學紋)

위와 같은 무늬를 이학문(異學紋)이라 한다. 이 무늬가 있는 사람은 승도(僧道)나 도인(道人)으로 명성이 높아 많은 사람의 흠모를 받는다 만일 세속(世俗)에 처할지라도 백만금을 쌓아 두고 부유하게 생애하리라.

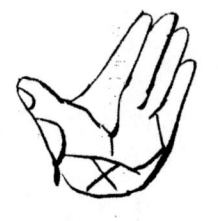

川字紋　　　福厚紋　　　天喜紋　　　小貴紋

㉗ 소귀문(小貴紋)

위와 같은 무늬가 있으면 소귀문(小貴紋)이라 하여 벼슬을 원한다면 중간 귀는 누리게 된다. 만일 관록이 아니면 금전을 많이 축적하게 되는데 위와 같은 무늬가 있고 손바닥이 넓직하고 부드럽고, 붉으레하면 혹 승도가 되었더라도 환속하여 권세를 잡게 된다.

㉘ 천희문(天喜紋)

위와 같은 천희문(天喜紋)이 있으면 일생 복록이 많다. 운이 왕성하고 몸은 즐거우며 일마다 뜻대로 된다.

㉙ 복후문(福厚紋)

이 복후문이 손바닥에 있으면 평생토록 재앙이 없다. 가난한 사람을 불쌍히 여겨 베풀기를 좋아하며 기타 음덕(陰德)을 쌓으니 재물이 이 왕하고 수한(壽限) 또는 고수(高壽)를 누린다.

㉚ 천자문(川字紋)

千金紋　三才紋　折桂紋

위 그림과 같은 무늬가 있으면 주로 장수하는 상이다. 그러므로 오지(五指)에 모두 천자문(天字紋)이 있으면 수명이 한없이 길어져 남자는 상산노인(商山老人—신선)과 견줄수 있고 여자는 서왕모(西王母—신선)를 닮으리라.

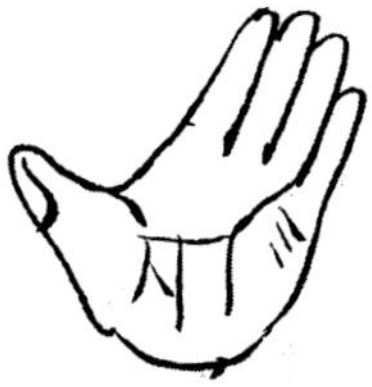

㉛ 절계문(折桂紋)

위와 같은 절계문(折桂紋)이 있으면 훌륭한 재목감이니 선비는 급제하여 이름을 드날린다. 월궁(月宮)의 상아(嫦娥)와 언약함이 있으니 하루 아침에 구름에 올라 계수나무 가지를 꽂고 온다(과거에 급제하여 머리에 어사화를 꽂게 된다는 말)

㉜ 삼재문(三才紋)

위와 같은 삼재문(三才紋)이 선명하게 있으면 평생 운로가 평탄하다 그러나 만일 이 무늬가 충파(冲破—끊기거나) 장애하는 주름이 있거나 흉터가 생기거나하여 결함된 것)하면 일생 무정하다.

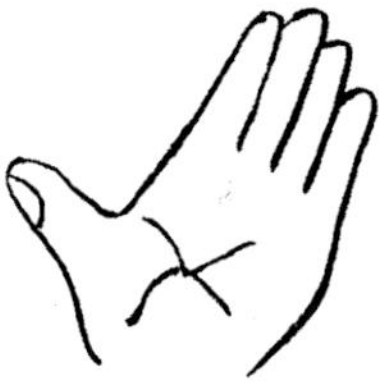

㉝ 천금문(千金紋)

사람이 만일 영화를 누리고 싶다면 위와 같은 천금문(千金紋)이 있는가 살펴 보라, 설사 소년에 이러한 무늬가 있더라도 금시 부귀를 얻어 자랑하게 될 것이다。

陰德紋　　震卦紋　　離卦紋

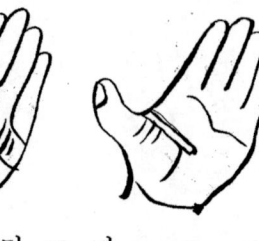

㉞ 이괘문(離卦紋)

위와 같은 무늬를 이괘문(離卦離)이라 하는데 이 무늬가 충파(冲破)되면 도리어 곤액이 많다. 이 무늬가 있고 감궁(坎宮)이 풍만하면 말년에 다복한데 손바닥이 모두 평평하면 빈천 고독한 상이오、네모서리가 도두룩하여 가운데가 오목하면 운세가 창성한다。

㉟ 진괘문(震卦紋)

진궁(震宮)이 풍후하고 윤택한 가운데 위와 같은 무늬가 선명하면 자식을 두게 되나 무늬가 몹시 미세하면 자식 두기가 어렵다。그리고 진궁 위의 무늬에 살(殺)을 띠고 있으면 별방(別房—妾 또는 기타 外道로 사귀는 女人)에서 자식을 구함이 좋다。

㊱ 음덕문(陰德紋)

위와 같은 음덕문(陰德紋)이 있으면 위인이 총명하고 음덕 쌓기를 좋아한다。그러므로 일생 험한 일을 만나지 않고、수와 복을 누리는데 마음이 독하지 못하여 자비와 선행을 좋아하고 또는 경(經) 외우는 것을 낙으로 삼는다。

  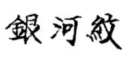

㊲ 은하문(銀河紋)

천문(天紋) 위에 은하(銀河)를 뿌린것 같으면 아내를 잃고 재취하는 명이다。여기에 감궁(坎宮)과 이궁(離宮)이 충파(冲破)되면 조업을 다 없앤 뒤 자수성가(自手成家)로 재산을 일으킨다。

㊳ 화개문(華蓋紋)

위와 같이 생긴 무늬를 화개문(華蓋紋)이라 하는데 이 무늬는 길격으로 음공(陰功)이 많다。혹 좋지 못한 무늬가 손바닥에 있더라도 이 무늬가 있으면 우연히 구해줌을 입어 흉액을 면한다。

㊴ 감어문(坎魚紋)

물고기 모양의 무늬가 감궁(坎宮)에 있으면 이를 감어문(坎魚紋)이라 하는데 이러한 무늬가 있으면 부호가의 딸을 아내로 맞이하여 전장(田庄)을 상속받는다。이 무늬가 있는 가운데 건궁(乾宮)에 井字 무늬가 있으면 그 아들은 필히 고귀한 관작(官爵)을 얻을 것이다。

㊵ 주산문(住山紋)

위와 같이 생긴 것을 주산문(住山紋)이라 하는데 이 무늬가 있는 사람은 그윽하고 고요한 것을 탐하여 승려(僧侶)가 되거나 도(道)닦기를

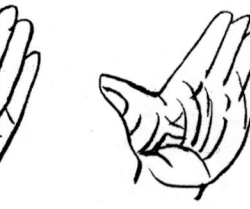

色欲紋　　　　山光紋　　　　智慧紋

다 노래에 이르면 세속에 마음이 없어 집을 떠나게 된다.

좋아한다. 그리고 이 무늬가 있으면 비록 장가들어 아내가 있다하나 금슬이 좋지 못한데

④1 지혜문（智慧紋）

위와 같은 무늬를 지혜문（智慧紋）이라 하여 이 무늬가 있으면 총명한 이름이 멀리까지 퍼지게 된다. 평생 처사에 생각이 깊고 자비와 선행을 좋아하며, 겸하여 재앙이 없어 평탄하게 생애한다.

④2 산광문（山光紋）

위와 같은 무늬를 산광문（山光紋）이라 하는데 이 무늬가 있는 사람은 천성이 조용하고 한가함을 좋아하여 세상의 시비（是非） 따위에 간여하지 않는다. 이 무늬가 있으면 중이나 도사라야 적합한 명으로 만일 세속（世俗）에 거하면 고독하여 홀아비 신세를 면키 어렵당

④3 색욕문（色欲紋）

이 무늬는 그림과 같이 어지럽게 돋아난 풀（草）과 흡사한데 천성이 음란하여 일생 색（色）을 탐하며 세월하여도 만족할 줄 모른다.

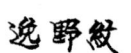

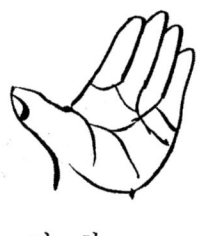

花酒紋　　逸野紋　　隱山紋　　亂花紋

㊹ 난화문(亂花紋)

위 그림과 같이 생긴 무늬를 난화문(亂花紋)이라고 하는데 일생 사치와 여색을 좋아하여 다만 교태로운 들꽃(野花—남의 여자)만을 생각하고 가정에는 관심이 없는 사람이다.

㊺ 은산문(隱山紋)

손바닥 중심에 위와 같은 은산문(隱山紋)이 있으면 천성이 선량하고 자비로운데 복록이 길창하다. 한가하고 조용함을 즐기고 번화한 곳을 싫어하여 말년에는 풍진세상을 떠나 도(道)를 즐긴다.

㊻ 일야문(逸野紋)

위와 같은 무늬를 일야문(逸野紋)이라 한다. 천성이 조용하고 아늑한 곳을 좋아하고 술법(術法)을 즐기므로 복잡한 시중(開中)에서 사람 상대하는 것을 꺼린다. 즉 경치 좋은 산수간(山水間)에서 한가롭게 생애하는 은사(隱士)의 명이다.

㊼ 화주문(花酒紋)

손바닥에 위와 같은 무늬가 있으면 이를 화주문(花酒紋)이라 한다.

일생 주색을 좋아하여 돈 쓰기를 잘하니 재물을 축적할 수 없고 다만

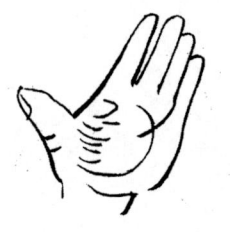

二八의 아름다운 용모만을 탐하면서 허송세월 한다。

㊽ 도화문(桃花紋)

위와 같은 도화문(桃花紋)이 있으면 사치와 풍류를 좋아하여 오로지 술과 여색만을 탐한다。일생 주색 탐하는 것으로 세월하니 거만(巨萬)의 재물이 있더라도 광풍에 낙엽처럼 흩어진다。

㊾ 색로문(色勞紋)

위와 같은 무늬가 손바닥에 있으면 이를 색로문(色勞紋)이라 하여 색(色)을 탐하므로 인해 수명이 짧아지는 상이다。그러므로 이러한 무늬가 있는 사람은 때를 가리지 않고 미색(美色)만을 탐하니 중년에 이로 인해 고치기 어려운 병을 얻는다。

㊿ 원앙문(鴛鴦紋)

위와 같은 무늬를 원앙문(鴛鴦紋)이라 하여 주로 음란한 상이다。주색 탐하는 일을 멈추는 때가 없어 일생 나이 젊고 아릿다운 여색만 사랑하다가 질병은 물론이오 패가망신 한다。

花釵紋

花柳紋

偷花紋

魚紋

(51) 화차문(花釵紋)

위와 같은 무늬를 화차문(花釵紋)이라 하는바 역시 여색을 밝히는 상이다。 일생 풍류로 종사하는 화류춘풍(花柳春風)의 환락에 젖어 세월가는줄 모르리라。

(52) 화류문(花柳紋)

손바닥에 위 그림과 같은 무늬가 있으면 이를 화류문(花柳紋)이라 하여 오입쟁이의 상이다。 평생 풍류를 사랑하여 비단금침 환락속에 빠져 밝은 대낮에도 이불 속에서 나오지 못한다。

(53) 투화문(偷花紋)

위와 같은 무늬를 투화문(偸花紋)이라 하는데 이러한 무늬가 있는 사람은 매양 색(色) 탐하는 것만 꾀한다。 그러므로 집에 아름다운 아내가 있더라도 기뻐할 줄 모르고 일생 남의 여자 연모하는 것으로 세월한다。

(54) 어문(魚紋)

위와 같은 무늬를 어문(魚紋)이라 하는데 이러한 무늬가 있으면 천성이 깨끗하고 지조가 높아 여색에도 담박하다。 그러나 만일 이 무늬가 충파되면 도리어 음란하고 어리석다。

生枝紋　　　奴僕紋　　　朝天紋　　　華盖紋

⑤⑤ 화개문(華盖紋)

위와 같이 생긴 무늬를 처궁(妻宮)에 화개가 조응(朝應)했다 한다.

이러한 무늬가 있는 사람은 그 아내가 많은 재산을 가지고 시집오게 된다고 한다.

⑤⑥ 조천문(朝天紋)

위와 같은 무늬를 조천문(朝天紋)이라 하는데 이러한 무늬가 있는 사람은 그 아내가 음란하여 인륜을 어지럽히고, 가문을 더럽히며 매양 그 남편을 업신여긴다.

⑤⑦ 노복문(奴僕紋)

위와 같은 무늬를 노복문(奴僕紋)이라 하는데 자기집 노복이 주모(主母ー주인공의 아내)와 정을 통한다. 즉 아내가 음란하고 부정하여 부리는 하인과 정을 통하므로 인해 가정이 파괴될 우려가 있으니 주의해야 한다.

⑤⑧ 생지문(生枝紋)

위와 같은 무늬를 생지문(生枝紋)이라 하는데 만약 손바닥에 이러한 무늬가 있으면 교활하고 간특한 아내를 맞이하기 쉽다.

剋父紋　　　一重紋　　　妻妾紋　　　剋母紋

⑤⑨ 극모문 (剋母紋)

손바닥에 위와 같은 무늬가 있어 태음궁(太陰宮―즉 坎宮)을 침범

하면 그 모친을 사별(死別)하거나 그 모친이 자기를 버리고 도망간다

⑥⓪ 처첩문 (妻妾紋)

위와 같은 무늬를 처첩문(妻妾紋)이라 하는데 이러한 무늬가 있으면

처첩을 거느리게 되고、그 아내가 음란하여 부리는 노복과 사통(私通)

하게 된다고 한다.

⑥① 일중문 (一重紋)

처첩궁에 일중문(一中紋)이 있으면 아내와 동기간 뿐 아니라 노비마

저 극하여 고독해진다。만일 두 무늬가 아울러 四획으로 그어지면

뒤를 이을 자식은 두게 된다.

⑥② 극부문 (剋父紋)

천문(天紋)이 중지(中指)에 얽혀 있으면 이를 괴성(魁星)이라 하여

좋으나 다시 두 손가락 중심에 얽혀 있으면 소년에 부친을 잃고 의

지할 곳이 없다.

-227-

三煞紋　　貪心紋　　過隨紋　　月角紋

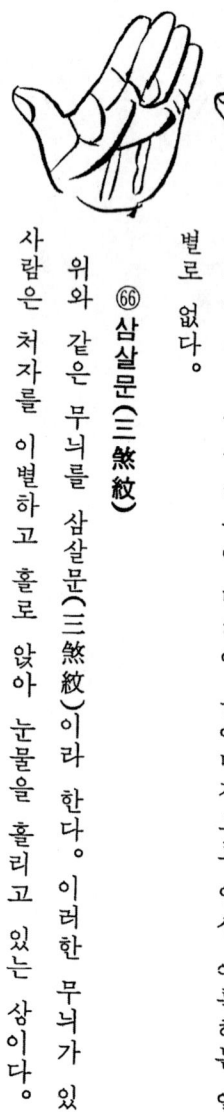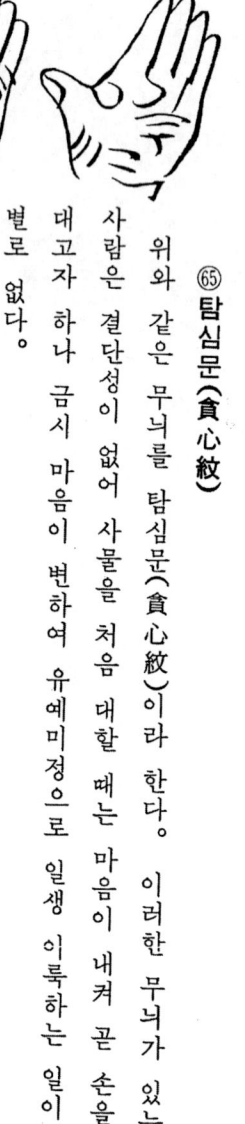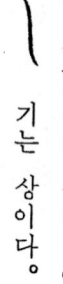

⑥③ 월각문(月角紋)

월각문(月角紋)이 태방(兌方)에서 생기면 처가의 재산을 얻거나 일생 아내로 인해 재물이 모인다。 그러나 좋은 일에 항시 주의해야 되는데 기색이 나쁘면 관재 송사 시비가 발생한다。

⑥④ 과수문(過隨紋)

위 그림과 같은 무늬를 과수문(過隨紋)이라 한다。 만일 이러한 무늬가 손바닥에 있으면 일찍 아버지를 잃고 모친을 따라가 의부를 섬기는 상이다。

⑥⑤ 탐심문(貪心紋)

위와 같은 무늬를 탐심문(貪心紋)이라 한다。 이러한 무늬가 있는 사람은 결단성이 없어 사물을 처음 대할 때는 마음이 내켜 곧 손을 대고자 하나 금시 마음이 변하여 유예미정으로 일생 이룩하는 일이 별로 없다。

⑥⑥ 삼살문(三煞紋)

위와 같은 무늬를 삼살문(三煞紋)이라 한다。 이러한 무늬가 있는 사람은 처자를 이별하고 홀로 앉아 눈물을 흘리고 있는 상이다。

酒食紋　　　紋煞刼　　　亡神紋　　　朱雀紋

⑥⑦ 주작문(朱雀紋)

위와 같은 무늬를 주작문(朱雀紋)이라 한다. 주작문이 있는 사람은 일생 관재 구설 시비가 떠날 날이 없으니 항시 말과 행동을 주의해야 이러한 액을 면한다.

⑥⑧ 망신문(亡神紋)

위 그림과 같이 어지러운 무늬를 망신문(亡神紋)이라 한다. 이 무늬가 있는 사람은 신의(信義)가 없어 남에게 좋은 대우를 못받고, 뿐 아니라 재물이 없어지고 육친과는 이별한다.

⑥⑨ 겁살문(劫煞紋)

위와 같은 무늬를 겁살문(劫殺紋)이라 한다. 이러한 무늬가 있으면 흉액이 자주 이르고 골육(骨肉)의 인연이 없으며 성패가 단단하여 마음 편할 날이 없다.

⑦⑩ 주식문(酒食紋)

위와 같은 무늬를 주식문(酒食紋)이라 한다. 이러한 무늬가 있으면 주식이 이르는데 항시 출입을 좋아하여 많은 사람과 사귄다.

獨朝紋

㉑ 독조문(獨朝紋)

위와 같은 무늬를 독조문(獨朝紋)이라 한다. 이 무늬가 있고 다시 화홀문(靴笏紋ー신이나 홀 모양의 무늬)이 있으면 위인이 총명하여 문장이 뛰어나고 중년에 벼슬이 승진된다.

논족(論足) ー발에 대하여ー

발은 위로 일신을 신고 아래로 백체(百體)를 운행하니 발 또한 중요한 부위다.

발은 아래에 있어 땅을 상징하는바 일신의 맨 밑에 위치하고 있으나 그 쓰임은 매우 크다. 그러므로 발의 아름답고 추한 것으로 귀하고 천한 것을 알아낸다.

발은 모나고 넓고 바르고 둥그스럼하며 살찌고 부드러워야 길격으로 부귀를 누리는 상이오, 발이 좁거나 얇고, 넓기만 하여 짧고, 거칠고 억센 것은 좋지 않으니 이는 빈천한 상이다.

발바닥에 무늬가 없으면 하천하고, 검은 사마귀가 있으면 녹을 먹으며, 발이 크기만하고 두텁지 못하면 역시 하천한 인물이오, 비록 두터워도 몽땅하게 가로 퍼지면 빈곤하다.

발 뒤꿈치가 둥그렇고 두툼하면 복이 자손에게까지 이르고, 발바닥에 뱅뱅 둘러진 무늬

-230-

（旋紋）가 있으면 명예를 천리까지 떨치며、발바닥이 판판하여 널판자 같으면 빈천하고、발

바닥 오목한 곳으로 거북을 숨길만 하면 부귀한다。

발가락이 섬세하고 길면 충량한 사람으로 귀함을 누리고、발가락이 단정하고 가즈런하면

호방하고 영매하고 현철한 인물이며、발의 사방이 두툼하면 거만(巨萬)의 부(富)를 누리고

발바닥 밑에 세개의 사마귀가 있으면 큰 지방을 다스리는 제후(諸侯)의 권귀라 한다。대개

귀인의 발은 작고 두툼하며 천한 사람의 발은 크기만 하고 박약하여 두텁지 못하다。

시(詩)에 이르기를 「귀인의 발은 두터우니 한가롭게 낙을 누리고、천한 자의 발은 매우

엷은데 주로 분망하고 고달프다。사마귀나 무늬가 있으면 진정 아름다운 상이고 사마귀도

없고 무늬도 없으면 명(命) 짧은이가 많다。

○ 논족문(論足紋) ─ 발의 무늬에 대하여

발바닥이 부드럽고 미끄러운 가운데 무늬가 많으면 귀히 되고 거칠고 억세고 무늬가 없

으면 천하다。

발바닥에 구문(龜紋)이 있으면 이천석(二千石)의 녹을 받는 벼슬이오、금문(禽紋)이 있으

면 공경의 지위요、발바닥 다섯발가락에 책문(策紋)이 있으면 재상(宰相)이오、십자일책

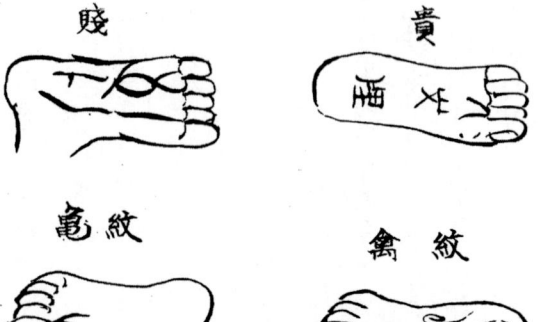

貴

賤

龜紋

禽紋

문(十字一策紋)이 있으면 육조(六曹)의 시랑(侍郎―우리나라

의 參判級)이며, 삼문(三紋)이 비단무늬 같으면 만종(萬鍾)

의 녹을 먹는다.

발바닥에 꽃잎같은 무늬가 있으면 재물을 수 없이 쌓고

발바닥에 전도(剪刀) 모양의 무늬가 있으면 수만금을 얻으

며, 발바닥에 인형(人形) 같은 무늬가 있으면 벼슬이 백관

(百官)의 으뜸이다.

일책문(一策紋)이 있으면 복록이 따르고, 발가락에 팔라문

(八螺紋―새끼 발가락을 제외한 여덟개의 발가락에 소라모양

의 무늬가 있는 것, 만일 새끼발가락에도 있으면 十螺紋이라 하는

것이니 십라문을 갖추면 도리어 성품이 비루하다) 이 있으면

부(富)로 인해 귀를 누린다.

좌우 열개의 발가락에 모두 무늬가 없으면 파패(破敗)를 번번히 당하고, 발바닥(발가락

포함)에 무늬가 있으면 자손에게도 유익하며, 발바닥에 구문(龜紋)이 있으면 일생 깨끗한

이름이 빛나고, 발바닥에 검은 사마귀가 있으면 부귀하거나 어진 선비라 하겠다.

마의선생 석실신이부(麻衣先生石室神異賦)

아래에 기록되는 글은 진박(陳博)이 마의(麻衣)에게서 전수받은 상법(相法)에 대한 비

결로서 이를 석실신이부(石室神異賦)라 한다.

오대(五代) 사이에 진박(陳博)이란 사람이 있었다. 그는 일찌기 마의(麻衣)를 스승으로

섬겨 상법을 배우는데 마침 추운 겨울이라서 화로를 끼고 마주 앉아 가르침을 받곤 하였

다. 어느날 진박은 평소와 같이 집을 나서서 마의의 거처인 화산(華山)에 있는 석실(石室

—돌로 천연적으로 이루어진 동굴)에 이르러 가르침을 받는데 마의는 말을 하지 않고 화

로불에 담긴 재(灰) 위에 글씨를 써서 전수하였다 한다.

○ 진박(陳博)은 중국 송(宋)나라때 사람으로 자(字)를 도남(圖南—진박을 圖南先生이

라고도 칭한다) 호(號)를 희이(希夷—宋太宗이 내린 號다)라 불렀다. 진박은 상법(相法)

뿐 아니라 지리(地理)、명학(明學) 등 모든 술(術)에 정통하였다. 그가 일찌기 송태조

(宋太祖)의 상(相)을 본 일이 있었는데 뒤에 말을 타고 변(汴)이란 고을을 지나다가

송태조가 즉위(卽位—임금이 되는것) 하였다는 소문을 듣고 「하하」하며 크게 웃다가 말

에서 떨어지며 「천하는 이미 정해졌다」하고 지난날 자기가 상 본 것이 틀림없었음을 탄

복하였다. 뒤에 태종(太宗)이 진박의 재주 뛰어남을 사랑하여 불러다가 벼슬하기를 권하

였으나 사양하였는데 태종은 진박에게 희이(希夷)라는 호를 내려주었다 한다.

○ 마의(麻衣)는 마의선옹(麻衣仙翁) 또는 마의선생(麻衣先生)이라 불리우고 있는 이인(異人)으로 그의 본 이름은 전해지고 있지 않다. 진박이 스승으로 섬겼다는 점으로 보아 송태조 이전의 인물이라 하겠다.

○ 진박이 마의에게 상법을 배울때 마의는 한마디 말도 하지 않고 오직 화로에 담긴 재(灰)위에 화저(火箸)로 글자를 써서 전하였다 하는데 이때 진희가 받은 비결이 바로 금쇄부(金鎖賦)와 은시가(銀匙歌)라 한다.

＊ 상(相)에 앞 일이 정해져 있으나 세상에는 아는 사람이 없다.

註─사람이 이 세상에 태어나면 부귀 빈천과, 어리석고·현명함과 명의 길고 짧음과 재앙과 복, 선악이 상의 모양, 피부, 골격, 기색, 음성에 분명하게 나타나 있는데도 세상 사람 가운데 미리 알아낼만한 인물이 없음을 선옹이 탄식한 말이다.

＊ 신이부(神異賦)의 비결을 전수받지 않으면 어찌 범용한 지식으로 상법의 묘리를 추리하겠는가,

註─상을 보아 그 사람의 앞일을 알고져 한다면 신묘하고 특이한 비결이 아니면 알 수 없다. 그러므로 이 글을 비밀히 전수받는이가 세속의 우둔한 사람이면 어찌 깨달아 풀어볼 수 있겠는가 하는 말이니 담긴 뜻은 회이(希夷)라야 이러한 비결을 능히 전해받을

-234-

받을 수 있다 함이다.

* 순(舜) 임금의 눈은/ 중동(重瞳ー한쪽 눈동자가 두개로 겹친 것) 이다. 그래서 요(堯)임금의 자리를 이어 받았다.

註ー순임금은 우(虞)의 황제인데 특별히 눈동자가 거듭된 특이한 상을 가졌으므로 요 임금에게서 천하를 이어 받았다는 뜻이다.

* 중이(重耳)는 갈비뼈가 이중으로 겹쳤으므로 과연 진(晉)나라의 기틀을 세웠다.

註ー중이(重耳)는 진문공(晉文公)의 이름이다. 진문공은 갈비뼈가 모두 이중으로 되기 이란 글격을 타고 났으므로 진나라 왕실의 패업을 성취한 것이라 한다.

* 석실(石室)의 단서(丹書)를 발하나니 내가 이르는 말을 잊지 마라. 신선의 옛 비전을 해부하여 너 희이에게 넘겨 준다.

註ー마의선생이 이르되 오늘 석실에서 지극히 보배로운 글을 개발하고 아울러 옛 신선의 오묘한 법을 풀이하여 너 희이에게 주는 바이니 나의 상법이 이에 다 있는바라 깊이 간직하여 잊지 마라.

＊ 골격은 일세의 번영과 쇠약을 알고 기색으로 행년(行年)의 좋고 나쁜 것을 정한다.

註─기색은 그때 그때에 따라 변하기도 하지만 일단 타고난 골격은 평생을 가도 그대로이다. 즉 골격은 체(體)요 기색은 용(用)이니 골격으로 일생의 영화로움과 곤액 등을 알아 보고 기색(氣色)으로 그해 그해와 그때 그때의 길흉을 경험해 보는 것이므로 아는 이가 살펴보면 사람의 귀천이 여기에 있다.

＊ 삼정(三停)이 평등하면 일생 의식과 녹이 항시 이른다.

註─발제(髮際─이마위 머리난 부분)에서 인당까지가 상정(上停)이오, 인당 밑 산근(山根)에서 준두(準頭─코끝) 까지가 중정(中停)이며, 인중(人中)에서 지각(地閣) 끝이 하정(下停)이니 이는 얼굴의 삼정(三停)이요 머리(上停), 허리(中停), 발(下停)이 신체의 삼정이다. 옛글에도 이르되 「얼굴의 삼정은 이마・코・지각이오, 신체의 삼정은 머리・허리・발이다」 하였으니 삼정이 평등하면 의식과 복록이 많고, 길고 짧음이 다르면 복과 의식이 족하고 부족함을 이에 준하여 판단한다.

＊ 오악이 높게 솟으면 재물이 자연 왕한다.

註─왼쪽 관골은 동악(東嶽)이오, 오른쪽 관골은 서악(西嶽)이오, 이마는 남악(南嶽)이

오、지각(턱)은 북악(北嶽)이오 코는 중악(中嶽)이라 한다。 이상의 오악은 모두 풍륭함

을 요하고、결함되거나 파상됨을 꺼린다。 혼의(混儀)라는 글에 이르되 『오악이 바르지

못하면 그대의 상은 종신토록 박복 빈한하고 팔괘(八卦―얼굴의 턱이 坎卦、이마가 離卦

왼쪽 귀가 兌卦 오른쪽 귀가 震卦、턱과 오른편 귀의 중간이 艮卦、오른 귀와 이마의

중간이 坤卦、巽卦、이마와 왼쪽 귀의 중간에 坤卦、왼쪽 귀와 턱의 중간이 乾卦에 해당한다)

가 눈직하면 재물이 진진함을 이에서 알 수 있다』 하였다。

* 턱(頥)은 지각이라 말년의 규모를 보는 곳이다。

註 ― 지각이 풍후하면 부요하고 뾰족하게 깎이면 빈천 박복하다。 무릇 말년운은 이곳인

데 지각은 수성(水星)이오 하정(下停)에 속하니 金水形을 가진이면 말년에 길한 것으로

판단하는게 옳다。

* 코는 재성(財星)으로 중년의 조화를 관활한다。

註 ― 코가 풍륭하고 단정하면 귀하고、코끝이 들려 코구멍이 크게 보이거나 코가 비뚤거

나 굽으면 하천하다。 코는 오행이 土요 중정이니 土形人이 중년운을 만나면 길(吉)이응

한다。

* 이마가 모나고 넓으면 초년의 영화를 누리고, 이마골이 깎이거나 기울면 일찍 곤궁하 다.

註 — 이마는 화성(火星)으로 관록과 부모궁의 위치요 유년(流年)으로는 초년이다. 이마 가 방정하고 넓직하면 초년의 영화요, 액골(額骨)이 뾰족하게 깎이거나 비뚤거나 함하면 초년 불리라 한다.

* 눈이 맑고 눈썹이 아름다우면 총명 준수한 인물이다.

註 — 눈썹을 나계(羅計 — 오른쪽은 計都요 왼쪽은 羅睺라 한다)로 분류되고 눈은 음양(陰陽 — 왼편은 太陽·中陽·小陽의 三陽이오, 오른편은 太陰·中陰·小陰의 三陰이 다)이라 한다. 눈썹은 수려함이 좋고 거칠거나 눈썹 끝이 아래로 처지면 마땅치 않으며, 눈은 맑은 것을 요하고, 눈빛이 흐리거나 시력이 어둡거나 흘겨보는 것을 꺼린다. 눈이 이와 같이 좋으면 부귀를 얻지 못하더라도 총명 준수한 인물이다.

* 기(氣)가 탁하고 신(神)이 고(枯)하면 필시 빈궁한 사람이다.

註 — 상법에서 신과 기에 대해서 가장 많이 말하는 것은 그만큼 분별하기가 어려운 때문 이다. 옛사람이 말하기를 신과 기는 백관(百關 — 모든 육체 기관)의 으뜸이다. 가령 따뜻

한 양기를 펴면 산천의 초목이 수려하게 자라고、일월이 솟으면 천지가 청명해진다。사람에 있어 신과 기는 일신의 주장이오 모든 상을 판단하는데 가장 응험이 정확한 것이므로 청감(淸監)에 이르기를 『대개 신과 기는 기름과 등불과 같은지라 기와 신이 탁하지 않은 사람은 자연히 부(富)한다。즉 기름이 맑은 뒤라야 등불이 밝다』하였다。그렇다면『신기(神氣)가 탁하고 매마른 자는 종신토록 발달하지 못한다』하였다。

* 천정이 높게 솟으면 소년부귀를 기약한다。

註 ― 천정(天庭)은 인당(印堂)위와 발제(髮際)의 아래에 위치하니 이곳은 매우 높은 곳이다。그러므로 천정이라 이름한 것으로 마땅히 높이 솟아 벽을 세운 것 같고 간(肝)을 엎어놓은것 같으며、사마귀나 점 따위가 없고 함하지 않으며 겸하여 오악(五嶽)이 도두룩 하면 소년에 반드시 귀현(貴顯) 하게 된다。

* 지각이 방원(方圓)하면 말년에 영화를 누린다。

註 ― 지각(地閣)은 승장(承漿) 아래로 턱(頤頰)까지이니 전택(田宅)과 노복궁이 된다。지각이 모나면 귀하고 두툼하면 부자가 되며、만일 깎이거나 박약하면 빈궁한데 모나고 등그스럼하면 말년에 영화를 누린다。

＊사물을 보는 시선(視線)이 바르면 사람됨이 강직하고 평정하다.

註─시선은 곁눈질하지 말아야 하니 만일 사시(斜視)눈을 가진이는 간사하고 음험하고 악하며, 바르게 보는이는 마음이 곧고 지기(志氣)가 강개롭다.

＊냉담한 얼굴에 표정이 없으면 기모가 깊고 심지가 튼튼하다.

註─어떤 일을 당하여 냉담한 웃음을 떠우고 말이 없고 표정이 없는이는 기모(機謀)가 측량할 수 없이 깊고 국량이 넓고 튼튼하여 가볍게 행동하지 않는다.

＊준두가 크고 풍융하면 독한 마음이 없다.

註─준두는 土星이다. 신(信)을 주장하는데 이곳이 만일 풍륭하여 사자코 같고 콧대를 둥근 대를 쪼갠것 같으면 마음이 선량하고 신의가 있으며 매부리 모양과 같으면 마음이 매우 독날하다.

＊관골에 살이 너무 쩌서 가로 뒤룩거리면 성질이 흉악하다.

註─좌우 관골 부위를 정면(正面)이라 하는데 이곳에 살이 뭉친듯이 쩌서 뒤룩거리거나 광대뼈가 툭 불거지면 그 성질이 포악하다.

-240-

*지혜는 피부와 미간에서 나타나고, 괴로움과 즐거움은 수족을 보라。

註—피부가 섬세하고 부드럽고 밝고 깨끗하며, 미간은 너무 좁거나 뻗세지 아니한 가운데 윤택한 사람은 총명하고 이와 반대되면 어리석고 속되다。 또는 손가락 마디가 거칠고 크고 억세거나 발등이 살이 없고 길기만 하고 거칠면 반드시 신고가 많은 상이오, 손이 섬세하고 부드럽고 윤택하며, 발은 두툼하고 부드러우면 반드시 환락을 누리게 된다。

* 머리털이 이마 중간까지 나서 이마가 매우 좁고 피부가 거칠면 어리석고 완악한 무리다。

註—발제(髮際)가 낮고 이마가 숙거나 험하며 피부가 까칠하여 윤택하지 못하면 필경 우악스런 무리다。

*손가락마디가 가늘고, 발등이 살찌면 용모가 준수하고 우아한 사람이다。

註—손가락마디가 가늘고도 포동포동하여 마치 봄에 돋아나는 죽순처럼 생기고 발등이 풍만하게 살쪄 보기에 아름다우면 준수우아한 인물이다。

*부자는 자연 신체가 후중하고 귀한이는 형용이 특수하다。

註—신체가 풍후하면 창고가 항상 가득차서 부유하고, 형상이 청수하고 골격이 특이하면 반드시 귀히 된다.

* 화형인(火形人)이 귀히 되거나 청고한 것은 천정(天庭)이 풍륭하고 넓직한 까닭이다.

註— 천정은 이마로서 오행은 화성(火星)이다. 남인(南人—즉 火形)이 머리와 이마가 풍부하고 넓직하며 비뚜러지거나 함하지 않으면 관록성이 제 자리를 얻은 상이어서 청고한 벼슬에 오른다.

* 수형인(水形人)이 공후 등의 벼슬을 얻어 대귀함은 모두 지각이 너그렵고 두툼한 때문이다.

註— 수형(水形)은 특히 지각이 위주다. 지각은 곧 턱인데 오행은 수성(水星)이다. 북인(北人—즉 水形)이 만일 턱 부위가 너그렵고 풍륭하여 천정(天庭)과 조응하면 이는 임금과 신하를 서로 얻은 상이 되어 공후 같은 위치에 올라 대귀하는 예가 많다.

* 이중턱에 턱이 풍륭하면 북인이라야 더욱 귀하다.

註— 턱이 비대하여 둘로 겹친것 같고 양쪽 볼이 풍만하고 윤택하여 마치 제비턱과 흡사하면 귀하고 운세가 강하다.

* 낙타등과 발전자 같은 얼굴은 재물이 부족(富足) 하다.

註—등이 풍후하여 흡사 낙타등처럼 수북하고 얼굴이 모난듯 둥글어 밭전자(田字)같이 생겼으면 매우 큰 재부(財富)를 누린다. 광람(廣監)에 이르기를「절인(浙人—水形人)을 가리킨 듯」은 청수한데 치우치나 만일 얼굴과 등이 풍후하여 위에서 논한 바와 같은 상을 타고나면 부귀한다」하였다.

* 하목(河目)과 해구(海口)는 식록이 천종(千種)이다.

　　註—사독(四瀆) 가운데 눈은 하독(河瀆)에 속하고, 입은 백가지 음식을 들이는 관해(官海)로서 눈이 만일 빛나고 밝으며 눈망울이 솟지 않고, 입은 방정하여 입술이 걷히지 않으면 귀히 되어 녹을 먹는 인물이다. 하목과 해구란 뜻은 눈이 솟지 않고, 입은 입술이 걷히지 않음을 일컬음이다.

* 철면(鐵面)에 검미(劍眉)는 만리에 병권(兵權)을 장악한다.

　　註—철면이란 신기(神氣—즉 기색)가 쇠빛처럼 검은 것이오, 검미란 눈썹 뼈가 도두룩하여 마치 칼등처럼 보이는 것인데 이러한 상은 좌우 눈썹이 가로로 이마를 향한듯이 솟고, 검은 기운이 멀리 화방(火方—즉 이마)에 거한 상이니 만리 밖에서 병권을 잡는 징조가 아니랴, 그러나 본래의 기색이 검지 않고, 홀연히 흑색으로 변했다면 흉하다.

* 용의 얼굴에 봉의 목은 여인이라면 임금의 아내가 된다.

註―얼굴 모습이 용광(龍光) 처럼 기이하고、목이 봉(鳳)의 목처럼 아름다와 보이면 후비(后妃)의 상이라 한다.

*제비턱에 범의 이마는 남자의 경우 장상(將相)이 되는 상이다.

註―턱이 풍만하게 솟아 제비턱처럼 생긴 것이오、이마가 모난듯 둥글고 입과 눈이 모두 커서 위엄있게 보이는 것을 범의 머리(虎頭)라 한다. 남자가 이러한 상을 지니면 지위가 열반(列班―재상)에 오른다.

*상법 가운데 수명 알기가 가장 어려운데 언중만 보는것이 아니라 오지 신(神)을 살피는 것이 옳다.

註―상서(相書)의 비결법에 명이 길고 짧은 것 알기가 매우 어렵다. 곽림종(郭林宗)의 사람보는 여덟가지 법에서도 수요(壽夭)에 대해 말하지 않았음은 어렵지 않고서야 왜 그러하랴、인중(人中)이 분명하여 쪼갠 대와 같이 분명하면 장수한다 하였으나 그보다도 신기(神氣)를 더 중요시해야 할것이니 배우는이는 참작하라.

*눈이 길고 눈썹이 수려하면 천부(天府)에 오르는 사람이오.

註―만일 눈이 가늘고 길어 신(神)이 유여하고 눈썹이 청수하여 광채가 나면 위인이 총명하여 과거에 급제한다.

＊신(神)이 단촉하고 광채가 없으면 일찍 명부(冥府)에 들어간다.

註―눈의 신(神)이 단촉(短促)하여 광채가 없고 보는 시선이 힘이 없어 어둡고 침침하면 요절(夭折)한다.

＊얼굴의 피부가 허박(虛薄)하면 삼십이후의 수를 묻기가 어렵다.

註―허(虛)란 살이 뼈를 덮지 못함이오 박(薄)이란 살거죽에 살이 붙지 않음이다. 그러므로 경(經)에 이르기를 「얼굴거죽이 붕대를 두른것 같거나 북가죽 같이 매마르고 얇으면 나이 삼십오세를 넘기지 못한다」하였으니 이를 두고 한 말이다.

＊살빛이 가볍게 뜨면 삼십육세를 어떻게 넘기랴.

註―살은 뼈를 보호하기 위한 것으로 육체의 기본이오, 색(色)이란 기(氣)의 정화(精華)로서 신(神)의 태식(胎息―거처하는 곳)이다. 그러므로 살은 뼈를 잘 감싸야 하고 색은 기(氣)가 실해야 잘 나타나는 것인데 만일 살이 박약하고, 색이 어두우면 요수하는 까닭에 경(經)에 이르기를 「살이 늘어지고 힘줄이 솟으며 색이 눈(嫩―간난 아기의 살빛과 같은것)하면 삼십육세 이전에 가고 만다」하였음은 이를 일컬음이다.

＊두가닥 줄이 목을 타고 내려가면 늙어서 더욱 몸이 건강하다.

註―노인의 턱 밑에 두개의 줄이 목 아래로 내려가면 이를 수조(壽絛)라 하여 장수함을 나타낸다. 사람이 이 수조가 있으면 늙을때까지 흉액이 없고 몸이 더욱 건강해진다. 그러므로 경(經)에 이르기를 『눈썹털 긴것이 귀에 털이 있는것만 못하고, 귀털이 목의 수조(壽絛)만 못하니라』하였다.

＊정수리에 골(骨)이 솟으면 질병에 걸리더라도 험한 것은 당하지 않는다.

註―구골(九骨)이 정수리 가운데 솟은 것인데 이러한 상을 타고나기가 어렵고 보통으로 정수리 가운데 골이 솟아도 좋은 것이다. 만일 기골(奇骨)이 정수리에 솟으면 비록 질병을 앓더라도 위험하지 않으니 옛사람이 말한 『얼굴에는 좋은 사마귀가 없고 머리에는 나쁜 골이 없다』한 것은 이를 두고 일컬음이다.

＊뼈는 없던 뼈가 생겨나는 수가 있고 형용은 홀연히 변하는 수가 있는 것이니 좋은 일을 만나면 좋은 형상으로 바뀌고, 흉한 일을 만나면 나쁜 상으로 변하기도 한다.

註―사람이 귀히 되기 전에 본래의 골격이 벼슬을 얻은 뒤에 귀골(貴骨)이 솟아나고, 부자되기 전의 형상이 부자된 뒤에 부(富)한 상으로 변하는 수가 있다. 대개 골(骨)은 귀히 되면 없던 골이 생겨나고, 살(肉)은 재물이 느는데 따라 빈약하던 부위가 충족된다. 형상에는 오행의 구분이 있는데 질병은 배부르고 편안한 가운데서 생기고 근심은 즐거움이 극진한 데서 생기며 기(氣)는 오색(五色)으로 변하는 것이니 상을 배우는이는 자세히 추리하면 길흉을 단정할 것이다.

*항상 질병으로 고생하는 원인은 산근이 오목하거나 어두운 때문이다.

註—산근(山根)은 인당 아래인데 연상(年上)·수상(壽上)과 더불어 모두 질액궁에 속한다. 이 부위는 신색이 광명해야지 어두우면 좋지 않으므로 이 부위가 어둡고 침침하면 질병중에 있는 사람이다.

*언제나 좋은 일만 만나는 것은 복당(福堂)이 윤택한 때문이다.

註—복당은 양쪽 눈썹 위를 칭하는데 즉 화개(華蓋)의 옆이다. 만일 이 복당이 항상 밝고 윤택하며 기색이 홍황(紅黃)하면 항시 길한 상서가 이르고 흉액이 없다.

*누당이 깊게 패이고 두육이 옆으로 돌아나며 코끝이 뾰족하고 인중이 평평하면 자식을 많이 잃어 대를 이을 자손이 없는 징조다.

註—아래 눈두덩을 누당(淚堂)이라 하는데 이곳은 깊이 패이지 말고 풍만해야 한다. 그리고 눈두덩의 살이 푸석하게 떠서 부스럼처럼 보이면 이를 두육(蠹肉—좀)이라 하는데 이 두육이 돌아나면 매우 좋지 않다. 또 코는 가즈런하고 크되 코끝이 뾰족하거나 인중 쪽으로 늘어지면 마땅치 않다. 코 아래와 입술 위가 인중인데 인중골은 대(竹)를 쪼개어 재껴놓은것 같은 것을 구혁(溝洫)이라 하는바 구혁은 깊어야지 평평해서는 못쓴다. 대개

누당으로 남녀궁 또는 자식궁을 삼고、준두와 인중은 궁실(宮室—즉 처첩) 과 노복을 보

는 곳인데 이곳들이 파상(破傷) 되거나 함하면 자손을 형극(刑尅) 한다。

* 울지 않는데도 눈물이 어리고、근심하지 않는데도 양미간이 찡그려지는 사람은 일찍 육친

을 형극하지 않으면 노래에 고단한 상이다。
註—만약 눈은 울지 않을 때에도 두 눈에서 눈물기가 마르지 않고、근심이 없을 때도

양미간을 찌푸리면 이는 육친을 형극하고 고독한 상이다。 옛말에 『울지 않는데도 항상

우는것 같고、근심하지 않는데도 근심하는것 같다。 근심하고 놀래어 신(神)이 건전치 못

하면 영화가 중간쯤에서 멈추고 만다』 하였다。

* 얼굴이 귤피같으면 마침내 고형한다。
註—얼굴 전체에 털구멍이 크게 나서 째가 낀 것 같은 것인데 이를 귤피면(橘皮面—귤

껍질처럼 생긴 피부) 이라 한다。 노래구절에 이르기를 『얼굴빛이 귤피와 같으면 육친을

형하고 고독하니 비록 아들 하나쯤 낳는다 할지라도 아내를 바꾸어야 두느리라』 하였다。

* 신(神)이 도화를 띠면 자식이 늦다。
註—신색(神色)이 도화빛(桃花色) 같이 교눈(嬌嫩—살빛이 매우 여린것) 하면 간사하고

음난하니 자식 두는게 늦을가 두렵다。 귀곡자(鬼谷子)가 이르되 『도화색이 눈에 나타

나면 주색에 침혹된다』하였으니 믿을 수 있는 논리다. 자식이 반드시 늦으리라.

*어깨가 올라가고、우는것 같은 목소리는 천하지 않으면 고독하다.

註―어깨는 솟아서도 안되고 앙상하게 약해서도 좋지 않으며 목소리는 떨려 우는소리

같아서는 불가하니 이와같은 상을 가진이는 빈천하지 않으면 고독 형극(刑尅)하는 상이다

*코가 박약하거나 콧대가 낮으면 빈궁하지 않으면 단명한다.

註―콧대는 연상(年上)・수상(壽上)인데 낮거나 굽으면 불리하다. 만약 콧대가 몹시 낮거나 굽

으면 반드시 재물과 수명을 손상하므로 빈궁하지 않으면 단명할 것이니 옛사람이 말한『산근이

끊기고 준두가 높이 걷히면 노래에 풍파를 만난다』함은 이를 일컬음이다.

*부귀하나 평생 고달픈 것은 하정이 긴 때문이다.

註―광기(廣紀)에 이르되 『중정(中停)이 길면 공후(公侯)나 임금에 가까운 신분이오、상정(上

停)이 길면 어릴적에 호강하고、하정(下停)이 길면 노년에 창성하며、삼정(三停)이 균등하면 부귀

가 면면하다』하였으니 만일 하정만 유독 길면 말년에 부귀하지만 초년 중년에는 곤고함을 면키

어렵다.

*빈궁때문에 늙도록 한가한 때가 없는 것은 근골이 거친 까닭이다.

註—골격이란 높이 솟고 맑아 기(氣)와 살(肉)이 서로 길러주어야 부귀를 얻어 안일하게 생애
하지만 만일 거칠고 크고 툭 불거져서 살과 뼈의 형세가 적당하지 않으면 필히 빈궁하여 분파(奔
波)한 상이다.

*성신이 실함되고 부위가 모두 이그러지면 재워둘 양식이 없고, 종신토록 노고가 있다.

註—두 눈으로 일월(日月)을 삼는데, 일월이 밝지 못하거나, 코를 土星이라 하여 높지 않으면
이는 성신(星辰)이 실함됨이다.

이마는 하늘을 상징하니 높아야 하고(낮으면 불리), 턱(頦)은 땅을 상징하니 두터워야 한다(박
약하면 불리), 반대로 이마가 낮고, 턱이 박약하면 이를 부위가 이그러진 것이라 한다. 즉 성
신(눈과 코)이 실함되고 부위가 길격을 이루지 못하면 빈천고독한 상이니 종신토록·노고가 따르
고, 하룻밤 재워둘 양식도 없이 빈궁하다.

*삼광이 밝고 풍름하면 재물이 하늘로부터 이른다.

註—양쪽 복당(福堂—눈썹 위)과 준두(準頭)를 합쳐 삼광(三光)이라 한다. 이 세 부위가 모두
밝고 깨끗하여 어둡지 않으면 재물이 자연 이른다.

*육부가 고강하면 일생 부유하다.

註─양쪽 관골과 양쪽 턱과 양쪽 액각(額角)을 육부(六府─左上府、右上府、左中府、右中府、左下府 右下府) 라 하는데 모두 풍릉하게 솟으면 귀히 되거나 부(富)를 누린다.

＊ 홍황색이 얼굴 전체에 발하면 재물이 발하여 가정이 자연 안강해진다.

註─청황적백흑 오색가운데 오직 백색과 흑색은 겨울이라야 좋고 청색은 봄이라야 가한데 오직 홍황(紅黃─붉으레하고 누르스럼하여 밝고 윤택한 것) 한 기색은 사시(四時) 어느때를 막론하고 다 길하다. 만일 얼굴 전체에 항상 홍황한 기색을 띠고 있으면 재운이 왕하여 편안하게 사는 상이다.

＊ 돼지기름(猪脂)과 하광(呀光) 같으면 자식을 극하고 마침내 무료하게 세월을 보낸다.

註─얼굴에 고(膏)를 바른것 같이 생긴 것을 저지(猪脂)라 하고、하석(呀石)·전광(碾光) 처럼 번쩍거리는 얼굴을 하광(呀光)이라 한다. 얼굴빛이 이와 같으면 목욕(沐浴)·천라(天羅)라 하는데 처자를 형극한다.

＊ 얼굴거죽이 태급(太急)하면 비록 구혁(溝洫)이 길더라도 수(壽)가 모자란다.

註─얼굴이 붕대나 북가죽 같은 것을 태급(太急)이라 하는데 이러한 살결을 가진이는 비록 인중(人中─溝洫)이 길고 깊더라도 단명한다.

* 눈에 신(神)이 없으면 비록 콧대가 눈이 솟더라도 명을 재촉한다.

　註—눈이 상(相)의 으뜸인 것은 신(神)을 위주한 때문이다. 그리고 골격법(骨格法)이 다음인데 만일 눈에 신광(神光)이 없으면 설사 콧대가 풍릉하고 높게 솟았다 할지라도 수(壽)를 누리는 상이 못된다.

* 눈빛이 물(水) 같으면 남녀를 막론하고 음란하다.

　註—눈빛은 눈동자의 신광(神光)이다. 고로 눈은 항상 맑고 밝아야지 눈물기운이 축축이 젖어 있으면 좋지 않다. 고로 경(經)에 이르기를 『눈에 물기가 많으면 음난하고 흘겨보는 눈빛은 상서롭지 못하다』하였고 또는 『눈빛은 밖으로 쏘아나가지 말아야하고, 신(神)은 흘러 새지 말아야 할지니 만일 눈이 물처럼 생기고 겸하여 사시(斜視)하는 자는 간사하고 음난한 사람이다』하였다.

* 미골(眉骨)이 칼등처럼 솟으면 전쟁터에서 사망한다.

　註—눈썹을 나계(羅計)라 하는데 눈썹골이 곧게 세워져 칼등처럼 생기면 성질이 급하고 용맹을 좋아하여 이로 인해 횡사(橫死)한다.

* 눈썹에 이각(二角)이 생기면 일생 쾌락이 무궁하다.

다。

註—두눈썹 꼬리가 뿔(角)모양으로 생겨 위로 약간 치켜지면 귀히 되거나 안락을 누리는 상이

* 눈이 수려하여 관형(冠形) 같으면 중년에 귀를 얻는다。

註—두 눈이 가늘고 길어 갓(冠) 처럼 생기고 흑백이 분명하여 청수한 사람은 중년에 현달한

다。

* 황기(黃氣)가 고광에서 발하면 십일이내에 벼슬이 영전된다。

註—황기(黃氣)는 수색(壽色—즉 吉氣)인데 이러한 기색이 고광(高廣—尺陽 옆, 즉 옆이마 위쪽 邊地 가까운곳)에 나타나면 벼슬을 얻거나 벼슬이 영전되고, 보통사람은 기쁜 경사가 이른

다。

* 흑색이 삼양에 나타나면 반년 안으로 사망할 우려가 있다。

註—삼양(三陽)은 왼편눈 밑인데 만일 검은 빛이 이곳에 나타나면 머지않아 큰 액이 이르거나 중병을 얻는다。(여자는 三陰을 본다)

* 간문이 검푸르면 반드시 아내의 재앙이 있다。

註—간문(奸門)은 어미(魚尾—눈꼬리 옆) 옆에 있는데 이곳을 처궁(妻宮)이라 한다。

이곳에 만일 청흑색이 나타나면 처첩에게 재앙이 있을 징조다.

* 연상·수상에 적기(赤氣)가 발하면 농혈병(濃血病)에 걸린다.

註—연상 수상은 산근(山根)과 준두(準頭—코끝) 사이다. 이 부위를 질액궁(疾厄宮)이라 하는바 이곳에 붉은 기운이 발하면 창질(瘡疾)이 발생한다.

* 백기(白氣)가 분가루 같으면 부모의 상(喪)을 당한다.

註—백기(白氣)는 상액(喪厄)을 의미한다. 그러므로 부모궁(日月角)에 백기가 발하면 반드시 부모상을 당한다.

* 청기가 관골을 침범하면 형제간에 다투게 된다.

註—관골 즉 정면(正面)에 푸른빛이 나타나면 동기간에 말다툼할 일이 생긴다.

* 산근이 청흑하면 삼십육일 전에 재액이 이른다.

註—산근은 인당 아래 연·수상 위요 두 눈 사이인데 이곳은 질액궁이다 이곳에 검푸른 기색이 생겨나면 중한 질병을 않는다.

* 법령이 붕대를 감은것 같이 밋밋하고 굽으면 사십구세(七七) 운을 어떻게 넘기랴.

註—난대·정위 옆이 법령인데 이곳을 금루(金縷) 또는 수·대(壽帶)라고도 한다。이 법

령은 골이 선명하고 윤택함을 요하는바 만일 붕급(繃急—골이 없이 밋밋한 첫) 하여 선명

하지 못하고 법령이 바르지 못하거나 또는 등사(騰蛇—입술 근처의 주름)가 입술을 얽으

면 수(壽)를 오래 보전하지 못하는 상이다。

* 여자는 눈이 악하면 시집가서 그 남편을 형한다。

註—여인의 눈은 가늘고 길고 맑고 아름다와야 한다。그렇지 아니하고 눈이 크고 동그

랗거나 눈망울이 솟으면 악상(惡相)이니 반드시 그 남편을 극한다。

* 음성이 듣기 싫고 얼굴이 뒤룩거리면 여자는 규방을 혼로 지킨다。

註—여자의 음성이 깨진나팔 부는 소리 같이 들리거나 얼굴거죽이 몹시 두터워 뒤룩거

리면 과부의 상이다。

* 이마가 뾰족하고 귀가 뒤집히면 세번 시집가도 끝난 것이 아니다。

註—여자는 이마가 깎인듯이 몹시 좁고 뾰족하거나 귀가 꽃잎처럼 뒤로 재껴지면 매우

불길한 상으로서 골육을 형(刑—죽는것) 하고 여러번 재가 하게 된다。

* 광대뼈가 툭 불거지고 목소리가 웅장하면 일곱남편을 섬겨도 끝나지 않는다。

註—옛사람이 말하기를 『사위를 극하는건 두 관골이 불거짐이오 남편을 형(刑)하는건 이마가 평평하지 못함이며, 세번 시집가는걸 알고자 하면 여자로서 남자의 음성을 내는가 살피라』하였으니 이를 두고 한 말이다.

* 걷는 모습이 바르지 못하면 남의 간섭을 좋아하고 그 마음도 흉악하다.

註—걸음이 바르지 못하여 마치 바람에 흔들거리는 버들가지와 같으면 이를 사행(蛇行 —뱀이 기어가는 모습)과 작약(雀躍—참새걸음)이라 하는데 마음이 매우 음험한 사람 이다.

* 귀 뒤에서 보아 볼(腮—뺨)이 보이면 마음속이 교활하고 탐욕스럽다.

註—볼(腮)은 턱 좌우에 붙은 뺨인데 너무 크고 넓고 풍성한 것을 꺼린다. 『귀 뒤로 도 뺨이 보이면 평생 왕래가 없다』하였으니 이러한 상을 가진이는 그 마음이 교활하고, 탐욕스럽고 비루한 것이다.

* 눈이 험악하고 코가 굽으면 마음이 음험하고 악독하다.

註—옛말에 『눈이 툭 솟으면 그 사람과 사귀기 어렵고、코가 매부리(鷹嘴) 같으면 남 의 심장과 뇌수(腦髓)를 꺼내먹는 사람이다』하였다.

* 발뒤꿈치가 땅에 붙지 않으면 가옥과 전답을 다 팔아 없애고 타향에 방황한다.

註―걸음이 온중하면 재물이 풍족하고 만일 걸음이 경망스러워 마치 참새가 껑충거리는 모습과 같으면 재산을 없애고 파란을 겪는 상이다.

* 코구멍이 넓어 뻔하게 보이면 외지에 나가 객사 한다.

註―경(經)에 이르기를 『코구멍이 뻔하거나 입술이 걷혀 잇몸이 보이거나 목뼈가 크게 맺히면 명이 짧거나 타향에서 사망한다』하였으니 이를 일컫는 말이다.

* 입술이 걷혀 이(齒)를 가리지 못하면 공연히 남을 헐뜯는다.

註―웃지 않을때도 잇몸이 항시 드러나는 자는 남을 헐뜯기를 좋아하여 남과 화목하지 못한다. 경(經)에 『이가 성글고, 입술이 다물어지지 않아 잇몸이 보이거나 입술이 뾰족하거나 박약하면 남과 시비가 많다』하였으니 이를 일컫는 말이 아니고 무엇이랴.

* 인중(人中)에 윗수염이 듬성하거나 없으면 복력이 적다.

註―인중을 구혁(溝洫)이라 하는데 이곳은 수염이 없거나 있더라도 듬성거려 피부가 환히 보이면 박복하여 고생을 많이 겪는다.

* 인당이 너무 좁으면 처자를 늦게 얻는다.

註―인당(印堂)은 풍륭함이 좋다. 인당이 너무 좁으면 처자운이 늦을뿐 아니라 관운

-257-

(官運)도 없다.

* 천벽이 어두우면 사람이 죽고 가업을 파한다.

註 ─천벽(懸壁)은 노복궁인데 특히 밝고 윤택해야 한다. 그렇지 않고 만일 기색이 어두우면 사망의 액이 있고 재물도 크게 손실한다.

* 목뼈가 굵게 맺히거나 이가 드러난 사람은 골육이 분리된다.

註 ─목뼈(喉骨)가 높게 솟거나 입술이 걷혀 잇몸까지 보이면 남과 더불어 화목을 못하고, 심한 경우 객사할 우려가 있다. 그리고 골육간에 정이 없어 뿔뿔이 헤어진다.

* 뼈대가 거칠고 피부가 가죽같으면 수명을 재촉한다.

註 ─골격이 크고 거칠게 불거지거나 살결이 긴급하고 박약하면 모두 장수하는 상이 못된다.

* 형용이 준아하면 늙도록 고귀하다.

註 ─형상이 마치 계림(桂林)가운데 우뚝한 가지와 곤륜산의 편옥(片玉)같이 청수하고 기이하고 우아하면 고상(高尙)한 인물이다.

* 골격이 맑고 기이하면 반드시 발달하여 귀를 누린다.

註—정신이 맑고 건전하며 형상이 기이한 사람이면 늙도록 귀를 누린다. 시(詩)에 이르되 『아아(峩峩—거룩하게 보이는 것) 하고 고피(古怪)하여 한가롭게 떠다니는 구름과도 같고 곤륜산에 묻힌 편옥을 쪼아낸 것 같이 우아하다』함이 이러한 상이다.

* 와잠이 풍만하면 자식이 늦게 성취한다.
註—와잠(臥蠶)은 좌우 눈 밑인데 자식궁이라 한다. 이곳이 풍만하면 그 모양이 누에처럼 생겨 붙여진 이름인데 와잠이 풍만하면 자식을 늦게 두더라도 훌륭한 자식을 둔다.

* 누당이 평만하면 자식을 일찍 둔다.
註—누당(漏堂)이란 아래눈두덩인데 이곳이 풍만하여 함하지 않으면 자식운이 빠르다.

* 용궁이 낮고 검으면 자식을 두기 어려운데 혹 두더라도 어리석다.
註—용궁(龍宮)은 즉 눈두덩이다. 역시 남녀궁인데 낮게 패인 가운데 기색이 어두우면 자식 두기가 어렵고 있더라도 어리석거나 불초하다.

* 음양이 밝고 윤택하면 자녀를 기르기가 쉽고、또는 자녀들이 모두 총명하다.
註—음양이란 삼음(三陰—오른편눈)과 삼양(三陽—왼편눈) 인데 역시 자식궁에 속한다。이 음양궁이 밝고 윤택하여 고함(枯陷—어둡고 함한 것)·하지 않으면 자녀를 순탄하게

기르고 또 총명한 자녀를 둔다。

* 얼굴은 큰데 코가 작으면 일생 간난 신고가 따른다。

註 —양쪽 관골이 넓고 풍부한 가운데 유독 코만 작으면 고달픈 상이다。 광기(廣記)에 이르기를 『코가 작은 것을 사극(四極)이라 하여 괴롭고 고달픔이 떠날 날이 없다』하였다。

* 코가 박약한 가운데 얼굴이 살찌면 반생애 재물이 흩어진다。

註 —얼굴이 살찌고 코가 풍륭하면 재물이 풍족하지만 얼굴만 살찌고 코가 깡말라 코뼈만 앙상하면 있는 재산까지도 다 없애고 만다。

* 변지가 도두룩하면 오십후에 형통한다。

註 —변지는 옆이마 머리털 가까운 곳이다。 변지와 천정(天庭) 그리고 산림(山林)·교외(郊外) 부위가 모두 높게 솟으면 말년에 영달하는 상이니 많은 녹을 먹는다。

* 보골이 높게 솟으면 삼십전에 벌써 벼슬에 오른다。

註 —보골(輔骨)은 양쪽 보각(輔角)과 원골(元骨)이니 이 부위가 높직하면 일찍 영달한다。

＊ 명주출해(明珠出海)라 태공은 팔십에 문왕을 만나 뜻을 성취하였다.

이 두툼하고 오긋하여 입과 마주보는듯 한 형상을 일컬음이다. 이와 같이 되면 수(壽)하는 상인데 강태공(姜太公)은 이러한 상을 타고 났으므로 팔십에 문왕(文王)을 만나 영귀하였다 함이다. 그런데 참된 의는 귀격이라기 보다는 발달이 늦다는 뜻이 더 강조되는 것이라 하겠다.

＊ 화색(火色)에 솔개(鳶) 어깨는 마주(馬周)의 상인데 삼십에 당제(唐帝)를 만났다.

註―화색(火色)은 적색(赤色)이오 연견(鳶扇)은 솔개의 어깨인데 솔개가 날면 어깨가 위로 솟는다. 옛날 마주(馬周)는 얼굴이 붉고 어깨가 솟았는데 이 이치에 합당하여 일찍 벼슬에 올라섰으니 솔개는 날고, 불은 솟구치는 의가 응한 까닭이다.

〔참고〕 화색연견(火色鳶扇) 이면 귀히 되는 까닭은 이러하다. 불은 위로 솟구치는 (炎上) 성질이 있고, 솔개는 하늘로 날으는 새이므로 발달이 빠른 것은 당연하지만 명주출해(明珠出海) 가 태공의 상이었다 함은 이치에 맞지 않아 의심이 간다. 뒤에 나오는 글을 보면 『유혼방해(流魂放海)면 수액(水厄)을 예방하라』하였으니 이는 흑기(黑氣)가 입으로 들어간 것을 뜻함이다. 그러므로 명주출해는 역시 기색(氣色)을 말한 것이니 배우는이는 자세히 살펴야 한다.

* 학의 형상에 거북의 숨(息)이라 동빈(洞賓)은 신선을 만나 신선이 되었다.

註 —학형(鶴形)은 청수하고 기이한 모습이오 구식(龜息)은 숨쉬는 것을 알 수 없게 쉬는 숨이다. 옛날 여동빈(呂洞賓—呂祖師라 尊稱한다)은 이러한 상을 타고 났으므로 여산(廬山)에 이르러 우연히 종리진인(鍾離眞人)이란 신전을 만나 홀연히 깨달아 선도(仙道)를 얻었다 한다.

* 용뇌봉정(龍腦鳳睛)이라 현령(玄齡)은 이러한 격을 타고 났으므로 정승이 되었다.

註 —용뇌(龍腦)는 두골(頭骨)이 눈직하게 솟은것이오 봉정(鳳睛)이란 눈이 길고 가늘며 흑백이 분명하고 광채를 발하는 눈을 말하는데 옛날 방현령(房玄齡)이란 사람은 이러한 상을 갖추었는데 당태종(唐太宗) 때에 정승이 되었던 것이다.

* 법령이 입으로 들어간 상이라, 등통은 촌가에서 굶어죽었다.

註 —법령 (法令)이란 입가에 길게 뻗은 주름금이다. 전한(前漢) 때의 등통(鄧通)이란 사람이 이러한(법령금이 입으로 들어간) 상을 타고났는데 한(漢)나라 문제(文帝)가 허부(許負—名相家)에게 등통의 상을 보라, 명하매 허부가 등통의 입을 가리키며 『뒤에 굶어 죽으리라』하거늘 문제가 하는 말이 『등통의 부귀는 나(朕)에게 있는 바다』하고 촉도(蜀道)에 있는 구리산(銅山)을 등통에게 주어 돈을 만들어 쓰도록 하였다. 그런데 뒤에

문제가 죽고 경제(景帝)가 즉위하자 구리산에서 돈 만들어 쓰는 것을 못하도록 명명하였

으므로 등통은 먹을 것이 없어 그만 굶어 죽었다 한다.

* 등사가 입술을 막은 상이라 양무제는 이로 인해 대성 위에서 굶어죽었다.

註―등사(騰蛇)는 즉 법령금인데 옛날 양무제(梁武帝)가 또한 이러한 상이었다. 양무

제가 건강(建康―地名)에 도읍하였는데 후경(侯景)이 내성(臺城)에서 적군에 포위되어 곤

액을 받고 있을때 경(景)은 무제에게 음식의 양을 줄여 점점 적게 받쳤으므로 무제는 분

함을 못이겨 병이 생겼으니, 입이 쓰나 꿀물을 얻어마시지 못하고 급기야는 「아 아」소

리만 내다가 그만 죽고 말았다 한다.

* 범의 머리(虎頭)에 제비턱(燕)이라, 반초는 이러한 상으로 인해 만리의 제후가 되었

다.

註―호두연함(虎頭燕頷) 이란 머리는 범의 머리통과 같이 둥글고 큰 것을 호두(虎頭)

라 하고, 턱이 제비턱과 같이 풍후한 것을 연함(燕頷)이라 한다. 옛날 허부(許負)라는

명인(名人)이 반초(班超)의 상을 보고 하는 말이 『제비턱과 범의 머리통은 날라서 고기

를 먹는다 만리의 제후가 되는 상이다』하였는데 뒤에 반초는 붓을 던지고(文官은 내놓

음) 옥문관(玉門關)을 나서서 큰 공을 세우고 위엄을 사해에 떨쳤으며 뒤에 과연 정원후

(定遠侯)의 봉함을 받았다.

* 범의 걸음에 용의 행동이라(虎步龍行) 유유는 이 상으로 인해 구중궁궐의 황제가 되었다.

註—호보(虎步)는 걷는 모습이 힘차고 활달함이오、용행(龍行)은 걸을때 몸이 흔들리지 않음을 일컬음이니 경(經)에 『범의 걸음과 용이 달리는 모습의 상은 지위가 제후나 임금이다』하였다. 유유(劉裕)의 자(字)는 덕흥(德興)이라 부르는데 팽성인(彭城人)이다. 유유가 이러한 상을 타고 났는데 원희이년(元熙二年)에 진(晉) 나라를 물려받아 황제가 되었으니 국호를 송(宋)이라 하고 시호(諡號)는 무제(武帝)라 하였다.

* 산림의 골이 일어나면 마침내 신선이 된다.

註—산림(山林)은 부위의 명칭으로 교외(郊外)와 발제(髮際) 중간이다. 의 부위에 골(骨)이 높이 솟으면 신선이 되는데 귀함이 일월각(日月角)과 천정(天庭) 외부에 응하는 까닭이다.

* 금성골이 갈라지면 장상(將相)의 지위에 오른다.

註—인당(印堂)에 뼈가 높이 솟아 다섯손가락 모양으로 갈라져서 발제 (머리털 난곳)까지 이르면 이를 금성골(金城骨)이라 칭하는바 이러한 골이 있으면 대귀한다. 경(經)에 이르기를 『금성골이 오지(五指)로 나뉘면 극품의 벼슬로서 몸이 낭묘(廊廟)에 거한다』하였다.

＊ 사람의 귀천은 차라리 알기 쉬우나 명의 길고 짧음은 알기 어렵다.

註―골격을 보아 빈부귀천을 가리는 것은 상을 보아 알아내기 쉽지만 기색(氣色)의 생 극관계로 몇살까지 사는가 하는 한수(限數)를 알기는 매우 어렵다.

＊ 죽고 사는 기한은 먼저 형체와 신(神)을 보고 길흉의 징조는 기색에서 벗어나지 못 한다.

註―사람의 일신은 신(神)과 기(氣)로 주장을 삼고, 형상은 그 다음으로 여겨야 한다. 무릇 상을 보는 법은 정신과 기색으로 요점을 삼아야 한다. 왜냐 하면 정신은 쇠하고 왕 하는 변화가 있고, 기색은 생극의 작용이 있기 때문이니 자세히 살피면 길흉을 정할 수 있고 생사를 판결할 수 있는 것이다.

＊ 눈망울이 물고기눈과 같으면 속히 죽는 상이다.

註―눈망울이 둥글게 솟고 눈빛이 어수룩해 보이면 이를 물고기눈이라 한다. 이와 같 은 상은 광채가 없으므로 수를 누리지 못한다.

＊ 기가 만일 연기나 티끌처럼 생기면 흉액과 재난이 날로 이른다.

註―기색은 광명해야 마땅하니 어둡고 침침하면 불가하다. 그러므로 기색이 연기나 티 끌처럼 생겨 몽롱하게 어두우면 반드시 흉액을 만난다.

* 형상이 흙으로 뭉쳐 만든 인형과 같으면 일찍 죽는 것을 면하기 어렵다.

　註―형체가 매말라서 흙으로 뭉친것과 다름이 없으면 오래지않아 병들어 죽는다.

* 천주가 기울면 허깨비나 다름없는 몸이므로 장차 죽음이 이른다.

　註―천주(天柱)란 목(項)인데 목에 힘이 없는듯 기울어져 머리가 숙여지면 허깨비의 몸
이니 장차 생명을 다할 것이다.

* 형상이 누철(鏤鐵) 같으면 운세가 막힌다.

　註―누철이란 쇠를 깎아 만든 물건인데 생기(生氣)가 없이 보이는 상이다. 기색(氣色)
이 만일 이와 같이 박약하면 운이 막혀 통하지 않는다.

* 기색이 상운(祥雲) 같으면 전정이 형통한다.

　註―기색이 밝고 윤택하여 아침노을 빛을 받은 구름처럼 붉으레하고 받으면 그 앞길이
찬히 열린다.

* 명리를 쉽게 성취함은 삼태궁에 황명한 기색이 발함이다.

　註―삼태궁(三台宮)은 양쪽 보각(輔角)과 액각(額角)에 있는데 이 부위가 모두 황명(黃
明)하면 명예와 재리(財利)를 함께 얻는다.

＊ 문서가 막히는 것은 양쪽 눈썹위에 청기가 생겨난 탓이다.

註―눈썹머리(眉頭)는 즉 보각(輔角)이다. 이곳에 기색이 검푸르면 학문(學問)의 진취가 느리다.

＊ 황명한 기색이 적고 체기(滯氣)가 짙으면 공명을 얻는듯 하다가 실패한다.

註―홍황(紅黃)한 빛은 좋은 기색이고 청흑(靑黑)은 체기(滯氣)라 한다. 만일 홍황한 기색이 적고 청흑기가 많으면 공명을 구해도 얻지 못한다.

＊ 반대로 청기가 적고 희기가 많으면 부귀가 이르고 또 이른다.

註―황홍(黃紅)한 기색이 얼굴에 가득하고 검푸른 기색이 없으면 재록이 거듭 이른다.

＊ 체기 가운데 밝은 기색이 돈아나면 근심이 기쁨으로 변화고 밝은 빛 가운데 체기가 생겨나면 좋은 일에 흉액이 이른다.

註―기색이 어두운 가운데서 홀연히 밝고 윤택해지면 근심 가운데 반드시 기쁜 일이 생겨나고, 반대로 먼저는 밝았다가 홀연히 어두운 체기가 돈아나면 기쁜일 가운데 흉한 일이 발생한다.

＊ 정면에 황명한 빛이 있으면 뜻대로 안되는 일이 없고 인당에 황명한 기색이 발하면 꾀

-267-

하여 통달하지 않은 일이 없다.

註—정면(正面)은 관골 중앙에서 사방으로 일촌 삼분가량이고, 인당은 산근 위 즉 두 눈썹 중간이다. 이 두 부위에 홍황(紅黃)하거나 자색(紫色) 등 희기가 나타나면 꺼리는 일마다 성취한다.

* 연상·수상이 밝고 윤택하면 일생 평안하고 금궤가 빛나고 윤택하면 좋은 일이 빈번하게 이른다.

註—연수(年壽)는 산근 아래 즉 콧등으로서 질액궁이 되는데 이곳이 광명하여 어둡지 않으면 당년에 평온 무사할 것이오, 현벽(懸壁)이 어두우면 재물의 손실이 있고, 갑궤가 윤택하면 좋은 일이 여러차례 생겨난다. 그리고 금궤(金櫃)는 준두(準頭) 양쪽 옆인데 난대·정위도 이에 포함되는바 금궤가 밝고 윤택하여 어둡지 않으면 매사에 다 길하다.

* 부위가 결점이 없으면 일생 평온하고, 기색이 어두우면 흉액이 따르고 경영은 막힌다

註—일신의 모든 부위가 결함이 없는이는 흉액과 험난한 일을 만나지 않고, 모든 부위의 기색이 좋지 않으면 불리한 일이 발생한다.

* 형용이 고괴하면 돌 가운데 아름다운 옥을 감춘 형상이오, 인물이 참암하면 바다속에 구슬이 있는 형상이다.

註—형용이 고피(古怪)한 이는 하천한 상이라 여기지 말아야 한다. 만일 신기(神氣)가 청수하고 행동거지가 특이한 이는 탁한 가운데 청(淸)한 것이라 고로 돌(石) 가운데 있는 옥(玉)에 비유함이다. 또 참암하다 함은 용의 코, 용의 얼굴, 범의 머리, 범의 눈동자를 닮은 것 등인데 이 어찌 위엄이 있는 안물이 아니랴, 반드시 귀히 될 것이므로 비유하건대 푸른 바다속에 있는 구슬과 같다 함이다.

* 요는 먼저 기색을 살피고 다음으로 음성을 들을 것이며, 다음은 신(神)의 동태를 관찰하고, 이어서 그 살결을 보아야 하는 것이므로 소홀하지 말지니라.

註—이 네가지 원칙에 따르면 만에 하나도 실수함이 없다.

* 눈썹털이 천창으로 질러나가면 귀문(貴門)에 출입하고 인당이 중정과 연결되면 벼슬에 가장 유리하다.

註—천창(天倉)은 눈 곁에 있는데 눈이 초생달 같아 천창을 통하면 총명하여 귀에 가깝고, 인당이 풍륭하여 위로 중정까지 광택(光澤)하면 관록에 유익한 상이라 한다.

* 호취갈산(呼聚喝散)은 좌우 관골이 풍륭하게 솟은 때문이다.

註—동서이악(東西二嶽)을 관골이라 하는데 이 부위가 높이 솟으면 위권(威權)을 떨친다. 호취갈산(呼聚喝散—부르면 모이고 꾸짖으면 흩어짐) 이란 귀히 되어 권세를 누리면 구리 부하들이 명령에 따라 행동한다는 뜻이다.

* 시비를 부르는 까닭은 위아래 입술이 이(齒)가 잘 가리지 못하는 상을 갖기 때문이다.

註ㅡ입술이 이(齒)를 가리지 못한이는 남의 말을 좋아하는 사람이니 어찌 시비를 초래하지 않겠는가.

* 이리의 걸음과 범의 입술은 기모가 깊어 그 마음속을 알기 어렵다.

註ㅡ머리를 숙이고 걸으면서 자주 뒤돌아 보는 것을 이리걸음(狼行)이라 하고, 공연히 입을 씹고 성낸듯 웃지 않는 모습을 가진이가 범의 입술(虎吻)이라 칭하는데 성질이 흉폭하고 사나움되 말이 적고 표정이 없어 그 마음 속셈을 측량하기 어렵다.

* 먹을때 원숭이나 쥐와 같이 음식을 씹는 자는 후식(猴食) 또는 서식(鼠食)이라 하는데 비루하고 인색하고, 간교한 꾀가 많다.

註ㅡ먹을때 짜금거리며 잘고 빠르게 씹고, 누가 뺏을가봐 두려운듯한 모양을 하며 먹는이를 서식(鼠食)이라 하고, 음식을 씹지 않고 생키며 먹어도 부족한듯 한 것을 후식(猴食)이라 하는데 이와 같은이는 비겁하고 인색하며 간사하고 교활한 사람이다.

＊ 걸을때 머리가 먼저 가는 자는 초년은 걸할지라도 말년에 빈궁하다.

註ー길을 걸을때 머리를 숙이고 앞으로 내밀어 머리가 발보다 앞서는 사람은 초년은 넉넉하나 말년에 가난하다.

＊ 코구멍(竉)이 하늘을 향하면 중년에 실패하여 토지 가옥 등이 없어진다.

註ー코구멍을 정조(井竉)라고도 별명한다. 코구멍은 뻔하게 뚫려 하늘을 향하면 중년에 실패한다. 코는 중정(中停)에 해당하여 중년운이 응하기 때문이다.

＊ 여자는 귀가 뒤집히면 남편을 형하고 남자는 머리가 뾰족하면 종내 성공을 못한다.

註ー코가 뒤집힌 것을 金木 두 성신(星辰)이 실전(失纏ー格을 잃음) 되었다 한다. 이렇게 되면 그 남편과 이별하고 공방을 지킨다. 머리는 육양(六陽)의 우두머리로 마땅히 둥글고 커야 한다. 만일 머리통이 몹시 작거나 뾰족하면 어찌 부귀를 누리는 그릇이라 할 수 있으랴.

＊ 귀인의 상은 한곳 좋은 것으로만 판단해서도 안되고 얼굴과 더불어 두 팔과 두 다리도 함께 살펴야 한다.

註ー머리 몸 팔 다리를 사대(四大) 또는 사체(四體)라 한다.

＊ 허리가 둥글고 두터워야 옥대(玉帶)를 띠고 조의(朝依)를 입는 귀인이 된다.

註ー허리와 배가 둥그스럼하게 살찌고 등과 어깨가 풍후하면 관록을 먹는 상이다.

＊ 골이 솟고 신이 맑아야 위권을 얻고 충절이 높은 사람이다.

註ー골절(骨節)이 참암하게 높이 솟고 눈의 신이 맑게 비치며 거동이 위엄있게 보이면 벼슬에 거하여 위권을 얻고 충절을 지키는 신하라 한다.

＊ 복서골이 이마를 꿰면 일품의 왕후요, 보골이 천창까지 이르면 천만 군졸을 거느리는 용장이다.

註ー인당에서 정수리까지 솟은 뼈를 복서골(伏犀骨)이라 하는데 이 골이 있으면 대귀하고, 보골(輔骨)은 눈썹 모서리에 솟은 뼈인데 이 뼈가 풍륭하게 솟아 천창(天倉)까지 연결되면 위권을 잡는다.

＊ 형상이 돼지 비슷하면 죽을때 몸이 분해되고, 눈이 범의 눈동자 같으면 위인이 엄숙하여 범하기 어렵다.

註ー몸이 뚱뚱하게 살찌고 목은 짧으며 눈빛은 몽롱하여 흑백이 분명치 않고, 어떤 음식을 막론하고 싫어하거나 가리는 것이 없이 식욕이 지나치면 돼지의 상이니 대개는 비명으로 악사(惡死)한다.

눈이 둥굴고 크되 신(神)이 유여하고、눈동자를 굴릴때마다 위엄이 있는 것을 범의 동자라 하는바 이러한 눈을 가진이는 그 성질이 맹렬하여 함부로 건드릴 수가 없다。

* 수염이 누리고 눈동자가 붉으면 횡액을 당하고、

註―옛사람이 이르기를 『눈동자가 붉으면 성질이 급하고、수염이 누리면 성질을 크게 낸다』하였으니 이러한 사람이 대개 성격으로 인한 화(禍)를 부른다。

* 이가 드러나고 입술이 걷히면 들판에서 죽는 것을 방지하라。

註―위아래 입술이 다물어지지 않아 이(齒)가 드러나고、목뼈가 솟은이는 타향의 들판에서 객사한다。

* 입술이 쭈굴대면 일생 빈궁 고독하다。

註―통선록(通仙錄)에 이르되 『입술이 쭈굴거려 탄력이 없는이는 먼 타향에 방랑한다』하였으니 고단하지 않으랴。

* 어미에 주름이 많으면 늙도록 편할날이 없다。

註―어미(魚尾)는 눈 끝에 있는데 경(經)에 이르되 『어미에 홀(笏) 같은 무늬가 눈으로 들어가면 마음이 괴롭다』하였다。

* 눈썹이 어지럽게 흩어지면 모였다 흩어졌다 하기를 끊길 날이 없다.

　　註―눈썹은 형제궁이오 또는 재물관계도 보는 곳이므로 눈썹이 흩어져 단정하지 못하면 재물이 모산(耗散) 된다.

* 두 눈의 크기가 같지 않으면 부(富) 하나 사람됨이 간사하다.

　　註―한 눈은 크고 한 눈은 작으면 이를 자웅안(雌雄眼)이라 하는바 눈이 이와 같으면 재부는 누리되 반드시 궤휼하고 간사하다.

* 얼굴에 반점이 많으면 늙도록 살지 못할가 두렵다.

　　註―흑청색(黑青色)의 반점(班點)이 얼굴에 생기면 신기(神氣)가 쇠한 증거다. 고로 장수(長壽)를 기약하기 어렵다.

* 귀에 긴 터럭이 나면 오래 사는 사람이다.

　　註―경(經)에 이르기를 『눈썹에 수미(壽眉―특별히 긴 털이 몇개 있는 것)가 귀털(耳毫) 난것만 못하고 귀털이 항조(項條―턱 밑에 가닥(줄기)이 목 밑으로 뻗은것) 만 못하다』하였으니 이 모두 수하는 상의 증거다.

* 발등에 살이 없으면 반드시 고독 빈궁하다.

註ー대통부(大統賦)에 이르기를 받은 몸의 가지(枝)로서 온몸을 운행하는 자다。 만일 말라서 살이 없으면 필히 빈궁하여 이곳 저곳 떠돌아 다닌다 하였다。

＊ 가슴에 털이 수북하면 성품이 너그럽지 못하다。

註ー가슴 복판에 털이 감실감실 난 사람은 성질이 매우 급하다。 경(經)에 이르되 『가슴에 털이 나면 좋은 그릇이 못된다』하였다。

＊ 얼굴은 사반(四反)을 갖춰서는 안된다。 이러한 사람은 三十에 흉사(凶死) 한다。

註ー사반(四反)이란 입술이 없는듯하고、 눈에 신(神)이 없고、 코구멍이 넓게 보이고 귀의 윤곽이 없는 것이니 이러한 네가지 흉상을 모두 갖추면 흉사(凶死) 함을 면키 어렵다。

＊ 신이 어두움을 꺼리는 것이니 七十에 이르도록 뜻을 이루지 못한다。

註ー위에서 논한 사반(四反)의 흉상을 범한데다 신기(神氣ー눈빛과 기색) 마저 어두우면 늙도록 되는일이 없다。

＊ 천정이 높고 넓직하면 부귀하여 노복과 거마(車馬)가 즐비하다。

註ー앞에서는 「천정(天庭ー이마)이 높게 솟으면 소년 부귀를 기약한다」하였고 이곳에서 「높고 넓직하다」함은 이마가 높고 좌우로 폭이 넓다는 뜻인데 벼슬에 오르는 것은

-275-

의심없다.

* 지각이 모나고 둥그스럼하면 금전과 재물을 날마다 쌓는다.

註―지각(地閣)이 풍륭하면 땅의 덕을 얻음이오, 천정(天庭)이 풍륭하면 하늘의 상을얻
음인데 하늘을 얻은이는 반드시 귀하고, 땅을 얻은자는 반드시 부(富)한다.

* 빰 위에 푸른빛이 첩첩하면 고독 빈궁하다.

註―얼굴에 검푸른 기운이 겹겹으로 나타나면 주로 고독하고 고난이 많으며 빈궁하다.

* 준두에 적색이 짙으면 파란이 많고 성질이 궤휼하다.

註―토성(土星)에 적기(赤氣)가 짙으면 만물이 생하지 못하는 상(火多土燥)의 原則이 적
용되므로)이니 분주노력하게 되고, 만일 술에 취한 것처럼 붉으면 음흉하고 간사한 꾀
를 잘 부린다.

* 체구가 둥글고 풍만하면서도 약간 교(巧)한 용모를 타고나면 재복이 많고 매사에 형통
한다.

註―오단형(五短形―머리·얼굴·몸·팔·다리가 모두 짧은것, 이렇게 되면 하나의 길
격을 형성한다) 이라도 풍륭하고 기화(氣和)하며 조금 교(巧)하면 늙도록 부(富)를 누린다

* 용모가 방정하고 신(神)이 족하면 성격이 온중하고 인내력이 강하다.

註＝얼굴이 방정(方正)하고 신기(神氣)가 유여하면 성품이 온건하고 관후하며 인내력이 있어 길하다.

* 손과 발이 거칠고 크면 부귀를 누리기 어렵다.

註＝손과 발이 너무 크면 (몸에 비하여) 빈천한 상인데 겸하여 살이 없어 힘줄이 솟으면 어찌 부귀를 얻으랴.

* 코와 이(齒)가 풍후하고 가즈런하면 전장(田庄)을 넓히고 산다.

註＝이가 가즈런하고 코는 크고 풍륭하면 집과 토지를 크게 장만하여 부유하게 산다.

* 손이 부드럽기가 솜(綿) 같으면 금전이 넉넉하고 신세가 편안하며, 손바닥이 피를 품은것 같으면 부유하고 복록이 많은 사람이다.

註＝경(經)에 이르기를 『손이 솜처럼 보드라우면 부를 누리고、손바닥 색이 피를 뿜은것 같으면 먹는 녹이 끊기지 않는다』하였다.

* 두 눈썹이 특이하게 아름다우면 일생 즐거움이 많다.

註＝눈썹의 머리와 꼬리가 청수하여 그 모양이 초생달 같으면 주색을 좋아하여 일생

* 환락을 누린다.

* 산근에 세가닥 주름이 있으면 중년운에 재산을 많이 소모한다.

註=산근(山根)에 세가닥 주름이 가로질러 산근이 끊긴듯 하면 재물의 손실이 많다. 광감(廣鑒)에 이르되 『산근에 가로주름이 있어 끊기면 자식을 극하고 아내를 이별하며 동기간도 적으니라』 하였다.

* 귀가 얼굴빛보다 희면 조정과 사회에 이름을 떨친다.

註=신농경(神農經)에 쓰이기를 『귀가 얼굴보다 희면 명신(名臣)이 된다』 하였다. 옛날 구양공(歐陽公)이 벼슬하기 전에 어떤 중이 상을 보고 하는 말이 『귀가 얼굴보다 희니 이름을 천하에 들리리라』 하더니 뒤에 과연 구양공의 벼슬이 재상(宰相)까지 이르렀다.

* 신과 형용이 모두 유여하면 심신이 안락하고 창달한다.

註=정신은 일생의 근본이다. 그러나 신(神)만 족하고 형(形)이 부족해도 길상이 아니니 형과 신은 같이 유여함을 요하고, 그중 하나만 부족해도 마땅치 않다. 만일 신과 형이 같이 족하여 치우치지 않으면 일생 심신이 안태(安泰)할 것이다.

* 발에 검은사마귀가 있으면 영웅이 만인을 위압하는 상이다.

-278-

註=왼쪽 발에 사마귀가 있으면 남자가 길하고 오른쪽 발에 사마귀가 있으면 여자가 길하다 한다. 옛날 안록산(安祿山)이 젊었을때 신분이 천하여 장수규(張守珪)를 섬기고 있었는데 그가 장수규의 발을 씻겨주다가 잠깐 멈추고 말이 없거늘 장수규가 그 까닭을 물으니 안록산이 대답하기를 『절도사(節度使)의 발밑에 검은사마귀가 있으므로 잠깐 멈추었읍니다』하니 장수규는 『내가 귀히된 것은 이 사마귀 때문이다』이 말을 듣고 안록산이 재배(再拜)한 뒤 『불초는 양쪽 발에 다 있읍니다』하는 말을 듣고 수규가 은근히 근심하였는데 뒤에 안록산이 세 고을의 절도사가 되었던 것이라 한다.

* 골이 변정까지 뻗치면 무위(武威)를 사해에 떨친다.

註=변정(邊庭)은 변지(邊地)와 천정(天庭)인데 좌우 보각(輔角)과 발제 사이의 부위다 만일 관골이 솟아 변지와 천정까지 뻗치면 권귀를 누린다. 광감(廣鑑)에 이르기를 『역 마골이 변지까지 이어지면 병권(兵權)이 한 지방의 주인이 된다』하였다.

* 소리가 단전 아래로부터 나오면 복이 있고 긴 수명을 누린다.

註=단전(丹田)은 배꼽밑에 있는데 소리가 배꼽 밑에서 발하면 그 음운(音韻)이 심원 하여 수를 누린다. 회이(希夷)가 말하기를 『대개 사람들은 목구멍으로 숨쉬고, 귀인 은 배꼽으로 숨쉰다』하였다.

* 골이 뇌후에 가로질러 솟으면 재물이 발하고 또는 장수한다.

註=뇌(腦) 뒤에 골이 가로질러 솟은것을 옥침(玉枕)이라 하는바 이 옥침이 있으면 수를 누린다. 광감(廣鑒)에 이르기를 「골이 뇌로부터 생기는 것을 아는 사람이 적다. 이 골이 솟으면 귀록이 면면하고 복과 수가 장구하다」 하였다.

* 지고가 빛나고 윤택하면 말년이 더욱 좋아 안한함을 얻는다.

註=지고(地庫)는 턱 좌우를 말하는데 이곳이 빛나고 윤택하고 풍만하면 말년에 쾌락하다.

* 현벽의 기색이 밝으면 가정에 근심이 없고 경사가 많이 이른다.

註=현벽(懸壁)은 노복궁인데 이곳의 기색이 어둡지 않으면 길경이 있고 흉액이 없다.

* 토성이 박약한 가운데 산림이 중하며 이곳에 체기가 있으면 재앙이 많다.

註=코가 작은 것을 토성(土星)이 박약하다 하고, 수염이 빽빽한 것을 산림(山林)이 중(重)하다 하는데 여기에다 청흑(青黑)의 체기(滯氣)가 있으면 재앙이 많다.

* 앞의 상은 좋아도 뒤의 등에 결함이 있으면 허명뿐이오 명도 길지 못하다.

註=전면(前面)의 형상이 비록 좋을지라도 등 뒤의 모양이 험하거나 비뚤어지거나 박약하여 결점이 있으면 수한이 부족하다.

* 음즐에 살이 풍륭하면 복이 많고 또는 총명하다.

註＝음즐(陰隲)은 누당(淚堂)의 별명이다. 이곳이 풍만하고 밝으면 반드시 수(壽)하고 총명한 상이다.

* 정면에 골이 열리면 의식이 진진하다.

* 빈모(머리털)가 짙고도 곱슬대면 혹 먼저 부했더라도 뒤에는 빈궁해진다.

註＝빈발(鬢髮)이 혼탁하고 어지러워 이리저리 엉킨 사람은 천성이 게으른 까닭에 비록 재물이 넉넉했더라도 쓰기만 잘해서 뒤에는 곤궁해진다.

* 근육이 지렁이가 서린것 같으면 일신이 고달프고 액이 많다.

註＝얼굴이며 손과 발에 퍼런 힘줄이 이리저리로 툭툭 솟으면 신고가 많고 편안할 날이 없다.

* 눈썹부위에 골이 솟으면 비록 수는 누리되 고형(孤刑)한다.

註＝눈썹과 이마 부위에 뼈가 높이 솟으면 고괴(古怪)한 상이어서 귀하다 하지만 유독 눈썹털이 난 부위만 솟으면 수명은 길되 처자를 형(刑)하므로 고독해진다.

-281-

* 목뼈가 툭 솟으면 자식이 없고 객사할가 두렵다.

[註]=경(經)에 이르기를 『잇몸이 드러나고 목뼈가 붉어지면 타향에서 죽는다』하였으니 이를 칭하는 말이다.

* 닭의 눈동자와 같은 사람은 성질이 급해서 사귀기가 어렵다.

[註]=눈동자가 작고 동그랗고 누린것을 닭눈(鷄目)이라 하는데 이러한 눈을 가진 사람은 성질이 심히 조급하고 음난하다.

* 걸음이 사행(蛇行)이면 독하고, 단명하다.

[註]=걸을때 머리는 머리대로, 손은 손대로 발은 발대로 따로 따로 움직이는 것을 사행(蛇行ー뱀 기어가는 모습)이라 하는데 이러한 사람은 경박하고 심성이 악독하다. 고로 어찌 수(壽)를 오래 보전하랴.

* 청기가 정면에 횡으로 돋아난 것을 행시(行屍)라 한다.

[註]=눈 밑으로 관골까지 사이를 정면(正面)이라 하는데 이곳에 청기(靑氣)가 횡(橫)으로 돋아나면 재앙과 질병이 많으므로 행시(行屍)라 별명한 것이다.

* 구각에 청기가 가리우면 편작도 고치기 어렵다.

註＝입은 사람의 생명을 맡은 곳이다. 그러므로 입의 양쪽 모서리(口角)에 검푸른 기색이 짙으면 심상치 않은 징조로 편작(扁鵲) 같은 명의(名醫)도 고치기 어려운 병에 걸린 증거다.

＊ 흑기가 태양을 가리우면 노의도 구하지 못한다.

註＝태양은 왼쪽 눈(오른쪽도 포함)이오 노의(盧醫)는 의술로 유명한 인물이다. 만일 흑기(黑氣)가 두 눈을 가려 어두우면 노의같은 훌륭한 의술로도 고치지 못한다는 뜻.

＊ 백기가 마른뼈(枯骨) 같으면 역시 사망한다.

註＝만일 병든이가 마른뼈의 색깔과 같은 기색이 나타나면 이는 생기(生氣)가 없다는 증거이니 사망하는 징조다.

＊ 기색이 젖은 재빛처럼 검으면 마침내는 목숨을 잃고 만다.

註＝흑기가 만일 젖은 재(灰)와 같으면 어찌 살아나랴.

＊ 빈궁으로 항시 어렵게 사는 것은 얼굴에 근심을 띤 때문이다.

註＝얼굴이 항시 우는 형상을 가진이는 필히 빈궁하고 고난이 많다. 경(經)에 이르기를 『술을 먹지 않고도 취한 얼굴 같고, 근심하지 않는데도 근심이 있는것 같거나 갑자기

웃고 갑자기 놀라며 어리벙벙하여 모자란것 같은 형상들은 영화를 얻더라도 중간에 멈춘다」하였다.

* 단명하고 또는 재액이 많은 것은 수근(壽根)이 박약하기 때문이다.

註＝연상·수상·산근이 함하고 박약하고 뾰족하게 깎이면 질병이 따르고 단명한다.

* 일생 질병이 없이 건강한 것은 코가 빛나고 풍륭한 때문이오 늙도록 재앙이 없는 것은

연상(年上)이 윤택한 까닭이다.

註＝연상·수상·산근은 모두 질액과 건강관계를 보는 곳이다. 이 부위가 풍륭하고 윤택하면 일생 질병이 적고 건강하다.

* 혈색이 곱지 못하면 좋은일 보다 나쁜일이 더 많다.

註＝혈(血)은 기(氣)를 기르고 기는 신(神)을 기르므로 혈색이 좋지 않으면 중심(中心)이 부족하여 이룩되는 일이 적다.

* 걸을때 몸이 흔들리지 않는이는 재운이 좋고 수한도 길다.

註＝걸으면서 몸을 흔들지 않는 것을 용추(龍騶)라 하는바 귀중한 상으로 어째 재복과 수복이 없으랴.

* 얼굴에 신광(神光)이 가득하면 부귀가 이르고, 귀색(鬼色)이 나타나면 빈곤하고 수심으

로 날을 보낸다.

註＝얼굴빛이 홍황(紅黃)하여 밝고 광채가 나는 것을 신광(神光)이라 하고、기색이 검고 푸르고 어두운 것을 귀색(鬼色)이라 한다。그러므로 얼굴에 신광이 서리면 명리(名利)가 따르고、귀색을 띠면 빈궁과 근심이 날마다 생긴다。

＊ 눈을 뜨지 못해도 신(神)이 있고 기색(氣色)이 없으면 살아나지만 신이 벗어나 입이 열리고 목이 기울어지면 죽는다。

註＝오래된 병이나 중병환자가 눈이 닫혀 뜨지 못하는 경지에 이르렀더라도 신(神)이 있고 기색이 없는 경우는 살 수 있으나 만일 눈에 신광(神光)이 걷히고 입이 저절로 벌려지며 목이 기울어 머리를 감당하지 못하면 죽는다。

＊ 오악이 모두 방정하면 명이 길어지고 칠규가 밝지 못하면 오래 살기 어렵다。

註＝오악(五嶽) 즉 이마・좌우관골・코・턱이 비뚤거나 함하지 않으면 수상(壽相)이라 하나 만일 이목구비(耳目口鼻)의 일곱군데가 솟거나 삔하거나 밝지 못하면 요절(夭折)한다。

＊ 화개부위에 흑색이 나타나면 갑작스런 재액을 만나고 천정에 청기가 발하면 온역을 방지하라。

註＝화개(華蓋)는 복당(福堂) 옆인데 이곳에 흑기가 침입하면 급병을 얻고 천정(天庭)에 청기가 발하면 온역(瘟疫)을 앓는다.

＊ 지각에 적기를 띠면 우마를 잃고 간문에 청백기가 일어나면 처첩에게 재앙이 이른다.

註＝지각(地閣)은 노복궁이오 또는 우마궁(牛馬宮)이 되고 간문(奸門)은 눈모서리 옆인데 처첩궁이라 한다. 지각에 화색(火色)이 발하면 노복과 우마를 손실하고, 간문에 청기와 백기가 혼합되어 있으면 처첩에게 액이 이른다.

＊ 삼양에 화기가 왕하면 아들을 낳고 삼음에 청기가 발하면 딸을 낳는다.

註＝삼양(三陽)은 왼쪽 눈 밑이오 삼음(三陰)은 오른쪽 눈 밑이다. 삼양에 홍기(紅氣)가 짙으면 아들을 낳게 되고 삼음에 청기가 생겨나면 딸을 낳는 징조다.

＊ 유백이 대해를 침범하면 수액(水厄)을 방지하고, 유혼이 용궁을 지키면 몸을 상할 우려가 있다.

註＝유백(流魄)과 유혼(流魂)은 모두 흑기(黑氣)를 칭함이고 대해(大海)는 입이며, 용궁(龍宮)은 눈두덩(目眶)인데 흑기가 입에 번지면 물에 빠질 징조요, 눈두덩에 나타나면 교통사고 등으로 크게 다칠 징조라 한다.

* 도로 부위가 어둡고 검으면 낙상수가 있거나 교통사고를 당한다.

註＝도로(道路)는 통구(通衢)·위항(委巷) 등의 부위다(十三部位圖 참고) 이곳에 만일 청흑의 체기(滯氣)가 발하면 위험한 곳에 가지 말아야 한다.

* 궁실이 조염하면 화상(火像)을 당할 우려가 있다.

註＝궁실(宮室)의 부위는 주조(厨竈)의 옆인데 이곳에 적기(赤氣)가 조염(燥炎)하면 끓는 물이나 타오르는 불에 화상을 입는다.

* 귀뿌리에 검은사마귀가 있으면 길거리에서 사망하고, 승장에 주름이 깊으면 물에 빠질 액이 있다.

註＝귀뿌리(耳根)에 검은사마귀가 있으면 객사한다는 뜻이오, 승장(承漿—아래입술 밑 오목한곳)에 깊은 주름이 있으면 강이나 바다에 빠져 액을 당한다.

* 안당이 풍후하면 음난하여 색을 탐하고, 인중이 비뚤어지면 골육을 많이 형극(刑尅) 한다.

註＝안당(眼堂)이란 즉 눈두덩인데 이곳은 풍만함이 좋지만 너무 두터우면 탐음(貪淫) 하고, 인중은 바른것을 요하므로 만일 비뚤어지거나 굽으면 처자를 극한다.

-287-

* 귀아가 뾰족하게 뻗으면 성질이 궤휼하고 탐욕이 많다.

註＝가운데 두개의 윗이(上齒)를 당문이치(當門二齒)라 한다. 가즈런하고 튼튼하면 성실하고 믿음있는 사람이지만 만일 옆에 뻐드렁이가 뾰족하게 솟으면 이를 귀아(鬼牙)라 하여 간교하고 탐욕스럽다.

* 눈썹부위의 뼈가 높이 솟으면 신미(神眉)라 하는데 성질이 흉폭하여 악사할 우려가 있다.

註＝두 눈썹부위가 풍륭하면 수상(壽相)이라 한다. 그러나 만일 능골(稜骨)이 툭 솟으면 성질이 흉악해서 죽을 때도 비명(非命)으로 간다.

* 형상이 귀신처럼 생기면 의식이 풍부하지 못하다.

註＝형용이 고피(古怪)하면 귀상(貴相)이라 한다. 그러나 고피함이 지나쳐 귀신처럼 생기면 의식의 구애는 없으나 풍부하지는 못하다.

* 용모가 신선같이 생긴자는 평생 한일하게 지낸다.

註＝형모가 청수하고 기이하고 탈속(脫俗)하여 신선처럼 생기면 귀히 되는데 그렇지 않으면 일생 한가롭고 편안히 지낸다.

＊ 항문(肛門―이를 穀道라고도 한다)에 털이 많이 난 사람은 음란하다 일컫는다.

註＝분문(糞門)에 털이 많이 나는 것은 방광(膀胱)의 기가 왕성해서 생기는 것이므로 당연히 음욕(淫慾)이 많다 하겠다.

＊ 귀뿌리에 뼈가 높이 솟은 것을 수골(壽骨)이라 한다.

註＝귀 뒤에 골(骨)이 일어난 곳을 수당(壽堂)이라 한다. 경(經)에 『사람의 수명이 긴가를 알고져한다면 귀 뒤에 옥루골(玉樓骨)이 있는가를 보라』하였다.

＊ 골격이 청수하고 신(神)이 유여하면 말랐어도 길하고, 살이 찌되 뜨고 혼탁하면 살쪘다 자랑하지 마라.

註＝골격은 말랐어도 기색이 신(神)이 있으면 길하고, 살은 풍후하여도 탄력이 없고 윤택하지 않으면 취하지 못할 상이므로 흉격이다.

＊ 눈동자의 사방으로 흰망울이 둘러있으면 고독하고 육친을 극하며 죽을때도 흉하게 죽는다.

註＝눈이 성낸것처럼 충혈되고, 눈망울이 솟으며, 힌창이 많으면 고독하고 형구(刑極)하며 흉사(凶死)하는 상이다.

* 코가 세곳이 凹하면 빈궁하고 고독하고 곤액이 많다.

註＝삼요(三凹)란 코가 굽고 함한 것이니 이러한 상을 가지면 주로 파패(破敗)하고 골육

을 형극(刑克)한다.

* 삼첨육삭이면 비록 간교한 꾀를 잘써도 빈천함을 못면한다.

註＝삼첨(三尖)은 이마가 뾰족하고 코가 뾰족하고, 턱이 뾰족한 것이오 육삭(六削)은 눈

썹·눈·귀·입이 박약한 것인데 이를 육악(六惡)이라고도 하여 빈천하고 간교한 상이다.

* 베곳이 방정하고 오악이 단정하면 늙도록 부귀를 누린다.

註＝이마의 좌우, 지각의 좌우가 방정한 가운데 함하지 않고 오악이 솟아 단정하면

부귀하는 상이다.

* 다리가 길기만 하고 가늘면 항상 분주 노력하는 상이다.

註＝허벅지와 장단지가 가늘고 길어 살이 없이 앙상하게 마르면 신고(辛苦)가 중중하다.

* 입술이 몹시 얇거나 입이 뾰족하면 시비에 간여하기를 좋아한다.

註＝입이 뾰족하게 내밀고 위아래 입술이 걷히면 남의 말을 좋아하여 시비를 잘 일으킨

다.

-290-

＊ 모든 부위가 야무지면 재앙이 없고 주름과 사마귀가 어지렵게 있으면 탄식과 원망을 끊일날이 없다.

註＝부위가 분명하여 박잡하지 않으면 길상(吉祥)이 이르고 주름과 사마귀가 이곳 저곳에 많으면 대흉하다.

＊ 눈썹골이 높이 솟거나, 서식(鼠食—음식을 짜금대며 자주 썹어 먹고, 먹을때 좌우를 흘깃거리며 눈치보는 습관이 있는 것) 은 비단 인색할 뿐이오, 탐욕이 많다.

＊ 칼코(劍鼻)와 벌의 눈동자(蜂眼)는 마음이 흉악하고 빈천하다.

註＝콧대가 깎여 칼등처럼 솟고, 눈망울이 솟아 마치 벌눈(蜂目)처럼 생긴 사람은 성질이 흉폭하고 하천한 상이다.

＊ 남자는 허리가 가늘면 재물을 모이기 어렵고 여자는 어깨가 고한(孤寒)하면 고독한 명이니 남편을 형(刑)하고 재가한다.

註＝남자는 허리가 가늘면 박복하고 여자는 어깨가 앙상하면 팔자가 세고 고독하다.

＊ 머리통이 크고 이마가 크면 마침내 남편을 형하고, 소리가 거칠고 골격이 거칠면 필경 과부의 운명이다.

註＝만약 여자로서 머리·이마가 모두 크고, 음성은 거칠고 탁하며, 뼈는 굵은데 살이 없으면 고형(孤刑)하는 상이다.

＊ 눈에서 반짝반짝 빛나거나 입이 넓으면 음란하고, 탐욕이 많은 사람이오, 손을 털고 머리를 흔드는 여자는 음란하고 또는 남편을 극하는 상이다.

註＝눈에 물기가 있어 반짝거리면 음란하고, 입이 크면 욕심이 많으며, 손과 머리를 흔들거리는 습관이 있으면 음욕이 강하여 그 남편을 형한다.

＊ 머리털이 짙고 귀밑머리가 치렁치렁하며 겸하여 흘겨보기를 잘하면 몹시 음탕한 여자다.

註＝머리가 짙어 치렁거리고, 곁눈질을 잘하면 그 마음이 간사하고 음란하다.

＊ 소리가 아름답고 신이 맑으면 반드시 그 남편운을 도와 남편이 녹을 먹는다.

註＝음성이 맑고 듣기가 좋으며 눈에 신(神)이 맑으면(黑白의 분명한 것) 남편운을 이롭게 하므로서 남편을 출세시킨다.

＊ 골격이 섬세하고 살이 미끄러우면 부귀를 얻어 안일하게 살고, 머리카락이 거칠고 짙으면 고생이 많고 빈천하다.

註=여자는 골격이 아담한 가운데 섬세하고도 살이 적당하면 생활이 고상하고, 머리털이 빽빽하고 굵고 거칠면 고생이 많고 천박한 상이다.

* 피부가 향그럽고 보드라우면 부귀하는 집 여인이오, 얼굴모양이 단정하고 엄숙하면 부호가의 덕있는 며느리다.

註=살결이 맑고 깨끗하고 향그럽고 섬세하고 부드러운 가운데 기품이 우아하면 부귀문중의 어진 아내다.

* 산근이 끊기지 않으면 귀한 남편을 만나고 부위가 단정하면 자식을 많이 둔다.

註=콧대가 끊기지 않으면 좋은 남편을 만나고 모든 부위가 바르게 이루어지면 자식을 두게 된다.

* 터럭이 가늘고 윤택하면 품성이 온화하고, 눈이 움푹 패이거나 눈이 동그랗게 생겼으면 성질이 조급하다.

* 광대뼈가 높이 솟으면 남편을 거듭 형하고, 두 귀가 뒤집히거나 박약하면 자식을 많이 잃는다.

註=광대뼈가 툭 불거지지면 여러번 남편을 극하고 귀가 뒤집히고 박약하면 많은 자식을 극한다.

* 손이 거칠고 발이 크면 무당이나 매파(媒婆) 따위의 천한 신분이오, 코가 뾰족하고 이마가 낮으면 종노릇이 아니면 첩노릇을 하게 된다.

註＝여자는 손이 부드럽고 발은 작아야 한다. 만약 손이 거칠고 뻔뻔하거나 체구에 비해 발이 크면 무당이나 중매쟁이의 상이오 머리와 코가 뾰족하고 낮으면 비첩(婢妾)의 신세다.

* 여자는 와잠에 자색(紫色)을 띠어 밝고 윤택하면 반드시 귀자를 낳는다.

註＝좌우 눈 밑에 살이 있어 누에처럼 생기면 이곳을 와잠(臥蠶)이라 하는데 이 와잠에 자색을 띠면 귀자를 낳는다.

* 금궤 · 갑궤가 풍만해서 기색이 황명하면 일생 가도를 부흥시킨다.

註＝금궤(櫃)와 갑궤(甲櫃)는 코구멍 양방(兩傍)인데 이곳이 풍만한 가운데 밝은 황색이 비치면 가문을 일으킨다.

* 부인의 상에 입이 몹시 넓직하면 처음에는 전장(田庄)이 넓으나 뒤에 가난해진다.

註＝여자의 입이 넓고 커서 야무지게 다물어 보이지 않으면 먹을것만 탐하고 게을러서 뒤에는 빈궁해진다.

* 처녀는 등이 둥그스럼하면 수려한 선비에게 시집가서 귀히 된다.

註=여자는 등이 둥글고 두터우면 반드시 훌륭한 남편을 만난다.

* 몸이 살이 쪄서 퉁퉁하면 영화를 누린다.

註=뼈는 양이오 살은 음이며 남자는 양이오, 여자는 음이다. 그러므로 여자는 살이 풍만함을 요하는 것이니 음이 음위(陰位)를 얻음이다.

* 여자가 얼굴이 둥글고 허리가 뚱뚱하면 남자의 형상을 닮아야 부귀한다.

註=여자가 허리와 배의 살이 풍후하여 남자와 같으면 부귀하는 것은 조화(造化)의 자연한 이치라 하겠다.

* 통통하고 견실한 손은 여자라야 집안 일을 잘 보살피고, 솜주머니(綿襄)같은 주먹은 남자라야 재산을 부흥시킨다.

註=여자의 살결은 부드럽고 섬세해야 마땅하되 오직 손가락은 견실하여 힘줄이 솟지 않아야 집안 일을 잘 처리한다. 그리고 남자의 손이 솜뭉치처럼 부드러우면 큰 고생 없이 자연 재물을 모인다.

* 머리가 작고 배만 크면 많이 먹는것만 능하고, 뼈가 가늘고 살만 많이 찌면 삼십을 어

-295-

떻게 넘기랴。

註＝여인이 머리통이 작고 밥통만 크면 많이 먹는 일만 능한데 불과하고、만일 살이 뒤룩거리고 뼈가 가늘어 없는것 같으면 일찍 죽는다。

＊ 눈썹이 거칠고 눈이 악상(惡相)이면 여러번 남편을 잃고、음성이 웅장하고 기색이 탁·하면 종신토록 박복하다。

註＝눈썹이 가즈런하지 못한데다 눈망울이 솟으면 남편을 극하고、음성이 웅대하여 남자 음성과 같고、기색이 거칠고 혼탁하면 빈천박복하다。

＊ 눈빛이 술에 취한것 같은 여인은 여러 남자와 간음하고、요염하여 보기에 간지러울 정도면 달빛 아래에서 정부(情夫) 만나는 일이 헤아릴 수 없이 많다。

註＝여자의 눈이 술에 취한듯이 무엇을 애타게 그리워하는듯 은근한 정을 보내는듯 하면 뽕나무 가운데서 정부(情夫)를 만나고、눈웃음을 잘치고 교태를 부리는 여인은 음천한 상으로 달빛 아래에서 간부와 사통(私通)한다。

＊ 얼굴이 보름달처럼 생기면 집안이 흥하고 입술이 홍련(紅蓮)처럼 붉으면 의식이 풍족하다。

註＝얼굴빛이 환하게 트여 밝고 윤택한 가운데 다른 결함이 없고、입술은 단사(丹砂)를 바른듯이 붉으면 부귀하는 상이다.

* 산근에 검은사마귀가 있으면 고질병에 걸리거나 아니면 그 남편을 형극한다.

註=검은사마귀가 산근(山根—두눈 사이)에 있는 여인은 몸에 오래 묵은 병이 있는 징조요, 그렇지 않으면 남편을 잃고 과부가 된다.

* 눈 밑에 주름이 쭈글거리면 육친을 극한다.

註=어지러운무늬가 눈 밑에 생기면 고독한 상이니 육친의 덕이 없다.

* 이(齒)가 석류씨 같으면 의식이 풍부하고, 코구멍이 아궁지 같이 뻔하면 재산을 다 없앤다.

註=이가 빽빽하고 빛나고 깨끗하여 마치 석류씨(榴子) 처럼 생기면 부(富)를 누리는 상이오, 코구멍이 뻔하게 보이는 사람은 빈궁하다.

* 형상이 나한(羅漢—절에 있는 五百羅漢)처럼 생겼으면 자식운이 늦고, 판관(判官) 처럼 생긴 사람은 자식이 더욱 늦다.

註=형상이 괴이하여 나무로 깎아세운 나한상(羅漢像)이나 판관상(判官像)과 흡사하게 생긴 사람은 자식을 두지 못하거나 있더라도 늦게 둔다.

* 삼산(三山)이 솟고 넓으면 만경(萬頃)의 식읍(食邑)을 받는 벼슬이오, 사독(四瀆)이 청명하면 종신토록 복을 누린다.

註＝삼산(三山)은 이마와 좌우 관골인데 이 세 부위가 높고 넓직하면 부귀하고, 사독(四瀆)은 이목구비로 이 네 부위가 청명하면 수복을 누린다.

* 체구는 작아도 음성이 홍대(洪大)하면 뛰어난 부귀를 누리고, 머리가죽이 너그럽고 두터우면 수복(壽福)을 누린다.

註＝키가 작고 몸집이 작더라도 음성이 크고 맑으면 크게 발달하고, 머리가 둥글고 두툼하여 죽은데가 없으면 수와 복을 겸비한다.

* 신기가 맑으면 명리를 다 얻는다.

註＝신기(神氣ー눈과 氣色)가 맑아 어둡지 않으면 부귀를 얻고, 보통사람이 이러하면 재물이 따른다.

* 얼굴가죽이 붕급하면 명을 재촉하고, 골격이 크고 풍륭하면 전정이 환히 열린다.

註＝얼굴의 살결이 뼈에 붙지 않은듯이 부박(浮薄)하고 피부가 거칠어 윤택하지 않으면 오래 사는 상이 아니오, 골격과 형상이 풍륭하고 오악(五嶽)이 뚜렷하면 부귀를 기약한다.

* 소년에 벌써 살이 비대하고 기가 짧으면 삼십육세를 더 살기가 어렵다.

註＝나이가 젊어 몸이 비만한 가운데 호흡이 급하면 이는 단명하다는 징조다.

* 입술이 매마르고 신(神)이 굳으면 어찌 삼십을 넘으랴.

註＝입술이 저절로 건히거나 주름이 쭈글거리거나 잇몸이 드러나며 겸하여 신(神)이 부족하면 소년죽음이 두렵다.

* 형상이 오종종한 사람은 매사에 옹졸하고 기상이 헌칠하면 일생 쾌락하다.

註＝용모가 활짝 퍼지지 않고 졸(猝)해 보이는 사람은 매사에 너그럽지 못하고, 국량이 높고 크면 어떤 일이든지 실패하는 경우가 없다.

* 코가 앙상하게 솟으면 조업을 파하고 육친을 형한다.

註＝콧대가 깎인듯이 박약하여 뼈가 칼등처럼 솟은이는 조업을 파한다.

* 등마루가 함하면 허화(虛花)라 실속이없고 수도 누리지 못한다.

註＝등은 풍륭함이 길하다. 그렇지 아니하고 등이 얇거나 함하면 비록 명리(名利)를 성취할지라도 오래가지 못하며 수한도 부족하다.

* 코가 삼곡(三曲)을 이루면 가옥과 토지를 다 팔아 없앤다.

註‖ 옆으로 보아 세구비(三曲)를 이룬 코는 파패(破敗)가 중중한 상이다。

*얼굴에 양요가 있으면 필히 가업을 성취한다。

註‖이마와 턱이 솟고(天地相朝) 좌우 관골이 같이 솟으면(泰華並拱) 자연 양요(兩凹―

두군데가 오목해짐)를 이루는데 이러한 상을 가진이는 발달이 빠르고 성공이 어렵지 않

다。

* 장두서목(獐頭鼠目)이 벼슬을 구할수 있으랴.

註=머리가 깎인듯이 골이 불거진 것이 장두(獐頭—노루머리)요, 눈망울이 솟고 눈모양

이 동그랗게 생긴 것이 서목(鼠目—쥐눈)인데 이러한 상은 모두 귀히 되지 못한다.

* 마면사정(馬面蛇睛)은 횡사한다.

註=얼굴이 말대가리처럼 길고 쉰 목소리를 내면 마면(馬面—말대가리)이고, 눈이 불거

지고 눈망울이 붉은 것을 사목(蛇目—뱀눈)이라 하는데 성질이 급하고 마음이 독날하여

형제간에도 의가 없다. 그리고 이러한 상을 가진자는 졸연히 횡사한다.

* 눈동자가 맑고 입이 넓직하면 문필이 뛰어나고, 얼굴이 모나고 턱이 크면 금전 재물이

풍족하다.

註=눈동자가 칠(漆)을 바른것처럼 검고, 입이 넓고 입술이 붉으면 문장이 뛰어난 선비

요, 얼굴이 방정하고 크며 턱이 풍릉하고 넓으면 부자집의 아들이다.

* 말이 부황(浮慌)하면 심사(心事)가 밝지못한 사람이다.

註＝말은 차서가 있고 이치에 맞게 하는이라야 귀한 것인데 만일 말에 두서가 없고、

주언부언 아무렇게나 말하는이는 말이 필히 망녕되고 조리가 없다。 고로 허부(許負)가
말하기를 『말이 부황하면 하는 일도 문란하다』 하였으니 그 심사를 어찌 쉽게 밝히랴。

＊ 용모가 온화하면 하는 일도 분명하다。

註＝형용이 아름다운 옥(玉)같이 온화하고 윤택하며 그 기품이 봄바람처럼 부드럽고 화
평한 사람은 흉금이 깊고 처사가 분명하며 덕이 높은 인물이다。

註＝머리털이 쑥대같이 우거지고 뼈가 툭불거지면 이는 빈한한 상이다。

＊ 골(骨)이 거칠고 터럭이 빽빽하고 뻗세면 어찌 조그만한 재물인들 얻으랴。

註＝신체는 후중(厚重)함을 요한다。 그러므로 몸이 박약해서 바람에 흔들리는 버들가지
같거나 일엽편주(一葉片舟)같이 생긴 상은 요절하지 않으면 빈궁하다。

＊ 몸이 가늘고 몸놀림이 휘청거리면 어찌 편와(片瓦)에 머무를수 있겠는가。

註＝용모는 어떤 환경에 처하든지 태연자약하고 온화해야 뒤에 복을 누린다는 뜻이다。

＊ 좋은 일을 당하였는데도 얼굴모습이 처참하게 보이는이는 먼저는 넉넉하나 뒤에 빈
한하고、군색한 처지에도 용모가 온화하면 일찍 궁할지라도 늦게는 발달한다。

* 거오골이 뇌부(腦部)까지 솟으면 반드시 상서(尙書—우리나라의 判書)에 이르고, 용골

이 천정(天庭)까지 뻗치면 재상의 귀를 누린다.

註=경(經)에 이르기를 『액각(額角)이 천정(天庭)까지 솟으면 재상(宰相)·숭반(崇班)

의 지위다』하였으니 만일 일월각(日月角)에 뼈가 솟아 천정까지 이어진것도 이에 해당된

다. 거오골(巨鰲骨)은 액골(額骨)이고, 용골(龍骨)은 일월각이다.

* 일월각이 솟으면 밝은 임금을 보좌하게 되고, 문무가 쌍전하면 자사(刺史)의 벼슬이다.

註=일월각이 솟았다 함은 용골이 천정(天庭)까지 뻗은 것인데 귀격이다. 만일 양쪽 관

골이 변지까지 연결되면 이를 문무쌍전(文武雙全)이라 하여 목사(牧使)나 방백(方伯)이

되는 상이다.

* 눈이 세모지면 사납고 독하고 고독하고 육친을 형극한다.

註=눈으로 일월(日月)을 삼으니 눈동자는 둥글고 밝아야지 삼각(三角) 모양을 이루면

좋지 않다. 고로 이러한 눈을 가진이는 마음이 흉악한데 처자를 극하며 여자는 남편을
형한다.

* 콧대위에 두가닥 큰 주름이 생기면 재물을 파하고 또는 질병을 얻는다.

註=코는 토성(土星)으로 연상(年上)·수상(壽上)이 다 코에 속한다. 만일 두군데가

凹하여 파상(破相)되면 재물을 없앨뿐 아니라 겸하여 질병도 따른다。

* 골격이 박약하고 손이 부드럽지 못하면 변변치 못한 인물이다。

註=골격이 미약하고 손가락이 거칠고 뻣세면 용속(庸俗)한 사람이다。

* 눈썹이 수려하고 신(神)이 화하면 곤액이 없이 한가롭게 생애한다。

註=미목(眉目)이 청수하고 신기(神氣)가 온화하면 귀히 되지 않으면 청한(淸閑)한 수 재의 상이다。

* 목소리가 건조하여 여운이 없으면 어찌 영화를 얻으랴。

註=소리는 맑게 울려나가는 것을 귀하게 여긴다。만일 소리가 거칠고 건조하여 (딱딱 끊기는 것) 깨진 나팔소리와 같이 음운(音韻—메아리쳐 나가는것) 이 없는이는 주로 빈궁 하다。

* 피부가 껄끄럽고 광채가 적으면 종신토록 편안함을 얻지 못한다。

註=피부가 거칠고 껄끄럽고 빛이 어둡고 운택하지 못하면 일생 신고(辛苦)를 받는다。

* 십악(十惡)을 범하는 흉부(凶婦)는 거의가 눈망울이 붉고 동자가 누런 여자에게서 나 온다。

註＝십악(十惡)의 죄를 범하는자는 눈에 붉은줄이 침입하고 눈동자가 검지않고 누린 상

을 가진이가 많다.

＊ 남의 고을에서 죽는 원인은 잇몸이 드러나고 입술이 걷힌데 있다.

註＝죽을때 자기집에서 고종명(考終命)을 못하고 타향에서 죽는 것은 입술이 걷혀 잇몸

이 보이거나 입술이 박약해서 이(齒)를 가리지 못한 때문이다.

＊ 형과 신이 불온하면 빈천 단명하고 근골이 감춰지지 않으면 유약하고 어리석다.

註＝형(形)은 넉넉한데 신(神)이 부족하거나 신(神)은 유여한데 형체가 모자라면 이는

형과 신이 불온(不蘊)한 상이라 한다. 고로 이러한 사람은 빈궁에 단명을 겸한 상이며,

힘줄이 솟고 뼈가 솟으면 정신이 유약하고 노둔 우매하다.

＊ 눈이 솟고 코가 굽고 입술이 걷히면 성질이 집요하고 불량하다.

註＝눈은 신광(神光)이 노출되고, 코는 매부리와 같고, 입술은 이(齒)를 가리지 못하여

이 세가지 흉상을 다 갖추면 촌에서 행패부리는 불량배 건달이다.

＊ 이(齒) 갈고 머리 흔드는 사람은 간교하고 탐욕스럽기 비할데 없다.

註＝이를 갈고 머리 흔드는 사람은 사납고 독한데다 간교하고 탐망(貪妄)스럽다.

* 金形이 金局을 얻으면 土를 만나야 도주(陶朱)에 비하는 부(富)를 누린다.

註 = 만일 金形을 가진 사람이 金形의 바른 격을 얻으면 금이 金을 얻음이니 강외(剛毅)로운 사람이다. 겸하여 土局의 형기(形氣)를 얻으면 土生金 상생되어 재부(財富)를 누린다. 도주(陶朱)는 범려(范蠡)의 별명인데 이름난 부호였다.

아래는 五行의 형상에 대하여 논하는바 이제 五行의 상모를 총괄적으로 해석하리니 배우는 이는 잘 기억하고 자세히 살피기 바란다.

木形人은 길죽하여 나무의 곧게 자란 모습과 같고 색은 푸르고 氣는 수려해야만 그 바름을 얻은 것이 된다. 만일 몸이 곧지 못하고 허리가 기울며 등이 작으면 木形의 좋은 형상이 아니다.

火形人은 아래는 후중하고 위는 뾰죽해서 마치 불꽃이 솟아오르는것 같고 色은 붉고 氣는 활발해야 그 올바름을 얻은 것이니 혹 솟고 뜨고 조(燥)하면 불꽃이 너무 괄한 형상이 되어 불가하다. 『풍감(風鑑)』에 이르기를 노출된 것이 火요 심후(深厚)한 것이 土다』하였다.

水形人은 등허리가 두툼하고 둥글고, 원기(元氣)가 정(靜—動的이 아닌것)하며 살이 많고 골(骨)이 가벼운 것이 水形의 근본 형상이다. 혹 힘줄이 늘어지고 살에 탄력이 없으면

이는 가지(枝)가 줄기(幹)를 보(輔)하지 못함이라 즉 물이 넘치는 것을 막지 못하는 것에

비유되니 형상이 같으면서도 차이가 크다.

金形人은 형모가 방정(方正)하고 뼈가 튼튼하고 살은 실하면 뼈와 살이 균형을 이루어

색은 희고 기(氣)는 강해야만 그 바름을 얻은 것이다. 혹 국(局)이 급하거나 기울거나

뼈는 가늘고 살만 풍성하면 유약해서 튼튼치 못하여 金의 바른 상을 얻지 못한다.

土形人은 얼굴이 심후(深厚)하고 허리와 등이 수북하며 형모가 헌앙(軒昂)하며 골은 경

하고 살은 중하며 색은 누리고 氣는 밝아야 그 적당함을 얻음이다. 혹 골이 중하고 살이

박하거나 신(神)이 어둡고 무력하면 이는 엄체(淹滯)된 土라서 마땅치 않다.

金形이 金局을 얻었다 하는 글에서부터 여기까지는 모두 五行의 형상에 대해서 논한

것이다. 그런데 그 가운데 土가 가장 중요한 것이니 五行의 金木水火가 土에 의해 생하지

않는 것이 없으므로 土는 사계(四季ー辰戌丑未月)에 旺하다. 만일 五行의 형상이 겸할

경우는 그 형상 가운데서 많은 것을 택하여 형을 정한다.

註=＊土局이 土形을 얻으면 火를 만나야만 옥개(玉愷)와 부(富)를 누린다.

‖土形人이 만일 또다시 土形의 바른 국을 얻으면 이는 바로 土가 土를 얻음이라 재

부를 누리는 상인데 여기에다 다시 火局의 형기(形氣)를 만나면 火生土가 되어 더욱 부유

해지는 것이다.

* 金形人이 火가 왕하면 재물이 먼지처럼 흩어지고 木形人이 金을 만나면 木은 金의 극

을 받으므로 돈이 눈녹듯 사라진다.

註＝金形人이 火局을 만나면 火克金이오 木形人이 金局을 만나면 金克木이니 두 가지의 경우는 극을 당하는 상이므로 흉하다. 광감(廣鑑)에 이르기를 『상극과 상형(相刑)을 귀쇠(鬼衰)라 하여 재물과 돈이 흩어짐이 당연하지 않으랴』하였다.

* 火形人이 火局을 얻어 홍기(紅氣)를 띠면 더욱 재물이 는다.

註＝火形人이 火局을 얻으면 즉 火가 火를 얻음이라 무위(武威)를 크게 떨친다. 여기에다 또 홍색을 띠면 火形의 순수함을 얻음이니 귀한 것이다.

* 水形人이 水局을 만나 얼굴이 둥글고 두터우면 수복이 증가된다.

註＝水形人이 水局을 얻으면 이는 水가 水를 만남이라 문학으로 귀히 된다. 이러한 가운데 겸하여 용모가 둥글고 두터우면 水形을 순수하게 이루어짐이니 쟁탈하지 않아 귀한 상이라 한다.

* 火形人이 木局을 띠면 반드시 영화가 극진하다.

註＝얼굴이 위는 작고 아래는 넓으며 음성이 초연(焦烈—괄괄한 목소리)하여 초년에 부(副)를 누리면 이는 火形人이다. 이에 신형(身形)이 청수한 가운데 늘씬하고 곧으며 뼈

가 솟은듯 하면 火形이 木局을 띤 것이 된다. 木은 火를 생하는 이치가 있으므로 길하여

특별한 영화를 누리는 상이다.

* 水形人이 金을 얻으면 일생 운세가 쾌창(快暢)하다.

註＝형모가 둥그스럼하게 살찌고 등이 수북하면 바로 水形人이다. 여기에다 골격이 방정하고 살빛이 희며 기(氣)가 강하면 金局을 얻음이니 金은 木을 生하는 이치가 있으므로

일생 장애가 없이 발달한다.

* 土形人이 乙木을 만나면 피부가 윤택해야만 소통이 된다.

註＝土形이 木局을 만나면 木克土로 상극되어 나쁘지만 만일 土는 많고 木이 적으며 기색이 윤택하면 소통이 되어 길하다. (乙木이란 陰木으로 木이 약하다는 뜻이다.)

* 木形이 미금(微金)을 만나면 반드시 단삭(斷削)되어야만 바야흐로 쓰임있는 그릇이 만들어진다.

註＝木形이 金을 만나면 金克木 상극되어 좋지 않다. 그러나 木이 많고 金이 적은 가운데 형모가 헌앙(軒昻)하면 반드시 단삭(斷削—자르고 깎아 다듬는것—즉 고생을 겪는것)

된 뒤에 훌륭한 그릇이 만들어진다.

* 水形이 두터운 土를 만나면 재산을 파하고 火形이 미금(微金)을 만나면 진취되기가 어

렵다。

土는 水를 극하니 土가 많고 水가 미약하면 재산을 파함이 당연한 것이오、火는
金을 극하니 火가 중하고 金이 미약하면 이익을 얻기가 매우 어렵다。(五行의 原理로 身
旺財弱이 되기 때문이다)

＊ 마땅이 기색이 나타났다 없어졌다 하는 것을 살피고、겸하여 주름과 사마귀등의 유무
로 길흉을 판단할 것이며、다시 운한(運限)의 장단을 살피라。

註＝이 세가지는 위에서 논한 五行生尅관계로 서로 참고하여 보면 길흉판단에 틀림이
없을 것이다。

＊ 이마는 三十전의 영고(榮枯)를 보고。

註＝이마는 火星으로 초년운을 주관한다。이마가 풍만하고 반듯하며 높이 솟으면 길하
고 이마가 뾰족하게 깎이거나 끊기거나 凹하게 죽으면 흉하다。

＊ 코는 재성(財星)인데 三十전 중년의 좋고 나쁜 것을 징험한다。

註＝코는 土星이오 재성(財星)이니 중년의 운을 보는 곳이다。코가 풍륭하여 눈이 솟으
면 앉아서 부귀를 누리지만 코가 만일 깎이고 뾰족하거나 낮고 함(陷)하면 파패를 당하는
것이므로 빈천과 흥영의 성패를 이 부위를 보아 알게 된다。

* 승장·지각은 말년을 관할한다.

註 = 승장(承漿)에서 지각(地閣)까지는 말년의 운세를 주관한다. 그러므로 이곳이 풍후 하여 조공(朝拱)하면 말운이 길하다 하고, 깎이고 뾰족하거나 짧거나 작으면 말운이 흉하 다 하는 것이다.

* 발제에서 인당까지는 백세의 운이 매인 부위다.

註 = 발제(髮際) — 이마위 머리난 곳) 에서 아래로 인당(印堂)까지는 일생의 귀천을 좌우 한다.

* 평생의 조화는 먼저 사강을 취하여 보고 인세(人世)의 현기(玄機)는 먼저 삼주(三主) 를 본다.

註 = 사강(四强)은 子午卯酉를 지칭함이고 子午卯酉는 턱·이마·좌우관골의 뒤편인데 이 네곳은 풍륭하고 넓고 두툼한 것을 기뻐하고, 뾰족하게 깎이거나 파상(破相) 되거나 함하면 마땅치 못하다. 고로 인생의 조화를 알려면 먼저 이 네곳 부위를 살피는게 옳다 는 뜻이다. 그리고 삼주(三主) 이마·코·턱의 셋으로 분류해서 이마를 초년, 코를 중년 턱을 말년으로 하여 일생의 대체적인 윤곽은 먼저 이곳을 살피는게 가하다.

* 기색이 밝고 윤택하면 순조롭고 한운(限運)이 기구하면 안되는 일이 많다.

註＝오행관계와 삼한(三限ㅡ初中末)에 따른 부위가 결합되면 그 운에서 간난 신고를 겪는다.

＊ 머리가 뾰족하고 이마가 좁으면 벼슬 구함이 불가하고, 기색이 나쁘고 신(神)이 고(枯)하면 어찌 발달하랴, 눈빛이 쥐눈(鼠目) 같으면 도둑의 무리오, 눈동자가 노루눈(獐目) 같으면 횡사하는 운명이며, 눈망울이 벌눈(蜂目)처럼 솟으면 형상(刑像ㅡ크게 다쳐 사망함)을 당하고, 입이 납작하여 메기입(點魚口) 같으면 종신토록 고생한다.

註＝이상은 오행과 관계된 것인데 오행의 길격을 이루었더라도 형상이 이러하면 빈천 고독 단명하다는 뜻이다.

＊ 좋은 머리가 둥글어야 귀하고 도인(道人)은 용모가 맑아야 영예를 얻는다.

註＝이하는 주로 승도(僧道)의 상에 대해서 논함이다.

＊ 정수리가 솟고 머리가 둥그스럼하면 반드시 명경(名境ㅡ이름난곳)에 거하는 스님이다.

註＝머리통이 둥근 가운데 정수리뼈가 높이 솟고 이마가 넓고 방정(方正)하면 중이 되었을 경우 반드시 제일가는 사찰(寺刹)에 거하고 고승(高僧)의 칭호를 듣는다.

＊ 신이 맑고 골격이 수려하면 법사(法師)의 칭호를 받는다.

註=눈빛이 맑고 빛나기가 번개(電) 같고 골격이 수려하여 거북이나 학의 형상을 닮으면 중이나 도인(道人)이 되었을 경우 법사(法師)나 대사(大師)나 도사(道士) 칭호를 듣는다.

* 이중턱에 푸른 눈은 부귀를 누리는 고승이오, 이마가 넓고 미목이 수려하면 문장이 높은 도사다.

註=이중턱(重頤)은 부(富)하고 푸른눈(碧眼)은 지혜롭다. 그리고 이마가 넓직한 가운데 미목(眉目)이 수려하면 문장(文章)이 뛰어난 상이다.

* 귀가 얼굴보다 희면 벼슬에 봉해지고, 관골이 솟고 인당이 평평하면 천사(天師)의 벼슬이다.

註=중이 된 신분으로 얼굴보다 귀가 희면 반드시 선세(善世—세상을 잘 다스리도록 하는)의 벼슬에 봉함을 받고, 도(道)를 닦는이가 관골과 인당이 풍륭하면 천사(天師)의 직(職)을 얻는다.

* 형모가·오종종하면 범속한 중이오, 음성이 맑고 골격이 청수하면 부귀를 얻는 상이다

註=중이 된 사람이 용모가 납작하거나 왜소(矮小)하거나 천박해보이면 속된 중이오, 음성이 맑고 골격이 수려하면 부귀를 누린다.

* 골격이 거칠고 형모가 속되면 늙도록 산속에 묻혀 고생한다.

註 ‖ 뼈대가 거칠게 불거지고 형상이 탈속(脫俗—속된 모양을 벗음) 되지 못하면 늙도록 산속에서 이름 없는 중이 되어 곤액을 겪는다.

* 형모가 기이하고 신(神)이 특수하면 멀리 구름길(雲路)에 뛰어 오른다.

註 ‖ 보통 사람과 특이하게 고상해 보이면 도(道)를 크게 깨닫는다.

* 배와 등이 풍만하면 의발(衣鉢)이 넉넉하고 코가 곧고 가즈런하면 부귀가 자연 이른다

註 ‖ 배와 등이 풍만하고 코가 곧고 가즈런하면 모두 부상(富相)이니 중이 이러한 상을 타고나도 마찬가지로 부(富)하다는 뜻이다.

* 눈썹이 맑고 눈이 수려하면 귀히되거나 재물이 풍족하다.

註 ‖ 미목(眉目)이 청수하면 평상인도 귀하거나 재부(財富)를 누리는 상인데 중도 마찬 가지다.

* 이마가 넓고 턱이 풍후하면 벼슬에 거하여 녹을 먹는다.

註 ‖ 이마와 턱이 넓직하고 높이 솟으면 이를 천지조공(天地朝拱)이라하여 평상인도 관록을 먹는 형이니 중아 이러하여도 관록을 얻는다.

-314-

* 빈발이 짙어 도인의 모양에 부합될지라도 음성이 밝아야만 영화롭고,

註＝빈발(鬢髮―머리털)이 기이한 형상으로 짙게 나서 도(道) 닦는 사람의 모양과 일치된 가운데 음성이 맑게 메아리치면(울려 나가는 것) 일찍 영귀한다.

* 미목이 평직해서 중의 상으로 적합할지라도 골격이 맑아야만 귀히 된다.

註＝눈썹이 평평하고 수려하며, 눈이 곧고 밝으면 중의 상으로 길격인데 이러한 상을 가졌더라도 겸하여 골격이 맑고 고괴해야만 존귀한 상이라 한다.

* 시선이 바르지 못하면 음난하고 몸놀림이 가벼우면 빈천한 상이다.

註＝만일 사물을 똑바로 바라보지 않고 곁눈질로 힐끗거리며 훔쳐보는 자는 음난한데 비록 중이나 도인일지언정 음행을 그만두지 못한다.

* 눈에 도화빛이 발하면 오로지 주색 즐기기만 꾀하고,

註＝눈빛이 도화색을 띠어 탐욕스럽게 보이는 자는 간사하고 음탕한 상으로 주색에 미쳐 날뛰는 무리이니 중이나 도인(道人)도 예외는 아니다.

* 얼굴빛이 검은 때가 낀것 같이 어둡고 추해보이면 가재를 다 파한다.

註＝얼굴이 회토(灰土)를 바른것 같거나 티끌이 짙게 낀것 같아서 맑고 깨끗치 못하면 빈궁에 액이 많은 상이니 중이 될지라도 궁핍한 고생을 면치 못한다.

-315-

＊ 한운의 길흉도 세속인과 마찬가지니 근기를 상세히 분별하여 그 묘리를 찾으라.

註＝상(相)으로 한운(限運—어느때 좋고 나쁜 일이 응하는가)을 추리하는 것은 중이나 도인이나 세속사람이나 마찬가지다. 그러므로 부위와 골법(骨法)과 기색(氣色)은 승도와 속인(俗人)이 기본 원리는 다를바 없으니 각각 그 묘리를 찾으면 된다.

＊ 인생의 부귀는 전생에 수행(脩行—즉因) 한 인과(因果)때문이오, 빈궁하게 사는 것은 모두 금생(今生)에서 악행을 지은 때문이니 형모만 보지 말고 먼저 마음의 바탕을 보라.

註＝사람의 부귀빈천이 상모와 기색에 있다고 하지만 그러나 선행을 하면 상서로운 일이 내리고, 악을 행하면 재앙이 내리는 것이니 그 마음 바탕을 알지 못하면 안된다. 그러므로 배도(裵度)는 자기의 화상(畵像)을 보고 자찬하기를 『네 몸의 키가 크지 않고, 비 용모가 잘나지 못했거늘 어떻게 장수가 되었으며 어떻게 정승이 되었을가, 한쪽각 영대(靈台)에 단청(丹靑)한 것 같음을 형상하지 마라』하였으니 이로 보건대 마음이란 상(相)의 길흉을 크게 좌우한다 하겠다.

＊ 만일 전정을 묻는다면 먼저 기국을 필히 살필것이오, 앞의 징조를 알려면 그 형용을 살필지니 먼저 오악으로 상의 근기를 삼고 뒤에 기색으로 화복을 결정하라.

註＝상을 보는 법이 이상에서 말한 네가지 원칙을 주로하면 길흉과 귀천의 대략을 알수 있으리라. 그러므로 전세에서 공덕을 닦지 않았더라도 또한 내생의 과(果)는 짓게 된다.

註=상법을 배우는이는 이러한 이치를 통달해서 그 술법어 사람을 유익하게 하면 그

보답이 자기에게 미치러니 어찌 내생까지 기다리랴.

* 뜻이 넓은 안목과 풍부한 지식이라야 천기(天機)와 합하게 된다.

註=마의선옹의 말인즉 출세적인 술법에 통달하여 묘리가 천기에 부합되면 이것이 바

로 참된 신선(神仙)의 술법이라는 뜻이다.

* 수요와 궁통이 상법에서 벗어날수 없는 것이니 부귀빈천이 어찌 이 책에서만 나왔으랴

지혜로운이는 법을 얻으면 자연 신선의 눈이 트일 것이라 뒤에 배우는이는 지혜 없고 덕이

없는 무리에게는 전하지 마라.

註=풍감(風鑑ー풍채를 보는것)의 술법이 천변만화인 것이니 사물의 이치를 다 통하면

어찌 범속한 인물이 다 배울 수 있으랴.

* 고산유수(高山流水)의 음조(音調)를 알아듣는이가 적어 한쪼각 백운의 깊은 곳에 감춰

둔다.

註=이 책이 유수(流水)의 음률과 같아 음율을 아는이가 드문고로 오래도록 화산(華山)

의 석실(石室) 백운동(百雲洞) 깊은 곳에 숨겨두었는데 이제 음조를 아는 희이(希夷)를

만났으므로 너에게 슬며시 주는바이다.

〔참 고〕 高山流水에 대해서 다음과 같은 유래가 있다. 옛날 백아(伯牙)라는 거문고의 명인(名人)이 고산유수(高山流水ー즉 峨洋曲)란 곡(曲)을 탔는데 그 당시 이 음곡(音曲)을 아는 이가 없어 항시 한탄해오다가 우연히 종자기(鍾子期)를 만나 드디어 이 곡이 아양 곡임을 알아주었으므로 서로 지기(知己)가 되었다 한다. 그러므로 마의(麻衣)는 자기의 상술(相術)을 고산유수에 비유하고, 진박(陳博)을 종자기에 비유하여 자신의 진전(眞傳) 을 터득할 수 있는 지기를 만나 흔쾌하게 전수하였던 것이다.

＊ 이 상법의 묘리를 정밀히 연구해서 현관(玄關)을 뚫으면 마음으로 얻어 눈으로 응한다 한 번 보아 어긋남이 없으리니 바야흐로 신이부(神異賦)가 거짓되지 아니한것을 알게 되리 랑.

註ー진실로 이 신이부의 묘리를 정밀하게 연구해서 그 가운데 있는 가장 현묘한 관문을 통한다면 마음의 눈과 육신의 눈이 하나로 열려 어긋남이 없는 경지에 이른다. 바야흐로 이 신이부의 묘법(妙法)이 속임이 없음을 믿게 되리니 뒤에 배우는이는 이 비법을 정성스 럽게 받아 소홀히 취급하지 말라는 뜻이다.

○ **금쇄부(金鎖賦)**

相法百家歸一理하니　剛出諸家契妙歌하여
文字縱多離以揆라　盡興後人容易記라.

상법은 백가지의 법이 모두 한가지 이치이니 글자가 많다 해도 뜻을 다 나타내기는 어렵다. 여러 상법의 오묘한 법을 간추려서 후세 사람들이 알기에 쉽도록 기록한다.

六害眉心親義絶이니　刑妻尅子老不閉하고
纔如秋水圓還缺이면　作事弄巧反成拙이라.

육해미를 가진이는 육친과 의를 끊게 되고, 눈이 솟고 둥글고, 흰망울이 많고 검은 동자가 적으면 처자를 극하여 노래에 편안하지 못하고 매사에 재주를 자랑하지만 결과는 만족치 못하다.

山根斷兮早虛花니　兄弟無緣離祖宅하고
祖業飄零必破家라　老來轉見事多麻라.

산근이 끊어지면 조년에 열매 없는 꽃과 같아서 조상의 업은 다 없어지고 가업을 파

한다。 게다가 형제간의 인연이 없어 태어난 고향을 멀리 떠나게 되고、 노력해도 운이 없

어 일마다 장애가 많다。

眉交面黑神焦悴면　冷眼見人笑一面하면

愛管他人事掛懷라　不知毒在暗中來라。

눈썹이 서로 맞붙고 신(神)이 마르면 남의 일 간섭을 좋아하여 괜한 일에 얽힌다。 냉

정한 눈빛에 얼굴만 웃음을 띠면 암암리에 남을 해치는 사람이다。

乍逢滿面有精神이나　似此之人終壽短이니

久有原來色轉昏이면　縱然有壽赤孤貧이라。

얼핏보아 얼굴에 정신이 있는것 같아도 오래 되면 원래의 기색이 어두운 사람은 단명

한 상인데 혹 명이 길면 고독하고 빈궁해질 것이다。

五星六曜在人面하니　耳偏口側末年破요

除眉之外怕偏斜라　鼻曲迎突四十年이라。

오성은 金木水火土 오행 부위로 즉 이마와 턱과 좌우 귀와 코를 말함이고 육요(六曜)는

좌우의 눈썹과 눈、코、입을 칭함인데 이 모두 얼굴에 있는 부위다。이 가운데 눈썹을 뺀

나머지는 모두 기울거나 비뚤어진 것을 꺼리는바 귀가 비뚤어지고 입이 기울면 말년에 파

파손하고、코가 굽고 코구멍이 넓으면 사십에 액이 있다.

讀盡詩書生得寒하면　平生雖有冲天志나

文章千載不爲官이라　爭奈鸞雛翼未乾코

만약에 골격이 고한(枯寒)하면 시서(詩書)를 다 읽고 문장을 천년이나 닦을지라도벼슬

에 오르지 못한다. 그러므로 의지는 하늘에 솟을듯 하나 날개가 자라지 못한 꾀꼬리 새

끼의 청상이라 어찌 하늘을 날겠는가.

面大眉寒止秀才요　終朝脚跡忙走나

唇掀齒露更多災라　富貴平生不帶來라.

얼굴만 크고 눈썹이 없는듯 하면 수재라 하지 말고、입술이 걷혀 이(齒)가 드러나면 재

앙이 많다. 그러므로 하루 종일 분망하게 달려도 평생토록 부귀는 오지 않으리라.

上停短兮下停長이면　縱然管得成家計나

多成多敗道空亡이니　猶如烈日照氷霜이라

상정(上停—머리에서 배꼽까지)이 짧고 하정(下停—배꼽에서 발까지)이 길면 성패가

번복되어 결국은 얻는 것이 없다. 비록 한때 가업을 이루어도 그것은 마치 쨍쨍한 햇볕

에 녹는 서리와 같다.

下停短兮上停長하면　若是庶人生得此면
必爲宰相侍君王이라　金珠財寶滿倉箱이라.
위와 반대로 하정이 짧고 상정이 길면 재상이 되어 임금을 섬긴다. 만약 보통사람이 이
러한 상이면 금은보화가 상자에 가득하리라.

形愛恢宏又怕肥니　二十之上肥定死오
恢宏榮華肥死期라　四十形恢定發時라
형모는 크고 튼튼함을 기뻐하되 살찐 것은 두렵다. 형모가 후중하게 크면 영화를 얻고
살이 비만(肥滿)하면 단명한 상이다. 이십에 살이 뒤룩거리면 죽음이 가깝고, 사십에몸이
나면 부귀를 발한다.

瘦自瘦兮寒自寒하니　瘦有精神終必達이오
寒瘦之人不一般이라　寒雖形彩定孤單이라
상(相)에는 마른것과 골한(骨寒)한 것이 있는데 마른것과 골한한 것은 같은 형상이 아니다
말랐어도 정신만 유여하면 마침내는 성공하지만 골한한 상은 비록 형상이 곱더라도 고단
함을 면치 못한다.

色怕嫩兮又怕嬌니　老年色嫩招辛苦요

氣嬌神嫩不相饒라　少年色嫩不堅牢라.

눈색과 교한 색은 모두 좋지 못하니, 기색이 교하거나 눈하면 풍요롭지 못하다. 노년에
기색이 눈(嫩ー갓 나온 풀삭과 같은것) 하면 고생이 따르고, 소년에 눈색을 띠면 명을 보
전하기 어렵다.

眉要曲兮不要直이니　曲者多學又聰後이오
曲直愚人不得知라　　直者形妻又冠兒라

눈썹 모양은 굽은것이 좋고 곧으면 좋지 않은데 굽은건지 곧은건지 알기가 어렵다. 눈
썹이 단정하게 굽으면 총명준수한 사람이오, 곧고 거칠면 처자를 극한다.

髭須要黑又要稀니　最嫌濃濁焦黃色이니
依稀見肉始爲奇라　父母東頭子西在라

수염은 검고 윤택하고 빽빽하지 말아야 하니 약간 드문듯 하여 살이 보이는 것이 길상
이다. 그러므로 수염이 짙고 탁하고 누리고 꼬실대는 것을 가장 꺼리는데 이러한 상은
자식이 있더라도 동서로 이별한다.

議論爭差識者稀일새　眉高牲巧能通變이니
附干金鑽號銀匙라　　侍待公王在地時라

이 금쇄부를 다투어 의논해도 완전히 아는이가 드므니 금쇄부에 덧붙어 쓴 글은 은시가(銀匙歌)라 한다. 눈썹이 높이 붙으면 성품이 교하여 통변하는 재주가 능하니 큰 인물의 상이 이러하면 타일에 공후(公侯)나 임금이 되리라.

○ 은시가(銀 匙 歌)

股肱無包最是凶하니　雖有祖田幷父廳이나

兩頭如杖一般同이라　終須破敗受貧窮이라

팔 다리에 살이 없어 뼈가 불거지면 가장 흉한 상이니 팔다리가 막대처럼 생겨도 마찬가지다. 비록 조상의 전택(田宅)과 부모의 음덕이 있더라도 결국에는 다 없애고 빈궁해진다.

頸痕瀎剩最爲刑이니　若不尅妻幷害子면

羅網之中有一名이라　更憂家道主伶仃이라

머리가 헐거나 어루레기가 생기면 가장 흉하여 육친을 형(刑)하는 상이니 나망살(羅網殺) 가운데 하나에 해당한다. 이러한 상을 가지면 처자를 극할뿐 아니라 가도가 패하여 빈궁 고독해진다.

相中最忌郎君面이니　女子郎君好淫慾이니

男子郎君名不長이오　僧道孤獨邻無妨이라

상중에 가장 꺼리는 것은 낭군면(郎君面ー낭군면의 뜻을 확실히 모르겠으나 추측컨대

남자로서 여자의 형상을 닮고, 여자는 남자처럼 생긴것을 말하는게 아닌가 한다)이니

남자가 낭군면 음욕이 강하다. 이명 수명이 짧고, 여자가 낭군면이면 음욕이 강하다. 그리고

이러한 상은 중이 되어 고독하게 지내면 액을 면한다.

眉毛間斷至顴邊하면　尅破妻兒三兩個라야

눈썹 중간이 끊기거나 눈썹끝이 관골부위로 처지면 항상 관재시비가 일어나 전답을 팔

常爲官非賣邰田이라　方敎禍患不相纏이라

아 없앤다. 처자를 두세번 잃은 뒤라야 바야흐로 재앙이 떠나가리라.

好色之人眼帶花니　有毒無毒但看眼이니

莫敎眼緊視人斜하라　蛇眼之人子打爺라

색을 탐하는 것은 눈에 도화(桃花)를 띤 때문이오、눈이 꺼당기거나 흘겨보는 것도 마

찬가지다. 마음이 악독하고 악독하지 않은 것은 눈에 있는 것인데 뱀눈을 가진자는 자

식으로서 그 아비를 매질하는 불륜아다.

無家可靠羊睛眼이니　更有禾倉高一寸이면

都問他人借住場이라 　中年尤未有夫娘이라

거처할 집도 없는 것은 양의 눈을 가진 때문이니 남의 집을 빌려 세방살이 하는 신세다. 여기에다 광대뼈가 높이 불거지면 중년이 되도록 아내(여자는 남편)가 없다.

下頭尖了作凶殃하니 　任是張良能計策이나
曲郤田園更賣塘이라 　自然顚倒見狼當이라

턱이 뾰족하면 흉액이 있으니 토지 가옥을 다 팔아 없앤다. 장량같은 모사가 계책을 드린다해도 자연히 거꾸러져 낭패를 당하리라

眼下凹時又主孤니 　卯酉不加鷄卵樣이면
陽空陰沒赤同途라 　只宜養子興同居라

눈 아래 와잠이 오목하면 고독한 상이니 좌우 두 눈이 솟아도 마찬가지다. 양쪽 관골이 없이 코만 높게 솟으면 양자를 구하여 같이 살으리라.

眼珠暴出惡因緣이니 　更有白晴包一半하면
自主家時定賣田이라 　也知不死在狀前이라

두 눈이 튀어나오면 흉악한 상이니 토지와 가옥을 다 팔아 없앤다. 겸하여 흰망울이 반을 차지하면 자기집 침상에서 운명을 못한다 (객사)

下頦趣天旺永年이오　數年荒旱不欠米는

邊城不佐也無錢이라　只因上下庫相連이라

턱이 풍륭하여 이마와 서로 응하면 일생 부귀를 누리고, 이마와 지각의 좌우변이 박약

하면 재전(財錢)이 없다. 수년을 가물어도 식량이 궁핍하지 않음은 천창(天倉)과 지고(地

庫)가 풍만한 때문이다.

鼻梁露宵是反吟이오　反吟相見是滅絕이오

曲轉些見是伏吟이라　伏吟相見淚淋漓라

콧대뼈가 칼등처럼 솟으면 반음살이(反吟殺)이라 하고、코가 굽고 코구멍이 뻔하면 복

음살(伏吟殺)이라 한다. 반음 복음 이 두가지 상은 자식을 자주 읽고 대가 끊긴다.

眼兒帶秀心中巧하여　手作百般人可愛라

不讀詩書也可人이니　縱然乘假也成眞이라

눈이 수려하면 교(巧)한 재주가 있으므로 글을 읽지 못했더라도 무방하다. 손을 대면

못하는 일이 없으니 무엇을 다루든지 훌륭한 그릇을 만든다.

薄紗染皂出栗米면　倘見山根高更斷이면

縱有妻時也沒兒라　五年三次路邊啼라

이 높고 다시 끊기면 五년에 세차례 노변에서 운다。

얼굴전체에 적기(赤氣)가 좁쌀처럼 돋으면 비록 아내는 있더라도 자식이 없다。혹 산근

淚痕深處排一點하고　左眼無男右無女니

眼下顴前起一星이라　縱然稍有也相刑이라

누당(淚堂)과 관골 위에 검은 점이 있으면 왼편은 아들이 없고 오른편은 딸이 없다。비

록 자녀를 낳는다 해도 기르다가 실패할 우려가 있다。

髮際低凹又無父요　左額骨出父先死니

寒毛生角幼無娠이라　不死不刑便自傷이라

이마가 낮고 凹하면 부친이 없고、머리털이 듬성하면 모친이 없다。왼편 광대뼈가 불거지면

부친이 먼저 죽는데(오른편은 모친) 부모를 여의치 않으면 자신의 액이다。

士人眇眼陷文星이니　任是文章過北斗나

豹齒尖頭定沒名이라　洽如木履不安釘이라

선비로서 애꾸눈이면 문성이 낙함(落陷)됨이니 벼슬운이 없고、

리가 뾰족하면 벼슬이름이 없다。비록 문장이 북두성에 닿을듯이 높더라도 나막신에 정

(釘)을 박은것 같이 편치 못하다。

眉重山根陷破財오　土星端正終須發이오

更憂三十二年災라　土星不好去無回라

눈썹이 몹시 짙고 산근이 함하면 재물을 파하고 또는 三十二세에 재액을 만난다。코

가 단정하면 발복하고 코가 좋지 않으면 재물을 잃는다。

寒相之人肩過頸이오　只有親情抬不出은

享福之人耳壓眉라　兄因形似兩中鷄라

빈한한 사람은 어깨가 목 위로 솟고 복을 누리는 것은 귀가 눈썹보다 높이 붙었다。그

리고 재물이 따르지 않는 것은 그 형상이 비맛은 닭과 흡사한 까닭이다。

大量之人眉高眼이니　眉粗眼小不相當하면

眼眉相定不憂愁라　寅年吃了卯年糧이라

국량이 큰 사람은 눈썹이 높이 붙은 때문이오 미목(眉目)이 수려하면 근심이 없다。눈썹

이 거칠고 눈이 작아 적당치 못하면 의식이 궁핍하다。

印堂三表是滋基니　假女水星來救護면

兄怕下長來犯之라　不敎人受此寒飢라

인당에 세줄기 주름이 있으면 이를 자기(錵基)라 하는데 오직 두려운 것은 아래 주름이

긴 것이다. 그러나 수성(水星) 즉 입이 훌륭하면 재물이 없어 굶주리는 곤액은 면한다.

上頭須有些橫樣이나　鶴脚之人成小輩요

下停不均却壞之라　蠻蹄姑子是婆姨라

머리는 모름지기 약간 넓어야 하나 하정이 고르지 못하면 길상(吉相)이 아니다. 학(鶴)

다리 같은 사람은 소인의 무리요 뒤꿈치가 평평한 여인은 무당이나 중매장이다.

八歲十八二十八은　有無活計兩頭消라

下至山根上至髮이니　三十印堂莫帶殺하라

팔세 십팔 이십팔세는 아래로 산근에서 위로 발제까지다. 생활이 넉넉치 못함은 이마가

뾰족함이오 인당은 三十인데 이곳에 살(殺ㅡ주름·사마귀)을 띠지 말아야 한다.

三二四三五十二는　禾倉祿馬要相富이니

山根上下準頭至라　不識之人莫亂指하라

삼십이 사십이 오십이세는 산근 상하와 준두까지다. 화창 녹마궁은 풍륭함을 요하니 잘

모르는 사람은 이렇쿵 저렁쿵 떠들지 마라.

五三六三七十三은　逐一推算着禍福하라

人中排來地閻間이니　火星百歲甲堂添이라

오십삼 육십삼 칠십삼세는　인중과 배래와 지각간이니　하나의 이치를 따라 화복

을 추산하라 화성(이마)은 백세요 백세가 넘으면 다시 일세 자리로 돌아간다。

上下兩截分貴殘이오　此是神仙眞妙訣이니

倉庫平分定有無라　莫將胡亂敎庸夫하라

상하로 나누어 귀천을 분별하고 천창 지고가 평평한가 아닌가로 재물의 유무를 판단하

라。 이는 신선의 참된 묘결이니 호란(胡亂ー여기 저기서 얻어들은 상식정도)을 가지고 아

무에게나 가르치지 마라。

胡僧兩眼有識覺하니　殺帶學堂不是賢이니

蠢識人間善與惡이라　莫將此法亂相傳하라

호승은 두 눈에 알고 깨달음이 있으니 인간의 선악을 다 알수 있다。 학당에 살을 띠

면 어진이가 아닌 것이니 이 법을 가져 아무렇게나 전하지 마라。

家風齊楚眉淸秀요　抬𠑊塵埃高一寸은

偏促之人庫帶紋이라 只緣眉似火燒禽이라

가풍을 빛내는 것은 미목이 청수한 때문이오, 재난을 부르는 것은 지고에 주름이 많은
탓이다. 사람됨이 비루한 것은 다만 눈썹털이 불에 끄슬린 것 같은 까닭이다.

準頭如囊紅更生하면 若得兩頭無尅處면
或在西時或在東이라 假饒凶處不爲凶이라

준두가 뾰족한 가운데 다시 적기(赤氣)가 발하면 동서에 분주하고 이마 좌우가 풍만하
면 흉한 곳에 처하여도 흉액을 당하지 않는다.

更有頤頦開兩井에 倉庫空倒不由人이니
準頭須帶兩頭條라 休說良田多萬頃하라

턱 양편이 함하게 죽고 준두에 두 가닥 주름이 있으면 창고가 비게 되는데 이는 사람의
잘못으로 인함이 아니니 기름진 전답이 많다 자랑하지 마라.

大脚原來夭折災요 耳聾眼患因羊刃이니
髮頭可折在脣臺라 不折天年也有災라

발이 크면 요절하고 층대에서 떨어져 액을 당하리라。 귀가 어둡고 눈병이 생기는 것은

양인살(羊刃殺) 때문이니 일찍 세상을 떠나지 않으면 재난이 많다.

眉頭額角如龍虎면　接連倉庫反爲災요

龍虎相爭定至愚라　鼻梁高露不安居라

눈썹위 액각이 깎이면 지극히 어리석고 천창과 지고까지 함하면 재난이 많으며, 콧대가

칼등처럼 솟으면 신세가 고달프다.

若是眉間容二指면　眼下若無凶星照면

此人開手便覺宜라　中年不祿赤豊肥라

양미간 즉 인당이 평평하고 넓으면 무슨일에나 손대어도 순조롭게 이루어진다. 눈밑에

주름 사마귀가 없고 기색이 어둡지 않으면 관록을 먹거나 의식이 풍부하다.

中年倉庫看禾倉이니　須要田園入庫倉이니

禾倉眉陷無屯儲라　倉庫平滿有禾倉이라

중년운은 창고와 화창 부위를 볼것이니 이곳이 함하면 저축할 재물이 없다. 그러므로

천창과 지고가 넓직함을 요하니 창고가 평만하면 곡식이 가득하다.

取人性命面上黑이오　見人歡喜心中破요

換人骨髓眼中紅이라　見人眉皺太陽空이라

관골위에 검은 점이 있으면 남의 목숨을 뺏는자요 눈이 붉으면 사람의 골속을 꺼내먹는
무리다. 사람을 보고 지나치게 반기는듯 하면 그 마음이 음험하고、공연히 찡그리는 자는
아들이 없다.

有財不住無他事니　露井露牡不得全하면
兄因倉庫有長鎗이라　那得浮生主晚年고
雖然不怕經官府나
兄無衣祿也無錢이라

재물이 있어도 모이지 않는 것은 다른 까닭이 아니오 다만 창고에 긴창 모양의 흉터가
있음이다. 코구멍이 드러나 뻔하게 보이면 어찌 부생이 말년을 주장할가、비록 그러하나
관재수는 두렵지 않고 다만 관록과 의식이 없고 금전이 궁핍하다.

五三六三七十三은　遂一分明定福福이니
水星羅計要相參하라　水星莫被土星覆하라

오십삼 육십삼 칠십삼세는 입과 눈썹을 아울러 참고하라、한가지 이치로 화복을 결정할
것이니 입술은 걷히지 말아야 하고 코구멍은 잘 보이지 않아야 한다.

數篇細語名金鎖하니　試看人生無歸着은

推明禍福令趨躱라　耳大無輪口無角이라

不在東街賣餛飩이면

便在西街賣餅飩라

수편으로 자세히 말한바 이름을 금쇄부라 하니 인생의 화복을 밝게 추리하건

대 인생이 편안하게 귀착할 곳이 없는 것은 귀가 크기만 하고 윤곽이 없는 까닭이다.

그러므로 동쪽 가두에서 경단을 팔지 아니하면 서쪽 거리에서 밀수제비나 싸래기떡을 파

는 신세다.

상형기색부(相形氣色賦)

* 무릇 얼굴의 상을 보려면 먼저 삼정(三停)으로 구분한다. 골격(骨格)은 일세의 영고

(榮枯)를 정하고 기색(氣色)은 유년(流年)의 왕쇠(旺衰)를 주관한다. 골격은 때로 자라나

고 형용은 홀연히 변하는 수가 많다.

상정(上停 — 이마)은 하늘을 상징하니 귀를 주장하는바 천중(天中)에서 인당(印堂)까지 이

르고、중정(中停)은 사람을 상징하여 수(壽)를 주관하는데 산근(山根)에서 준두(準頭)까지가 이

이르며、하정(下停)은 땅을 상징하니 녹을 주장함이라 인중(人中)에서 지각(地閣)까지가 이

에 속한다。

註=상정은 천중(天中)·천정(天庭)·사공(司空)·중정(中正)·인당(印堂)이 모두속

한다。이 다섯 부위는 옆으로 눈의 상하와 눈썹의 좌우가 연결된 부위로 우선 귀(貴)를

주관하고 아울러 부모관계、임금、상관(上官) 등 윗사람관계와 초년의 운을 본다。중정은

산근(山根)·연상(年上)·수상(壽上)·준두(準頭)의 네곳인데 좌우로 눈밑 관골 귀앞과

연접하여 모두 중정에 속하니 수요(壽夭)와 재물과 처자 형제관계를 보고 중년의 길흉을

추리한다。하정은 인중(人中)·수성(水星)·승장(承漿)·지각(地閣)의 네 부위로서 입

의 상하와 좌우의 뺨(볼)과 턱과 연결하여 전택(田宅)과 노복(奴僕) 부하와 육축(六畜)

관계를 보고 또는 말년의 길흉을 판단하게 된다。

* 삼태에 매인 행운(行運)의 한수(限數)가 一세에서 七十七가 매었다。

註=삼태(三台)는 삼정(三停)인데 유년부위에 대해서는 앞의 유년부위가 (流年部位歌)

또는 유년부위도(流年部位圖)를 참고하라。

* 、십삼부위의 계한(界限)이 각각 그 맡은바가 있으니 십이궁의 분야를 함께 세별하여

보아야 한다.

註＝십삼부위란 천중(天中)·천정(天庭)·사공(司空)·중정(中正)·인당(印堂)·산
근(山根)·연상(年上)·수상(壽上)·준두(準頭)·인중(人中)·수성(水星)·승장(承
漿)·지각(地閣)이며, 십이궁은 명궁(命宮—印堂)·재백(財帛—準頭·天倉·地庫)·형
제(兄弟—兩眉)·전택(田宅—地閣)·男女(男女—兩目의 上下와 人中)·노복(奴僕—頦吻)·
처첩(妻妾—眼眉 즉 魚尾와 奸門)·질액(疾厄—山根·年上·壽上)·천이(遷移—양쪽 太陽)
·관록(官祿—額)·복덕(福德—耳前 및 이마 즉 福堂과 양쪽 관골)·부모궁(父母宮—日
月角)이다.

＊ 땅은 남북이 같지 않고 사람은 노소가 각기 다르다.

註＝남인(南人)은 기(氣)가 맑으나 후(厚)한 맛이 적고, 북인(北人)은 기가 후하나 청
한 맛이 적고 회인(淮人)은 기가 중하나 발양(發揚)하는 점이 적고, 진인(秦人)은 기가
잠겨 화하는 기가 적다.

이상은 中國 땅을 비유함인데 각 지방에 따라 氣質이 약간씩 다르다는 뜻이다.

그리고 사람은 노소가 각기 다르다함은 기색(氣色)에 있어 노인은 색이 눈(嫩—갓 나온
풀싻처럼 연한 색)한 것을 꺼리고 젊은이는 고(枯)한 것을 꺼린다 하니 늙음과 젊음에
따라 차이가 있다 함이다.

* 밝은 가운데 체기(滯氣)가 있으면 물 위에서 태풍을 만난 형상이오, 체기 가운데 밝은 기색이 돋으면 구름이 걷히고 일월이 나온 것과 같은 형상이다.

註＝얼굴에 황명(黃明)한 빛이 있더라도 인당이나 준두 그리고 오악(五嶽)에 어두운 기색이 나타나면 좋은 일에 마(魔)가 생긴다. 청색은 질병이오, 백기(白氣)는 부모의 우환이오 적기(赤氣)는 구설이오, 흑기(黑氣)는 파괴 및 사망이니 이러한 기색이 발하면 길한 가운데 흉화가 생길 징조다. 그러나 얼굴에 어두운 기운이 있으나 인당과 준두에 황명한 기색이 나타나면 흉한 가운데 기쁜일이 생기게 되므로 이를 흉중길(凶中吉)이라 한다.

* 일분(一分)의 정신이 있으면 일분의 복록을 누리고, 일일(一日)의 기색이 있으면 하루의 길흉이 나타나는 것이니 관로(管輅)의 신통한 눈이 아니면 어찌 이를 깨달으랴, 모름지기 하늘그물(天網) 같은 귀안(鬼眼)이라야 전할수 있는 것이다.

◎ 상정길기(上停吉氣)에 대하여

이궁(離宮)은 관록궁인데 가로로 곤궁(坤宮)과 손궁(巽宮)이 연결되었으니 높고 넓고 모나야 한다.

註＝이마를 남방 이궁(離宮)이라 한다. 『원편은 손(巽)이오 오른편은 곤(坤)인데 위로

-338-

천중(天中)에서 아래는 인당(印堂)까지로 그 옆으로 일월각(日月角)과 용호각(龍虎角―왼

편을 龍角、 오른편을 虎角이라 한다」 그리고 척양(尺陽) · 무고(武庫) · 화개(華蓋) · 복

당(福堂)과 두 눈썹 위가 상정(上停)이오 통틀어 관록궁이라 하므로 관귀(官貴)의 유무를

주관하는 곳이다.

* 역마.는 천이궁이니 통틀어 태양(太陽)이라 하는데 풍만하되 죽은데가 없어야 길하다.

註=좌우의 태양은 변지(邊地) · 역마(驛馬) · 산림(山林) · 교외(郊外) 부위가 모두 이

에 해당되므로 천이궁(遷移宮)이 되니 먼곳의 출입관계를 보는 곳이다.

* 이상의 부위는 맑고 윤택하고 기색이 홍황함이 길하고 어둡게 먼지끼고、 적기(赤氣)나

흑기(黑氣)가 발하는 것을 꺼린다.

註=기색이 맑고 홍황(紅黃)하면 벼슬과 재물에 길하고、 적색은 구설과 쟁송(爭訟)이오

백기(白氣)는 사람이 죽어 복(服)을 입는 징조요、 청기(靑氣)는 우환과 놀랄일이 이르고、

흑기(黑氣)는 형옥에 간히거나 사망의 액을 부른다.

* 경운이 관록궁에 나타나면 삼태궁에 나타나면 삼태팔좌의 지위에 오른다。

註=황기(黃氣) 가운데 자기(紫氣)가 팥알(豆) 같거나 꽃잎같이 점점히 나타나면 이를

경운(慶雲)이라 한다. 이러한 기색이 이마에 비치고 다시 구주(九州—八卦部位와 準頭)

황명(黃明)하면 반드시 공후(公侯)나 장상(將相)에 임명된다. 이 기색이 짙으면 한달안

으로 응하고 늦어도 두달이며 혹은 일년 후에도 응한다. 만일 자기(紫氣)가 동전같거나

반달같으면 五七일에 응한다. 그런데 자기가 없고 홍황한 색만 있으면 다만 재물 생기는데

그치고 마는 것이므로 자기는 가장 좋은 귀기(貴氣)가 된다. 고로 이 사기(紫氣)는 임금

이 불러 배알하는 영예가 있어 사품(四品) 이상의 관직이라야 이러한 길기가 있고 이하는

얻기 어렵다. 자기가 천중(天中)에 나타나면 왕후(王侯)의 극품 귀에 오르고 천정(天庭)

의 자기는 이품(二品)이오、사공(司空)의 자기는 삼품(三品)이오、중정(中正)의 자기는

사품(四品) · 인당(印堂)의 자기는 오품(五品) 관직을 얻는다.

* 자기가 인당에 나타나면 오마제후(五馬諸侯)의 귀를 얻는다.

註‖황기(黃氣) 가운데 앙월(仰月—초생달 누운 모습) 같은 자기가 발하여 위로 천정

천중과 눈썹위 변지 · 역마에 이르고 아래로 준두까지 비치면 두달 안에 칙명(勅命)의 기

쁨이 있거나 임금에게 천거되며 또는 귀자를 낳고 토지와 재물이 는다. 그리고 죄인은

사면복권이 되어 풀려나온다. 자기가 아니고 단지 홍황(紅黃)하고 윤택하면 재물이 이

르고 혼인과 생남의 경사가 이룬다.

* 천중에 둥그스럼한 빛이 보이면 칠십일 이내에 벼슬과 녹봉이 오른다.

註=천중(天中)에 황백기(黃白氣)가 동전만하게 나타나 고광(高廣)까지 번지고 삼태(三台ー三停)에 황명한 기색이 발하면 칠일에 봉직(卦職)되고 이에다 자기(紫氣)까지 얻으면 임금을 만나보게 된다.

* 액각에 정색이 머무르면 삼년내에 크게 벼슬한다.

註=일월각(日月角)과 용호각(龍虎角)에 항상 황색이 머물러 흩어지지 않으면 삼년 안으로 출장입상(出將入相)하고, 겸하여 자기(紫氣)를 띠면 군왕(君王)의 부름을 받는다.

* 황기가 고광에서 발하면 석달 안으로 벼슬이 영전되고 상운이 명궁을 비치면 열흘 안에 임금의 총애를 받는다.

註=황기(黃氣) 한두점이 동전 혹은 달(月) 같거나 혹은 실이 둥글게 얽인것 같이 생겨 천정 고광(高廣)으로부터 아래로 인당 눈썹까지 연결되고, 태양(太陽ー변지)과 준두・천벽(懸壁) 까지 벼슬이 영전되고 선비는 과거에 급제하며 평민은 재산이 는다. 만일 황명한 기색이 계화(桂花) 혹은 고기비늘 같이 발하고 그 가운데 실(絲)이나 팥알같은 자색이 은은히 나타나면 이를 상운(祥雲)이라 한다. 이 상운이 인당에 발하면 벼슬이 껑충 뛰어 올라 크면 제후나 이러한 기색이 짙으면 한달에 응하고 약간 엷으면 두달이다.

정승에 봉함 받고 작으면 급제하여 등용되며, 선비는 시험을 거치지 않고도 벼슬에 오른

다. 뿐 아니라 승도(僧道)도 관직이 부여되고, 무사(武士)는 공을 세우며 평상인은 진귀

한 보배나 큰 재물을 얻는다. 상운이 짙으면 칠일 내에 응하고 조금 엷으면 이십일 이내

에 응한다. 그리고 인당에 자색(紫色)을 띠면 약간의 근심이 있어도 해롭지 않고 만일 인

당에 상운이 없으면 다만 재물이 늘고 영전되는데 그치고 만다.

* 홍황한 색이 실같이 상정에 나타나면 벼슬이 높아진다.

註=이마에 실줄(絲路) 같은 홍황색(紅黃色)이 발하면 한달 안으로 벼슬이 높아지고, 보

통 사람은 백사에 대길하다. 뿐 아니라 이 홍황색은 어느부위에 발하여도 재물이 샘물 솟듯

끊임없이 생긴다.

* 주서에 서기가 짙게 빛나면 길상이 이른다.

註=양쪽 눈썹머리가 주서(秦書)인데 이곳에 밝은 황색이 발하여 준두와 서로 응하면

백사 대길하다.

* 나계에 황광이 발하면 재물이 진진하다.

註=나계(羅計)는 눈썹이다. 눈썹 주위가 황명하면 혼인 생남의 경사와 재산이 이른당

（원편은 인구와 재물이오 오른편은 혼인과 재물이다） 이곳에 적기는 송사요, 백기는 부모상이오, 청기는 우환이오, 흑기는 형옥에 갇히거나 사망인데 자신이 아니면 형제의 액이다.

＊ 구주가 황명하면 기쁜 일이 하늘로부터 이른다.

註＝구주（九州）는 양주（揚州—이마）·기주（冀州—턱）·예주（豫州—준두）·형주（刑州 —左太陽、즉 왼쪽 번지）·서주（徐州—右太陰、즉 오른편 번지）·청주（靑州—左額）·양주（梁州—右額）·연주（兗州—왼편 地庫）·옹주（雍州—오른편 地庫）의 아홉군데로 모두 중국의 땅이름이다. 구주는 즉 얼굴 전체를 일컬음인데 황명하면 반드시 벼슬이 오르고, 선비는 등과하며 평민은 재물이 생긴다. 만일 황점（黃點）이 계화（桂花）나 좁쌀·혹은 팥낱 같고 상운（祥雲—위에 설명이 있음） 가운데 옥문（玉紋）이 있으면 대과（大科）에 급제하고, 평상인은 금은보화를 얻으며, 승도나 백의인（白衣人）도 모두 벼슬을 얻는다.

＊ 얼굴 전체에 자색꽃이 피면 녹이 날로 따른다.

註＝자색（紫色）이 팥（苗）·달（月） 혹은 실뭉치 또는 옥문（玉紋）처럼 생겨 위로 천중（天中）에 이르고, 아래로 준두까지 이르며, 아울러 관골, 변지 역마 등 모든 부위에 군데군데 나타나면 큰 벼슬에 봉함을 받고 재록이 이르며 선비는 급제하는데 東南西方은 길하고 북방은 좋지 않다。 자기결(紫氣訣)에 이르기를 『천중이 川字 같으면 장군록(將軍祿)이오、 천정(天井)에 둥근 동전 같은 자기가 있으면 부귀영화를 누린다。 산근에 홀연히 보이면 관직이 영전되고 중정에 있으면 임금을 상면한다。 현벽 복덕도 다 길하고 간문·어미에 발하면 아내가 임신한다。 법령에 동전같은 자색이 보이면 좋은 관직으로 옮기고、 지각에 나타나면 재산이 크게 는다。』

* 삼태의 수기는 삼장에 응하는 것이니 기름 바른 것 같으면 좋지 않다。

註 ∥ 삼태(三台)는 삼정(三停)이다。 선비가 삼장(三場)에 들어감에 상격은 두장(頭場)에 둔고 중격은 중장(中場)에 들고 하격선비는 하장(下場)에 들게 된다。 다만 황기(黃氣)가 꽃잎같이 발하고 구주(九州)가 모두 황명하면 반드시 두장(頭場—大科)에 급제하고、 만일 황백(黃白)의 빛이 기름을 바른것 같이 반짝거리면 하제(下第—과거에서 떨어짐)하고、 분(粉)가루 같은 홍황색이 윤택하고、 밝은 백광(白光)이 과명(科名)·과갑(科甲)·인당·준두 및 좌우 관골에 발하면 반드시 급제한다。

* 일부(一部)가 황명하면 일등으로 합격하나 오직 회색(火色)이 연지처럼 돋은 것은 꺼린다。

註 ∥ 선비가 고시(考試)에 응할때 삼정이 모두 황명하고 인당에 홍사(紅紗)·홍점(紅點)

이 보이며 천중(天中)이 둥그스럼하게 밝으면 반드시 수석으로 합격한다. 만일 눈썹 밑에

황기가 누에 고치 누운 모습으로 짙게 보이고, 준두가 황명하며 인당에 홍자기(紅紫氣)가

있으면 중등으로 합격되며, 다만 눈썹 위가 황명하고 인당에 홍기(紅氣)가 있으나 눈밑에

화기(火氣)가 나타나면 그 다음 점수를 얻으며, 얼굴에 황기가 없고 눈썹 위와 이마에 홍

점(紅點)이 있고 관골 준두가 분가루 같은 홍기가 점점으로 나타난 가운데 장벽(墻壁)이

어둡고 겸하여 구진(句陳)·등사(騰蛇)·현무(玄武)에 청기(青氣)가 발하면 하등으로 물

러난다. 관원(官員)이 이러한 기색이 있으면 파직당하고 서민이 이와 같으면 관재송사로

재산을 날린다.

＊ 계화(桂花) 모양의 황기가 구주에 보이면 문과에 급제한다.

註＝계화 모양의 황명한 기색이 얼굴 전체에 발하고, 인당에 실가닥 같은 홍자기(紅紫氣)

가 있으면 속히 응하는데 용호각(龍虎角)의 자기도 또한 묘하다.

＊ 납색이 삼태를 비치면 상등의 지위에 거한다.

註＝납색(蠟色)은 황기(黄氣)다. 선비가 고시에 응할때 눈썹·인당·준두·천중·지각

에 모두 황기가 발하면 좋은 성적으로 합격한다. 천체가 황명하지 않아도 인당에 홍황한

기색이 발하면 역시 대길하다.

* 과갑이 황자하면 천부(天府)에 이름을 걸고, 광명이 옥같이 윤택하면 과거장을 혼자 빛낸다.

註=눈썹 위를 과갑(科甲)이라 하고, 눈썹 아래가 과명(科名)이라 하는데 이 두 부위에 황자(黃紫)한 기색이 발하여 인당까지 연접하면 대길하다.

* 황기가 적고 체기가 중하면 공명이 오는듯 오지 않고,

註=얼굴에 황기(黃氣)가 있더라도 인당·준두 변지 역마의 기색이 어두우면 밝은 가운데 체기(滯氣)이니 모든 일에 성패가 빈번하다. 사람이 기한(飢寒)으로 고생하는자는 형모가 좋지 못함이오, 조는듯 취한듯 괴로운듯 근심하는듯 하는 자는 신(神)이 건전치 못한 때문이며, 말에 힘이 없고 거지(擧止)가 병든자 같으면 기(氣)가 부족함이오, 밝은듯 밝지 않고, 어두운듯 어둡지 않은자는 색이 어두운 것이니 형상이 좋지 못하면 십년이오 신이 건전치 못하면 팔년이오 기가 부족하면 오년이오 색이 어두우면 삼년이 불길하다. 체기(滯氣)가 한번 벗겨지면 운세도 열리지만 만일 열리지 않으면 일생 막힘이 많은 것이니 기색과 형상을 겸하여 관찰하라.

* 청기가 적고 밝은 기색이 많으면 재물과 기쁨이 거듭 이른다.

註=현무·구진에 비록 청기(靑氣)가 있더라도 인당이 밝고 윤택하면 체기 가운데 밝음

이므로 도리어 길하다.

◉ 중정길기(中停吉氣)에 대하여

중정(中停)의 부위는 관할처가 많다. 인당은 명궁(宮命)이라 평평하고 넓어야 길하고, 연상(年上)과 산근(山根)은 질액궁인데 풍륭함을 요한다.

토성(土星)은 재록궁(財祿宮)이니 곧고 크면 아름답고, 나계(羅計ー눈썹)는 형제궁이니 길고 분명해야 좋다.

자녀궁은 용궁(龍宮)으로서 눈두덩은 평만함이 가하고, 처첩궁은 어미(魚尾)로 이곳은 함하고 고(枯)한 것을 꺼린다.

이 모든 부위는 광명하고 깨끗하고 윤택함이 좋고, 어둡고 깨끗치 못하면 체기(滯氣)라 하여 불길하다. 귀는 높이 솟아 입과 조응하면 복과 수를 누리고, 관골은 넓고 도두룩하면 위권을 크게 잡는다.

＊ 천창과 지고가 풍만하게 살찌면 재부(財富)를 누리고,

註＝천창(天倉)은 일월각(日月角) 뒤에 있고 지고(地庫)는 지각(地閣)의 양쪽 옆（양쪽 뺨）이다。

* 인수와 명문이 높고 밝으면 도주(陶朱) 같은 복을 누린다.

註＝명문(命門)은 이주(耳珠─귀뿌리) 앞이고, 인수(印綬)는 명문 아래로서 이곳은 수(壽)와 복을 주관하는 곳이다.

* 월패가 빛나고 풍륭하면 평생 질병이 적고 연상이 윤택하면 일생 평안하다.

註＝월패(月孛)는 산근이오, 연상(年上)은 코 중심부다.

* 인당에 황점이 구슬처럼 돋으면 상서를 거듭 보고, 자기에 상서로운 빛이 팥낱같이 돋으면 귀록이 무궁하다.

註＝자기(紫氣)는 인당의 별명이다. 이곳이 사시(四時)로 황명(黃明)하면 재물이 순조롭고, 병자는 치료되며, 관재수는 풀려나고 백사에 대길하다. 만일 구슬 혹은 동전같은 황기가 인당에 발하면 벼슬이 높게 오르고, 선비는 시험에 유리하며 기타는 큰 재물을 얻는데 칠십일이면 응한다. 만일 실(絲) 같기도 하고 점(點) 같기도 한 자색이 황기(黃氣) 가운데서 은은히 비치면 벼슬과 직위가 껑충 뛰어오르고 선비는 대과(大科)에 급제하며 기타는 귀자를 낳거나 많은 재물을 얻는다. 남방인이 더욱 길하고, 혹 작은 우환이 있더라도 해가 되지 않는다.

* 그 가운데 홀연히 반달모양(仰月)의 자색이 발하면 문장 실력을 나타내게 되고 코기

-348-

둥에 옆으로 놓은 버들잎 모양의 황기가 있으면 큰 돈과 재물을 얻는다.

註＝황색이 산근 연상 수상에 발하고 좌우로 눈의 상하를 포함해서 발제까지 이르며 혹 준두와 좌우 관골을 거쳐 명문(命門)까지 이르면 특히 큰 재물을 얻는다.

＊ 주서에 황기가 발하여 역마까지 퍼지면 관직이 높게 올라간다.

註＝두 눈썹머리를 주서(奏書)라 하는데 황기가 옆으로 변지 역마까지 이르면 석달만에 관직이 오르고, 재물이 이른다.

＊ 중악에 금광(金光)이 발하여 위로 사공(司空)까지 이르면 높은 관직에 임명된다.

註＝중악(中嶽)은 코를 칭함이니 이곳에 황기가 발하여 수증기 모양으로 인당까지 변지 면 임금의 부름을 받고 관직에 부임한다.

＊ 상정 하정에 황명한 기색이 가득하면 높은 지위에 선출된다.

註＝인당이 황명하여 주서(奏書)를 거쳐 변지 역마까지 들어가고 겸하여 준두가 밝고 빛나면 훌륭한 직위에 추천되거나 선출되어 오른다. 만일 상정 하정과 눈썹의 상하, 변지 역마, 인당 좌우관골에 모두 황기가 생기되 쌀가루를 뿌린듯 하고, 코 위에 자색점이 있으면 반드시 요직에 오른다. 만일 인당이 홍황(紅黃)하고 산근에는 청점(靑點)이 있으며, 준두와 관골에 적색(赤色)이 나타나면 지방으로 부임하는 외직(外職)은 좋지 않다.

만일 명문·현벽이 어둡고 검으면 관직에 좋지 않고, 또는 노변에서 질병을 얻거나 사고

를 당할 우려가 있으니 주의해야 한다.

* 적당한 벼슬을 원한다면 코와 인당을 보라.

註=준두·법령·정위 난대에 모두 황기가 발하고 위로 인당까지 올라가면 반드시 정식

관직이오, 그렇지 않으면 임시직이거나 변변치 못한 잡직에 불과하다.

* 삼양에 황명한 희색(喜色)이 짙으면 재물과 벼슬에 유리하고, 박사에 상서로 자색이발

하면 자손의 경사를 본다.

註=눈썹 밑(또는 위아래 눈두덩)을 삼양(三陽—오른편은 三陰)이라 하여 태양(太陽)·

중양(中陽)·소양(小陽)을 합칭한 말인데 외양(外陽)은 소양 옆으로서 박사(博士)라고도

한다. 이 부위는 항시 맑고 밝음을 요하니 이곳이 항상 황명(黃明)하면 재운이 왕하고 혼

인의 경사가 있다. 만일 황기 가운데 홍자(紅紫)한 기색을 띠면 관직이 오르고 귀자를

낳으며, 이곳은 검거나 어두운 것을 매우 꺼리는바 이곳이 암흑(暗黑)하고 겸하여 인당

준두 좌우관골이 어두우면 반드시 관직을 잃고, 재물을 크게 손실하며 가정도 불안하다.

* 황기가 산근에서 발하여 월각(月角)까지 연하면 재명(才名)을 크게 떨치고, 자황(紫黃)

한 색이 산근에서부터 위로 천중까지 닿으면 작록이 높이 오른다.

註＝산근과 연상·수상에 기색이 항상 밝고 윤택하면 재액과 질병이 없고、황색을 띠면 안락하며 병자는 일어난다。그러나 이곳이 혼암하면 되는 일이 없고 적기(赤氣)가 발하면 혈광(血光—피를 보는것)의 액이오、백기(白氣)는 상복(喪服)이오、청기(靑氣)는 우환、흑기(黑氣)는 재액이 발생한다。그러나 만일 황색이 준두로부터 발하여 위로 올라가면서 양쪽 눈썹까지 퍼지면 백일 안에 재물과 관직의 기쁨이 이르고、황기가 액각(額角)까지 뚫고 코 중심부에 자기가 나타나면 관직이 껑충 뛰어 오르고、벼슬이 없는 선비도 벼슬을 얻는다。

* 준두의 금빛이 인당을 뚫으면 관록과 아내와 귀자를 얻는다。

註＝준두에서 산근 인당까지 황색이 발하여 위로 천정(天庭)까지 뚫고 나가면이십일에서 삼십일 사이에 재물 관록이 이르고、아내를 얻으며 귀자를 낳는다。여기에다 다시 삼양 삼음 및 기타 부위까지 밝고 맑으면 큰 벼슬 큰 재물이오、오직 한군데 부위만 황명하면 다만 재물만 얻는다。

* 코끝에 자기가 누운 초생달 모양으로 나타나면 재물과 우마와 토지를 얻는다。

註＝기색이 위와 같으면 五十일에 응한다。

* 화창에 황색이 나오면 수재는 급제한다。

註＝화창(禾倉)은 관골 아래로서 이곳이 황명하면 기쁜 소식이 이르고, 관직은 좋은 곳으로 옮겨지는데 겸하여 자기(紫氣)를 띠면 더욱 속하다.

＊난대에 자색이 보이면 귀객이 문에 들어선다.

註＝준두 좌우로 둥그스럼하게 붙은 것을 왼쪽은 난대(蘭臺), 오른쪽은 정위(廷尉)라 하는데 여기에서는 준두도 포함된다. 즉 이곳에 자기가 발하면 신분이 고귀한 손님이 방문한다는 것이다.

＊명당에 일점 광채가 발하면 구름이 걷히고 태양이 나오는 것 같고, 갑궤의 양 옆에 황윤한 기색이 있으면 재물이 왕하고 경영은 순탄하다.

註＝모든 부위의 기색이 어두운 가운데 오직 준두(準頭)만 한 점 밝은 기색이 열리면 점점 형통해진다. 코를 명당(明堂)이라고도 하는데 얼굴의 수(主)라 할 수 있다. 준두의 상하와 좌우로 오장육부(五臟六腑)의 질병을 짐작할 수 있으므로 가장 중요한 곳이 된다. 영추경(靈樞經)에 이르기를 『명당(明堂)은 코요 관(關)은 양미간(눈썹사이, 즉 印堂)이오, 정(廷)은 얼굴이오 번(藩)은 턱 옆이오, 폐(蔽)는 귀문이니 그 사이는 모난 것(方)을 요한다. 걸어서 열걸음을 가도 다 보이는 것은 반드시 수(壽)한다. 명당은 골이 솟고 평평하고 곧아야 마땅한데 오장이 중앙에 위치하고 육부는 그 양쪽을 끼고 있다. 즉 정(廷)은 머리(首)에 해당하고 관(關)의 위는 인후(咽喉)관의 가운데는 폐(肺)요, 인당은

심장(心臟) 、그 아래는 간(肝)、간의 왼편은 담(膽)、다시 그 아래는 비장(脾腸)이며、

준두 위는 위(胃) 중앙은 대장(大腸)、대장을 끼고 있는 것은 신(腎)이며、면주(面主)이

상은 소장(小腸)、면주 이하는 방광(膀胱)과 자장(子臟)이니 오색(五色)이 각각 나오는

부위다.

부위(部位)의 골(骨)이 솟지 않고 함(陷)하면 질병이 끊기지 않고 다만 외사(外邪)—전

염 등)가 타고 들어온 때문에 얻은 병이면 그 병이 중할지라도 죽지는 아니한다. 황색과 적

색은 풍(風)이오、청색과 흑색은 보통 질병이며 백색은 허한(虛寒) 때문이다. 그 기색이

또고 잠긴것을 잘 살펴 병의 깊고 얕은 것을 알게 된다. 고로 자세히 기색을 관찰하면병

이 발생한 곳(오장육부중 어느것인가)을 알수 있다. 기색이 외부에서 내부로 파고 들어

가면 병도 외부에서 들어온 것이오、기색이 안에서 발하여 겉으로 나온 것이면 병도 안

에서부터 발생한 것이다. 기색이 잠겨 위로 번져가면 병이 심해지고、기색이 아래로 내려

오면서 구름 흩어지듯 하면 병이 낫는다. 그리고 기색이 위가 날카로우면 위로 올라가

는 형상이오、아래가 날카로우면 아래로 내려가는 형상이니 좌우도 마찬가지이며 남녀에

따라 좌우의 위치가 다르다」 하였다.

갑궤(甲櫃)는 준두의 양쪽 옆인데 이곳이 황명하고 윤택하면 십일 이내에 재물의 기쁨

이 이른다.

* 금궤가 광명하면 모든 길함이 자주 이르고 금신이 황자하면 백복이 이른다.

註＝금궤(金櫃)는 어미(魚尾) 아래요 금신(金神)은 안각(眼角)·천창(天倉)·신광(神光)·천문(天門)·현무(玄武)의 부위를 통칭한 이름이다.

* 어미와 적문에 홍색이 은은하면 도둑을 잡아 공을 세우고,

註＝적문(賊門)은 도적(盜賊)이다. 무관이나 포도관(捕盜官)이 어미와 도적 부위에 홍색이 은은하고 인당·준두·삼양·변지 역마가 다 밝고 맑으면 十五日내로 응한다. 만일 이상의 부위가 청흑(靑黑)하고 현무(玄武)가 발동하며 인당 준두가 어두우면 반드시 관직을 잃는다.

* 부인이 천중에 자기가 아롱지면 재상의 부인이 되어 복록을 누린다.

註＝부인이 천중(天中) 좌우에 꽃잎같은 자점(紫點)이 돋아나면 반드시 부인(夫人—貞敬夫人같은 封爵)의 봉함을 받고, 이 자색이 항상 보이면 장수한다.

* 어미에 반쪽동전 같은 홍기가 윤택하게 발하면 이름다운 여인을 배필로 삼고, 와잠(臥蠶)에 한점 황기가 밝게 비치면 귀자를 낳는다.

* 용혈(龍穴)이 황기에 위워싸면 귀자를 낳고 봉지에 홍색이 둘리면 아름다운 여아를 낳는다.

註∥왼편눈이 용혈(龍穴)이오, 오른편 눈은 봉지(鳳池)라 한다. 눈 주위에 홍황(紅黃)한 빛이 둘러싸이고 자색(紫色)이 눈꺼풀 상하에 발한 가운데 인당 준두가 역시 홍황하면 역시 귀자를 낳는다. 그리고 눈밑 와잠이 청기와 황색이 혼합되어 발하면 딸을 낳으며 또는 재물이 늘고 관직이 영전된다. 그러나 만일 인당에 홍황한 빛이 없고 어두우면 자식을 낳아도 기르기 어렵고, 인당 와잠이 모두 푸르면 질병의 근심이오 눈 밑에 흑색이 돋으면 자녀를 극한다.

* 음즐문이 생기고 좋은 기색이 이 부위를 둘르면 음덕이 후하고 자손이 창성하며, 인당까지 황명하면 자식이 창성한다.

註∥눈 밑에 있는 무늬를 음즐문(陰隲紋)이라 한다. 눈 밑이 홍황(紅黃)하고 위로 복당 변지·역마·삼양까지 은은히 번지면 귀자를 낳는다. (왼편은 男子요 오른편은 女兒다) 글에 이르기를 『눈 아래의 자기(紫氣)가 있으면 자녀가 귀히 되고, 인당에 미미한 무늬가 곧게 내려오면 한 가닥에 자식 하나씩 둔다』하였다.

◉ 하정길기 (下停吉氣) 에 대하여

* 하정(下停)은 주로 말년운을 본다. 그리고 지각(地閣)은 전택(田宅)을 맡은 부위로서

도두룩하여 코와 관골과 서로 조응(朝應)함이 대길하고 입과 턱은 노복(奴僕)과 우마(牛馬)가 매인 곳인데 천창(天倉)과 더불어 풍륭함을 기뻐한다.

* 입이 각궁(角宮)처럼 생기고 수염이 창끝처럼 날카로우면 의식과 복록이 무궁하며 인중(人中)이 대를 쪼개어 재껴놓은것 같이 곧고 깊으며 입술이 단사(丹砂)를 바른것처럼 붉으면 수복(壽福)을 누린다.

* 자색이 난대 좌우를 끼면 한달중으로 칙명(勅命)이 내려 벼슬한다.
註=식창(食倉)은 법령 안과 난대(蘭臺)·정위(廷尉) 밖에 있는 부위인데 이곳에 홀연히 자기(紫氣)가 벌레 기어가는 모양으로 나타나면 一月안으로 임금한데서 경이 내려 벼슬길에 오른다. 겸하여 이마 준두 인당도 살펴야 한다.

* 좌우 도로(道路)에 황명한 빛이 발하여 구각(口角―입모서리)까지 이르면 백일 안으로 벼슬을 얻거나 벼슬이 영전된다.
註=선비가 이러한 기색이 나타나면 반드시 과거에 급제한다. 겸하여 이마·인당·준두 눈썹도 기색이 황명해야 한다.

* 동전같은 자색이 장하에 나타나면 음덕으로 성취하고, 준두가 거울같이 맑으면 신선과

연분이 있다.

註=장하(帳下)는 난대 · 정위 아래 인중 옆이니 이곳에 자기가 동전같이 나타나면 이십

일에 음공(陰功)으로 이름을 성취하고 재상을 만나도 나쁘지 않다. 겸하여 준두도 살펴

라. 그리고 준두가 거울처럼 맑고 윤택하여 사시(四時)에 이와 같으면 필히 신선(神仙)을

만나보게 된다.

* 내주가 반달 모양으로 황명하면 반드시 구하기 힘든 진미(珍味)를 얻게 된다.

註=내주(內廚)는 법령 아래인데 이곳이 황명하면 귀인의 음식을 대접받는다.

* 법령이 반쪽 동전 모양으로 자색이 돋으면 귀한 자녀를 낳거나 아름다운 배우자를 얻

는다.

註=뿐 아니라 임금의 부름을 받고 출세하는데 三月 이내에 응한다. 만일 자색이 아

니고 황색이면 반가운 식구가 느니 왼편이편 남아라 하고 오른편은 여아라 한다.

* 지각이 홍황하면 전원과 노비 우마가 늘고 학당이 밝고 깨끗하면 반드시 귀인의 추천

으로 출세한다.

註=여기에서 학당이란 사학당(四學堂)이니 즉 눈이 관학당(官學堂)이오, 이마가 녹학당

(傑學堂)이오 이(齒)가 내학당(內學堂)이오、귀가 외학당(外學堂)이다。또 팔학당(八學堂)

이 있으니 천중이 고명(高明)이오、사공을 고광(高廣)、인당을 광대(光大)、눈썹을 반

순(班筍) . 눈을 명수(明秀) 귀를 총혜(聰慧—또는 聰明)、입을 충신(忠信)、턱을 광덕

학당(廣德學堂)이라 한다。

* 현벽(懸壁)에 기색이 밝으면 가택이 편안하고 이익이 이르며、지각이 홍영(紅瑩)하면

만년을 태평히 지낸다。

◉ 상정흉거(上停凶氣)에 대하여

* 맑은 바람이 불어 구름을 헤치면 하늘이 명랑하고 연무(煙霧)가 어둡게 가리우면 천지

가 흐릿하다。

註=신(神)이 맑은이는 가을달이 구름밖으로 나와 천지를 비추는 것같고 기색이 어두우

면 하늘에 짙은 구름과 안개로 가려 침침한것 같다。

* 취한듯 취하지 않은듯 하고、졸린듯 졸리지 않은듯 한 사람은 발달하지 못하는 상이

니 기색이 어두운 것도 같고 어둡지 않은 것도 같이 모호하면 어찌 발복하는 색이랴

*신(神)은 솟지 말고 깊히 숨어 있음을 요하니 신이 노출되면 명을 재촉한다。신은 광채

로와야 하고 단촉(短促)함을 꺼리는데 신이 단촉하면 역시 단명하다。

*위만 보는 버릇이 있는이는 오만하고 아래만 보는 버릇이 있는 이는 어리석으며, 곁눈질을

잘하는 자는 간사하고, 성낼일이 없는데도 성낸 눈을 가진이는 성질이 흉악하다。

*눈이 물기에 젖어 반짝거리면 남녀를 막론하고 음란하고, 눈이 횃불같으면 간웅(奸雄)으로

서 살상(殺傷)을 즐긴다。

*눈동자에 붉은 금이 그어졌거나 눈망울이 붉으면 좋게 죽지 못하고 눈이 매눈(鶻目)

혹은 뱀눈(蛇目)처럼 생긴자는 모두 악독한 성질을 품고 있다。

*눈동자가 맑지 않은 가운데 흰망울이 많으면 간사한 사람인데 악사할 우려가 있고, 눈

망울이 붉고 동자가 누리면 비명에 횡사한다。

*눈썹 꼬리가 아래로 처져 八字 모양을 이루면 부부가 생이별이오, 눈모양이 세모(三

角)진 사람은 마음이 독날한데 골육을 형극(刑戟)한다。

*머리털이 짙어 건강치 못한 사람이 없고 머리통이 작은 귀인은 없다。

*걸을때 머리를 흔들고 앉을때는 머리가 기울면 어찌 빈궁하지 않을것이며, 잠잘때 눈

을 뜨고, 먹을때 이(齒)가 많이 드러나는 사람은 빈천한 상이다。

*형상이 흙으로 만든, 인형(人形) 같이 생기면 수를 누리지 못하고, 모습이 연기나 티끌

처럼 추하고 탁해보이면 일생되는 일이 없어 일마다 막힌다。

* 공연히 슬프고 처량한 모습을 띠고 있으면 빈한 곤고하고, 혈색이 곱지 않으면 빈궁한

상이오, 성낸 얼굴이 청남색(靑藍色)을 띠면 귀신처럼 악독하고 기뻐하는 모습이 홍염(紅艶)

스러우면 수명이 길지 못하다.

* 살빛이 마른뼈(枯骨) 같이 흰 사람은 오래지 않아 세상을 뜨고 검기가 젖은 재빛같

으면 황천길로 돌아간다.

* 얼굴빛 푸르기가 물드린것 같이 짙으면 회기(晦氣ー즉 滯氣)가 침범한 것이라 한다.

註=청색은 근심과 놀라움과 질병을 주장하는 기색인데 혹 구슬같이 둥글고 혹은 가는

흠집 생긴것 같이도 발한다. 천중에 청기가 발하여 살결이 빛나고 윤택하면 반드시 임금

의 부름을 받지만 청기가 돋아 매마르고 어두우면 대흉하니 왕명으로 사망한다. 가을에

발하는 것이 이와 같이 응한다) 이마가 푸르면 육십일 내로 우환과 놀랄일이 생기고, 눈

썹 밑이 푸르면 십일 내로 놀랄일이 생긴다. 인당이 푸르면 재액과 손재수요, 산근·연

상·수상이 푸르면 질병을 얻고, 준두가 푸르면 木克土이니 백가지 일이 순조롭지 못하

다. 인중이 푸르면 재물을 파하고, 지각이 푸르면 수액(水厄)을 당하고 구진(句陳)·등

사(螣蛇)·현무(玄武)가 푸르면 토지 재물을 손실한다.

* 흑기가 몽롱하게 어두우면 흉액·재앙이 날로 이른다.

註=흑기(黑氣)는 주로 사망과 형옥과 파재(破財)를 나타낸다. 이마에 흑무(黑霧)가 가

리우면백일 내에 흉악한 병에 걸려 사망하거나 파직당하고, 뺨 위에 흑기가 안개처럼 피

어나면 칠일 내에 사망하며, 인당에 흑기가 발하고 귀문(耳門)에 흑기가 발하여 입까지

번지면 살지 못한다. 산근과·연상·수상이 검으면 큰 병이 있는 증거요, 준두가 검으

면 실직·질병·범죄 형옥살이 등이 생기며(二三七日에 응한다) 인중의 흑기는 급병이 발

생하고, 인중과 입술에 흑기가 얽혀 있으면 七日에 사망한다. 승장이 검으면 술에 취해

죽고, 지각에 흑기가 침범하면 수액(水厄) 형옥의 재앙과 노복 및 우마의 손실이오 기타

백사에 불길하다 (겨울에 발하는 黑氣는 厄이 훨씬 輕하다)

＊ 분색(粉色)이 얼굴에 나타나면 반드시 상액(喪厄)이 응하는바 둥글둥글한 백기는 어느

궁에 있거나 마찬가지다.

註＝얼굴이 분가루를 짙게 바른것 같고 광택(光澤)이 없으면 필이 상복(喪服)을 입게 되

는데 만일 쪼각쪼각 난 백기가 매화(梅花)나 배꽃처럼 생겨 둥글둥글 나타나면 부모궁은

부모사망, 처자궁은 처자사망이라 판단한다. 그러므로 이마의 백기(白氣)는 부모의 액이

오(六旬에 應한다) 인당에 실같은 백기가 생겨도 부모상이니 코와 입과 귀까지 번지면 칠

십일에 응하는데 부모가 없으면 자신이 죽는다. 산근은 가벼운 복(服)이니 백이십일이면

복을 입게 되고, 눈 밑의 백기는 자녀의 액이오, 눈 꼬리는 처첩에 해당하는데 이십일에

응한다. 관골의 백기는 형제 혹은 백숙부모요 귀밑 번지 자매와 고이(姑姨)의 복을 입

입는다。연상(年上)의 백기는 중상(重喪)이니 부모나 조부모의 복을 입을 징조(속히 응한

다)요 수상(壽上)의 백기는 일년복(一年服)에 해당하는 상(喪)을 당하고、준두의 백기는

부모상인데 심한즉 자신이오 경하면 재물을 파하고、인중의 백기는 아내의 산액(産厄)이

있다는 징조요 지각의 백기는 노복과 육축이 죽는다。

＊ 불빛(火光)이 얼굴을 비추면 송사가 일어나는데 점점으로 뭉치거나 실같이 발하면 모

든 부위가 다 흉하다。

註＝얼굴 전체에 화색(火色—즉 赤色)이 발하면 주로 관재 송사가 일어난다。만일 점

(點)이나 실(絲)모양으로 적기(赤氣)가 발하면 관청의 말썽・화재・악병・부상(負傷—즉 血

光之厄)을 당하고、천중(天中)과 천정(天庭)의 적점(赤點)은 화액(火厄)과 병액(兵厄)을

만난다。붉은 점이 사공(司空)・중정(中正)에 나타나면 크게 재물을 잃고、인당 눈썹머리에

나타나면 다투다가 잡혀가고、산근・연상・수상은 피를 보거나 화재・손재와 노복・육축을 잃

으며、준두는 형액(刑厄)이 아니면 송사에 걸린다。구더기 모양의 적기가 발하면 크게 부

상을 당하거나 재물을 파하고、인중에 있으면 실물이오、입 상하에 나타나면 구설이며、

승장은 술로 인한 재앙、지각은 토지로 인한 송사가 일어나고 소구(小口)는 질병、눈위는

형옥、눈 아래는 산기(疝氣) 황달이 아니면 산액(産厄)이다。

* 퍼부 속으로 부터 불꽃이 일어나면 관재·형옥·화재를 당한다.

註=화색(火色―赤色)이 얼굴 전체에 털구멍 속에서 연기와 더불어 일어나는 불꽃 같은 것이 나타나면 관재·화재가 발생할 뿐 아니라 심한경우 생명을 잃는다.

* 박사염흡이면 살찐이는 옹독(癰毒)이오 마른이는 노병(癆病)에 걸린다.

註=이마·준두·관골·턱에 적기(赤氣)가 있고 그 가운데 청점(靑點)이 돋으면 이를 박사염흡(薄紗染皂)이라 하는데 이에다 인당·눈썹밑 현벽이 모두 붉으면 살찐자는 옹저(癰疽)와 악창(惡瘡)이 발하고 마른자는 노병(癆病)에 걸린다.

* 적기가 눈썹 위로 가로질러 나타나면 석달만에 사망하고 화점(火點)이 이마 위에 짙으면 한달중에 명(命)을 잃는다.

* 이마 전체에 노을같은 적색이 퍼지면 송사가 일어나고 청기(靑氣)가 천정으로 올라가면 어찌 우환이 없으랴.

註=청기(靑氣)가 천정(天庭)으로 올라가면 구십일 안으로 칙량할 수 없는 우환이 발생한다. 혹 이르기를 청기가 발제에서 발하여 인당까지 연접되면 질병의 경중을 막론하고 육십일이면 사망하고, 콧대까지 이르면 삼십일에 사망하며, 인중까지 퍼지면 일주일 안에 죽으며, 얼굴에 쫙 차면 당일에 죽는다 하였다.

＊천정(天庭)에 청점(青點)이 생기면 온역(瘟疫)의 근심이오, 화개(華蓋)에 흑기가 몽롱하면 병으로 죽는 것을 방지하라.

＊연상에 검은구름이 천악(天嶽)과 응하면 옥(獄)에 갇히는 것을 파하지 못한다.

註＝천악(天嶽)은 천중(天中) 옆인데 연상과 천악 두 부위에 흑기가 발생하면 형옥에 갇히거나 심할 경우 질병을 오래 앓다가 죽는다.

＊콧대에 검은 안개가 서려 위로 천정까지 이르면 염라대왕을 만나본다.

＊태세가 임하고 이마가 어두우면 항상 일이 막히고, 변지와 천정에 검은 기색이 돈고 귀변두리가 검으스럼하면 역시 발전이 없다.

註＝태세(太歲)가 임한다 함은 그 부위에 연령이 닿는 것이니 양쪽 태양 즉 변지 역마와 아래로 귀앞 현벽 일대에 기색이 컴컴하여 밝지 못하면 백사 되는 일이 없고, 만일 흑기가 보이면 파재 실직과 형옥에 갇히는 재앙이 있다.

＊이마에 검은 점이 짙게 아롱지면 죽을 병에 걸려 고치기가 어렵다.

＊적기(赤氣)가 변지에 짙으면 객지에 나가 돌아오지 못한다.

＊사살에 검푸른 빛이 나타나면 위험한 곳에 갔다가 생명을 빼앗긴다.

註＝눈썹에서 한 치 높이가 사살(四殺)인데 이곳이 황명하면 전쟁에 나가 이기고, 검으면 흉하다.

－364－

* 역마에 흰무지개가 머리까지 솟으면 도중(道中)에서 상(喪) 당했다는 소식을 듣게 된

다.

註‖역마는 황명(黃明)하고 눈택해야 좋다. 이곳에 만일 청흑기가 발하여 위로 올라가면 교통사고를 당하고, 적기(赤氣)가 보이면 구설이오, 백기(白氣)가 나타나 천정(天庭)까지 이 르면 길을 가다가 상(喪) 당했다는 소식을 듣는다.

* 천정에 둥글둥글한 매화가루(梅粉—즉 白氣)가 나타나면 부모의 우환이오, 당상(堂上) 에 이화(梨花—역시 白氣)가 점점이 나타나면 반드시 형제가 죽는다.

註‖당상(堂上)은 관골 주위를 말한다.

* 눈썹 위에 흰빛이 짙으면 부모상을 당한다.

註‖왼편은 부친이오, 오른편은 모친 상이다.

* 인당에 분가루 같은 백기가 얽히면 부모상을 당하거나 아니면 자신이 사망한다.

* 얼굴 전체에 백기가 돌아나면 부모의 복을 입고 천창(天倉)에 백기가 발하여 변지까지 퍼지면 자신이 사망한다.

* 천창에 백기가 발하여 태양 역마·변성 부위까지 연접하면 부상을 크게 당한다.

-365-

＊ 상문에 주석(錫) 같은 기색이 돋으면 사람이 죽어 슬피 운다.

註＝누당(淚堂)에 주석빛 같은 백기가 있는 것을 상문(喪門)이라 한다.

＊ 백호기가 입술을 에워싸면 사망한다.

註＝귀앞에서 백기(白氣)가 발하여 입까지 번져나간 것을 백호기(白虎氣)라 한다.

◉ 중하정흉기(中下停凶氣)

＊ 인당이 죽고, 흑기가 발하며 어지러운 무늬가 있으면 형상(刑傷ー다치거나 죽는것)을 면치 못하고, 두 눈썹이 붙은듯 하거나 눈썹 부위가 흉터 같은 것이 있거나 끊기거나 검은 사마귀가 있으면 객지에서 사망한다.

＊ 눈썹털이 위로 거슬리면 형제간에 불화하고, 눈썹뼈가 툭 솟으면 성질이 매우 강하다.

＊ 산근이 끊기거나 기울면 고독 빈궁과 질액이 따르고, 콧대가 굽거나 기울면 간교하고 탐욕만 아는 무리다.

＊ 귀에 어지러운 주름이 있으면 가산을 파하고, 코기둥 중간이 툭 솟아 마디가 생기면 부부간에 이별한다.

-366-

* 준두가 매부리 같으면 마음 속에 독을 품은 사람이오, 코구멍이 침통(針筒)처럼 좁으면 몹씨 인색하다.

* 코에 결함이 있으면 육친을 극한 뒤 고독하고, 코구멍이 넓게 들여다 보이면 재물을 모이지 못한다.

* 메기입(鮎魚口)은 걸인의 신세요 가마귀 주둥이(鳥喙)는 육친이 무정하다.

* 목뼈가 툭 불거지거나 이(齒)가 드러나면 타향에서 객사하고, 혀를 내밀어 입술에 바르는 버릇이 있는 사람은 마음이 독하고 음난하다.

* 머리털이 우거진 풀처럼 생긴 사람은 어리석고, 목소리가 깨진 나팔부는 소리처럼 들리면 이를 대살(大殺)이라 하는데 주로 육친을 극한다.

* 인당에 적기가 돈으면 화액과 관송시비(官訟是非)요, 주작(朱雀—赤色)이 인당에 나타나면 재앙이 있고, 옥에 갇히게 된다.

註＝인당에 동전같은 적색이 있으면 이를 적부(赤符)라 하는데 백일 내에 관송과 화재수와 출혈(出血)과 실직 등을 당하고, 적색이 실도 같고, 삼(廔)도 같은 모양으로 나타나면 관재 송사요, 인당의 적기가 아래로 연상(年上)·수상(壽上)까지 내려오면 증죄(重罪)를 짓고 목에 칼틀이 씨워진다.

* 연상 수상이 붉으면 농혈병이 생기고 눈썹머리에 홍기(紅氣)가 생기면 횡액을 당한다.

* 산근에서 적기가 발하여 좌우로 두 뺨까지 이르면 부상을 당하거나 화재수를 만난다.

* 명문의 적기가 산근까지 번지면 죄를 짓고 옥에 갇힌다.

註=명문(命門)에 적기가 발해서 눈썹 밑을 지나 산근까지 이어져 나가면 형장의 이슬로 사라진다. (二月에 응하고 右耳는 一年에 응한다)

* 준두가 붉으면 폐병을 앓거나 생기는 것 없이 분주하며, 코뿌리가 붉으면 주광(酒狂)이오, 항시 시비를 일으킨다.

* 적조가 준두에 모이면 화재와 형액(刑厄)을 만난다.

註=구더기 모양의 적기(赤氣)가 준두에 짙게 돋으면 관재수와 화재수가 있다.

* 붉은 실금이 법령으로 연결되면 노복 때문에 크게 놀랜다.

* 난대 곁에 실같은 적기가 있으면 남자는 몽정(夢精)을 잘하고 여자는 백탁(白濁)이 나온다.

註=난대 곁의 적기는 위와 같은 질병이다. 아래로 법령까지 퍼지면 노복에게 놀래고, 위로 준두에 이르면 화재수가 발생한다.

* 연상·수상·누당에 적기가 가로로 번지면 산기(疝氣)나 장통(腸疼)을 얻는다.

註＝연상·수상·누당에서 적기가 발하여 좌우로 눈 밑 누당까지 침입하면 산증 및 장통으로 고생한다.

* 비염이 관골에 보이면 남자는 치질이오 여자는 산액이다.

註＝양쪽 관골에 적점(赤點)이 짙게 보이면 이를 비염살(飛廉殺)이라 한다.

* 주작이 준두와 관골에 발동하면 벼슬이 내려지나 집안에는 시끄러운 일이 생긴다.

註＝준두와 관골에 연지빛 같은 적색이 발함을 주작(朱雀)이 발동되었다 하는데 겸하여 구진(句陳－黃色)이 동하며 현무(玄武) 부위까지 연결되고 다만 인당과 삼양(三陽)에 황기가 발하면 반드시 벼슬이 내리는데 황기가 없으면 도리어 파직당하고 혹은 송사가 일어난다. 선거에 뽑히거나 시험에 이러한 기색을 띠면 헛수고에 그치고 가정적으로는 형제간에 다툰다.

* 도화빛이 뺨을 물드리면 노주병(癆疰病)을 앓는다.

註＝뺨이 붉은 것을 도화(桃花)라 하는데 노주(癆疰－노점병과 전염병)는 고약한 병이다.

* 홍분(紅粉)이 관골을 바르면 요통(腰痛)으로 고생한다.

註＝홍분(紅粉)은 적기(赤氣)다.

＊ 태양에 검붉은 빛이 돌고 관골이 도화색을 띠면 독한 이질(痢疾)에 걸린다.

註＝눈 뒤에 붉은 연기(紅烟) 같은 기색이 발하고 기타 부위에 도화빛 같은 빛을 띠면 이질에 걸린다.

＊ 관골 부근에 적청색(赤青色)이 혼합되고 입술에 백기(白氣)를 띠면 중풍에 걸릴 징조다.

註＝좌우 볼과 관골 전체에 적색을 띠고 가운데 푸른 점이 돌아나고 눈동자는 누리고 입술에 핏기가 없으면 중풍으로 사망한다.

＊ 부인의 눈 밑에 붉은 벌레모양이 나타나면 산액을 당하거나 형옥수가 있다.

＊ 홍염(紅艶)이 눈두덩에 비치면 여자는 매우 음란하다.

註＝여자가 얼굴 전체에 홍염(紅艶—부끄러움으로 얼굴이 붉어진것 같은 빛)이 가득하면 이를 도화색이라 하는데 눈의 상하만 이러한 기색을 발해도 음란하다.

＊ 임신한 부인이 준두에 적기가 돋으면 산액이 있고, 인중에 청기(青氣)를 띠면 쌍동이

를 임신한 증거다.

註 = 임신부는 위아래 눈두덩에 청황색(靑黃色)이 발하고 인중 또한 청황하면 반드시 쌍동이를 낳는다. 인중에 검은 사마귀가 있어도 쌍동이를 낳는다.

* 얼굴빛이 짙게 누리면 월경이 좋지 않은데서 오는 병이오, 눈두덩이 젖은 재빛같으면 혈붕(血崩 ― 핏덩이가 쏟아져 나오는 것)과 대하증(帶下症)이다.

註 = 여자의 콧등에 한가닥 푸른 힘줄이 솟아 그참 이마까지 뻗치면 반드시 그 남편을 독살하고, 얼굴이 항시 푸른 여자는 음란하다.

* 콧등에 청색을 바른것 같이 짙으면 사정(私情)을 통하고, 콧등에 푸른 힘줄이 곧게 뻗친 여자는 그 남편을 모살(謀殺)한다.

* 어미(魚尾)에 엷은 황색을 띠면 남녀를 막론하고 성교(性交)로 인해 재물이 생기고, 엷은 청색을 띠면 처첩에게 액이 있다.

* 간문(奸門)에 적색이 발하면 색(色)으로 인해 시비를 불러오고 흑기(黑氣)가 서리면 남자는 상처하고 여자는 상부한다.

* 태양(太陽)이 푸르면 부부간에 다투고, 뺨 밑에 붉은 점이 돋으면 부부가 불화하거나

-371-

헤어진다.

註＝눈 위 태양에 청기가 있고 눈밑 소남(少男)에 붉은 점이 돋으면 항시 그 아내와 다투는데 연상·수상에 팥낱같은 적기(赤氣)가 있어도 마찬가지다.

＊ 간문(奸門)에 청백기(靑白氣)가 외양(外陽)까지 연하면 비첩(婢妾)이 달아나고, 중양(中陽)에 푸른색이 발하여 옆으로 연상(年上)까지 접하면 수액(水厄)을 당한다.

＊ 인당의 청기는 관직을 잃거나 손재하고 주서(秦書)가 푸르면 학문이 막히고 경영은 실패한다.

註＝주서(秦書)는 양쪽 눈썹머리(眉頭)다.

＊ 구진이 발동하면 소소한 우환이 자주 이르고 현무가 갈라지면 항상 처병이 있다.

＊ 현무가 발동하면 우마를 손실하고 또는 출행에 불리하다.

註＝현무(玄武)는 세가지가 있다. 즉 청기가 어미(魚尾)에 나타나 두갈래져서 빈문(嬪門)으로 올라가면 아내의 병이오, 흑기나 백기가 이와 같으면 상처하며, 청기가 눈썹 끝에서 발하여 위로 역마까지 올라가면 거마(車馬)에 놀라고, 청기가 눈썹 끝에서 발하여 곧게 우각(牛角)까지 올라가면 우마를 손실한다.

* 등사가 발동하면 우환과 놀랄일이 많이 생기며 혹은 색(色)으로 인해 기력을 크게 상한다.

註＝눈 밑에 청색이 짙으면 이를 등사살(騰蛇殺)이라 하는데 의혹과 우환과 놀랄일이 발생한다. 그리고 색을 지나치게 탐하면 이러한 기색이 나타난다.

* 청기가 좌우 관골에 나타나고 준두가 붉으면 관직에 근무중 징계를 받거나 문책을 받고 보통 사람이면 손재한다.

* 청흑기가 준두에 발하고 사살(四殺—눈썹위로 一寸)이 어두우면 죄를 짓고 형옥에 갇힌다.

註＝눈 밑에 청기가 있고 적기(赤氣)와 청점(靑點)이 준두에서 나타나 눈썹 위로 올라가며 겸하여 이마와 연상·수상에 청기가 있으면 반드시 큰 죄를 짓고 옥에 간힌다. 만일이 가운데 적기가 없고 이마가 푸르지만 않으면 단 관직을 잃거나 손재수에 그치고 만다.

* 눈 밑이 항시 푸른 사람은 三十五세에 재산을 파하고 토성(土星—코)에 청기가 돋으면 십년간 헛되이 소모함을 어찌 감당하랴.

註＝준두는 土이므로 이곳에 청기가 발하면 청색은 木이라 木克土가 되어 흉하다. 이를 천라(天

羅)라고도 하는데 오래도록 청기가 걷히지 않으면 십년간 재물만 낭비하고 허송세월하고
모든 일이 뜻대로 안된다。 만일 다시 흑기(黑氣)를 덧붙여 더욱 어두우면 자식을 잃거나
자신이 사망한다。

* 체기(滯氣)가 연상 수상은 엷고 산근은 짙으면 재앙이 많고、산근이 어둡고 청흑기가
발하면 오래된 병을 앓아 단명한다。
註=산근을 월패(月孛)라 한다。 이곳이 어둡고 깊으며、청흑기(靑黑氣)가 흩어지지 않고
항시 머물러 있으면 질병이 많이 따른다。 三十六세 전후를 넘기기 어렵다。

* 청색이 관골에서 옆으로 가로지른 것을 행시(行尸)라 하고、귀 앞부분이 검고 어두운
것을 탈명(奪命)이라 한다。
註=대개 청기(靑氣)는 준두에서 먼저 발하고 흑기(黑氣)는 귀 앞에서 먼저 발하는데 귀
앞을 명문(命門)이라 한다。 이곳은 신장(腎臟)에 속하니 빛은 희고 밝은 것을 기뻐한다。
이렇게 되면 金生水가 되어 좋은 것이며 흑기는 신(腎)에 속하는 색이므로 기(氣)가 밖으
로 나타나면 질병이오、가로로 퍼져 코와 입까지 이르면 반드시 사망한다。

* 명문에 귀뚜라미 다리 같은 검은 무늬가 어지러우면 이를 귀서(鬼書)라 하고 준두에

흑점이 거미가 붙은것 같이 보이면 파패(破敗)라 한다.

註＝귀 앞이 명문(命門)인데 이곳에 귀뚜라미발 같은 검은 무늬가 있으면 귀서(鬼書)라 하여 대흉하게 보고 겸하여 인중도 검으면 반드시 죽고, 준두에 거미 모양의 흑점이 돋으면 파가망신(破家亡身)한다.

＊ 흑기가 만일 귓가에서 발하여 어미(魚尾)까지 들어가면 강이나 물을 건너지 마라.

註＝위와 같으면 수액(水厄)이 있고 환자는 사망한다.

＊ 흑기가 수상에서 돋아 준두 귀래(歸來)로 내려가면 사망의 액을 방지하라.

註＝귀래(歸來)는 법령 옆인데 연생·수상·준두에서 발한 흑기가 이 부위까지 이르면 술과 음식과 색(色)으로 인한 병을 얻고, 흑기가 준두 끝 난대·정위에서 발하여 귀래까지 내려오면 관직과 재물을 손실한다.

＊ 검은 연기가 인당을 가리우면 생명에 관계되고, 어두운 안개가 산근에 주둔하고 있으면 재물과 관직을 모두 잃는다.

註＝흑기가 인당에 발하여 엷으면 질병이오 짙으면 사망한다. 그리고 산근에 연기같은 어두운 기색이 나타나면 관직과 재물을 잃고, 도둑에게 실물(失物)한다. (三十日에 응한다)

-375-

* 수궁(壽宮)에 귀인(鬼印)이 있으면 사망한다.

註=연상·수상에 손가락 크기만하게 뭉쳐져 흑기가 돈으면 이를 귀인(鬼印)이라 하는데 이것이 있고 코에서 찬바람이 나면 즉사한다.

* 연상(年上)에흑기가 짙어 기름 바른것 같으면 살지 못한다.

註=연상에 흑기가 서리고 살결이 돼지기름 바른것 같이 생겼으면 처음에는 생명의 지장이 없으나 반년이 지나도록 흩어지지 않으면 사망한다.

* 가택이 편안치 못함은 모두 청룡이 검고 어두운 때문이다.

註=눈썹 밑이 청룡이오 삼양(三陽)을 가(家)라 하고 삼음(三陰)을 택(宅)이라 한다. 흑색(黑色)이 어둑침침하여 혹 실금처럼 돋아나면 집안이 편치 못하고 노복에게도 재앙이 있으며 겸하여 인당과 관골이 밝지 못하면 실직 손재하고 횡액이 이른다.

* 자손궁의 액이 있는 것은 다만 눈밑이 검고 어두운가를 보라.

註=눈 밑에 끄럼(煤煙) 같은 흑기가 발하면 자녀의 액인데 남자는 왼편을 보고 여자는 오른편을 본다.

* 눈두덩에 흑기가 숯빛(灰色)같으면 담질(痰疾)과 재액이 생긴다.

註=눈꺼풀은 비경(脾經)에 속하는데 만일 흑기가 끄럼(煤) 또는 숯처럼 검으면 병이오 겸하여 천중(天中)과 연상·준두까지 검으면 사망한다.

* 금궤에 활(弓)같은 흑기가 돋으면 재물을 많이 없앤다.

註=금궤(金櫃)는 눈썹 밑으로서 위와 같은 일이 석달에 응한다.

* 역사가 청흑하면 귀양살이를 간다.

註=관골을 역사(力士)라 하는바 이곳이 검푸른 기색이 돋고 겸하여 인당에 어두운 기색이 있으면 반드시 귀양(현재는 刑嶽에 갇히거나 資格停止처분을 받은 것에 비유할 수 있다)을 가고 여자는 산액이 있다.

* 황번에 흑기가 짙으면 재앙이 있다.

註=콧대 양 옆을 황번(黃潘)·표미(豹尾)라 하는데 이곳은 항시 맑고 깨끗함을 요한다 그러므로 이 부위에 흑기가 있으면 재앙이 이른다.

* 눈 꼬리에서 푸른 힘줄이 솟아 입까지 이르면 타향에서 사망한다.

註=눈 모서리(眼角)에 청홍색 힘줄이 솟아 아래로 턱과 입을 두르면 이를 등사(騰蛇)

라 하는데 입으로 들어가면 반드시 객사하고 혹은 굶어 죽는다.

* 하정에 검붉은 빛이 섞이면 이를 대모(大耗)라 하여 손재수가 있는데 특히 도둑을 조심해야 한다.

註=인중(人中)에서 턱 끝 까지가 하정(下停)이다. 이곳이 윤택하지 못한데다 적기(赤氣와 흑기(黑氣)가 섞여 있으면 이를 대모살(大耗殺)이라 하여 손재를 의미한다. 겸하여 인당·준두에도 어두운 기색이 발하면 도둑에게 큰 재물을 손실한다.

* 지각(地閣)에서 흑기가 발하여 뺨까지 번지면 이를 오귀(五鬼)라 하고, 귀 밑에 검은 기색이 돌아 입까지 번지면 이를 유혼(流魂)이라 한다.

註=오귀를 범하면 질병 재액이 이르고 유혼을 범하면 수액(水厄)을 당한다.

* 장벽에 안개가 가리우면 인구와 노복이 불왕(不旺)하고、창고가 검고 낮으면 전택(田宅)을 보전하기 어렵다.

註=지각 좌우가 장벽(墻壁) 이고、천창(天倉)·지고(地庫)를 창고(倉庫)라 한다. 이곳은 모두 재물을 주장하는 곳이므로 밝고 풍만함을 기뻐한다.

* 조주가 붉으면 혈재를 손실하고、비문이 검고 조하면 꾀하는 일을 이루지 못한다.

註＝조주(竈廚)는 정조(井竈)·세주(細廚)로서 법령 곁에 있는 부위요 비문(鼻門)은 인중과 준두 사이다. 조주에 적기(赤氣)가 짙으면 육축(六畜—즉 血財)를 손실하고 비문에 흑기가 있으면 매사를 이루지 못한다.

＊ 입의 상하에 적기가 나타나면 시비가 발생한다.

註＝입 상하 좌우에 적기가 발하거나 적점(赤點)이 군데군데 보이면 시비구설이 이른다.

＊ 구각(口角—입모서리)에 백기(白氣)를 띠고 피부가 건조하면 질병이 목전에 이르고, 귀 바퀴(耳輪)가 검고 윤기가 없이 매마르면 죽음이 눈앞에 이른 징조다.

註＝귀는 신(腎)과 통하는 곳으로 신기(腎氣)가 끊어지면 귀가 자연 검고 꺼칠해진다. 겸하여 명문(命門)과 연상·수상이 검으면 사망한다.

＊ 오래된 병에 입술이 붉으면 고칠 의원이 없고, 어린이의 병에 기색이 자주 변하면 살 아나기 어렵다.

註＝어린이가 병에 걸렸을 경우 기색이 푸르다가 회고, 희다가 붉고 붉다가 금시 검어 지고 하여 때때로 변하면 이를 농색(弄色)이라 하는바 어린이 질병에 농색이 발하면 희망 이 없다.

* 법령금이 입으로 들어가면 굶어죽는다 하니 양무제(梁武帝)의 예가 그러하다。

註=법령(法令)이 입으로 들어가면 목이 막히는 병으로 먹지 못해 죽거나 먹을 것이 없어 굶어죽는다 하였는데 옛날 양무제(梁武帝)와 주아부(周亞夫)와 등통(鄧通)이 그러하였다。

* 어지러운 주름이 입을 읽으면 자식이 없어 대가 끊기는데 옛날 등유(鄧侑)의 예를 들 수 있다。

註=난문(亂紋)이 입으로 들어가면 모두 무자(無子)라 한다。

* 어미(魚尾)에 짧은 주름이 있으면 아내를 극하는데 그 주름의 갯수대로 아내를 극한다

註=어미는 눈 꼬리 부위로서 이곳에 한가닥 주름이 있으면 한번 극하고 두가닥이 있으면 두번이라 한다。 그러나 주름이 길면 다만 고생이 많고 처덕이 없을 뿐이오, 눈꼬리 밑의 어지러운 주름이 있으면 자식운이 나쁘다。

* 간문(奸門)은 어미 옆인데 이곳에 긴 주름이 생겨 머리털까지 이르면 자기 집에서 죽지 못하고·타향에서 객사한다。

* 골격을 헤아려 보아 귀하고 천한것을 안다 하였으니 이런 점으로 보아서는 눈동자의 좋

-380-

고 나쁜것만 가지고 귀천을 안다 할 수 없지 않겠는가.

* 음성을 들어 보면 길흉을 안다 하였으니 그렇다면 어찌 형상에 구애되랴. 그러므로 상법의 묘리를 올바르게 통달한 원기지사(圓機之士)는 반드시 문구에 빠져 원칙에만 구애받지 아니하며 통변(通變—그때 그때 상황에 따라 적절히 응용할 줄 아는것)을 잘하는 재사(才士)는 자연히 옛법에 부합된다. 그러함에도 유장(柳莊)이 저술한 글에서 본받아 마의상법(麻衣相法)을 이어나가고 감히 허부(許負)의 저술한 글을 시늉내서 당거(唐擧) 같은 인물과 동등하다 자랑할 수 있으랴.

註＝이상의 글을 종합해 보건대 앞뒤의 이론이 일치하지 않는다 이상하게 여길지 모른다. 예를 들어 귀천은 오직 눈에 있다 하였으면서도 그 비중을 논하고, 길흉은 음성에 있다 하였는데도 형용으로 길흉을 논하였다는 점이다. 그러나 이는 상호 불가분의 연관성이 있으면서도 그 비중을 논함이지 한가지 상에만 구애되어서는 안된다. 설사 골격과 눈과 음성과 형상이 길격이라 할지라도 그 마음 쓰는데 따라서도 길흉이 변하는 것이므로 이러한 이치를 둥글게 깨달아 잘 응용하는 사람은 꼭 문서에만 집착하지 않고 적절히 통변하여 판단하지만 자연히 올바른 법칙에 부합된다. 한갓 옛분들의 저술만 탐독한 지식으로 자기가 상법에 통철하였다고 자부하지 말고, 응용의 묘를 잘 알아서 빈부귀천을 판단해야 여합부절 하다는 뜻이다. —譯者註—

마의선생신상편 끝
麻衣先生神相編 終

부 록

인상학적으로 본

1. 건강과 장수운·······························1
2. 가정·스포츠·학구운······················12
3. 사회운과 직업운··························25

✚ 건강(健康)과 장수운(長壽運)

　건강운이란 그 사람이 타고난 본래의 건강 상태나 각 기관 중에서 선천적으로 약한 곳은 어디냐를 보는 곳이다. 그리하여 건강 관리나 장수에 결부시킬 수 있다.

　인상에서는 수명운도 보지만 수명과 건강은 곧 같은 것은 아니다. 그렇게 건강한 사람이…라고 하게 될 불의의 사태는 언제 일어나게 될지 모르는 것이다. 다만 그 사람이 본래 장수할 사람인가? 병약한 사람인가? 또는 부상이나 재난의 조짐을 살펴 알 수 있는 것이다.

　건강운을 보려면 먼저 얼굴 모양에 의하여 그 사람의 약점이나 앓기 쉬운 질병을, 다음에는 각 부위를 보아서 그때의 건강 상태, 병상(病狀)을 판단한다.

● 얼굴형에 의하여 건강운을 보는 법

네모진 형 — 무른 형

보기에도 늠름하고 믿음직한 몸으로서 운동 신경 발달형이다. 각 기관이 튼튼하지만 지나치게 기운을 믿다가는 갑작스럽게 졸명할 염려가 있다. 운동 부족이 대적(大敵)으로서 특히 몸을 너무 움직이지 않는 직종인 사람은 스포츠나 체조에 힘써주기 바란다. 스포츠 선수가 운동 중에 일으키는 고장 신경통 등이, 네모진 형의 대표적인 질병이다.

중년 이후 운동 부족에서 비만 증세가 나타나기 쉬우므로 주의하여야 하겠다.

역삼각형 — 신경 과민형

보기에도 갸냘프고 연약한 몸집이다. 모든 내장기가 약하고 영양의 흡수가 나쁜 까닭에 위하수 신경성위염 등이 대표적인 질병이다. 마른 반면에 대식(大食)의 특징이 있게 될 우려가 있다.

이외로 심장은 튼튼하지만 안색도 창백한 까닭에 전반적으로 약해 보인다.

둥근형 — 과식형(過食型)

통통하고 작으만해서 보기에도 대식(大食)할 몸집으로 소화기 발달형이다. 잘 먹고 살이 잘 찌므로 먹는 것이 영양으로 흡수됨을 나타낸다.

다만 위장이 튼튼한 까닭에 과식으로 인하여 도리어 위장에 고장이 일어날 우려가 있는 형이다.

심장병, 고혈압에 주의가 필요하다.

심성질

근골질

영양질

평면 복합(平面複合)에 의한 얼굴형의 건강운

얼굴형	강점(强點)	약점(弱點)
장 4각형	심장	신경계통 내장(심장을 제외) 허리 어깨
5각형	심장 다리 허리	신경계통, 스트레스병
6각형	내장	신경 계통 류마치스 자율신경실조증, 호흡기계
타원형	평균적	홀몬의 밸런스에 주의
아래쪽이 살이많다	위장	고혈압 당뇨병 신장 폭음 폭식에 의한 설사 등
8각형	평균적	평균적

그 밖의 얼굴형

평면 복합에 의한 그 밖의 얼굴형의 특징을 일람표로 간추려 놓았다.

● 각 부위에 의하여 건강운을 보는 법 — 소인형상법 (小人刑相法)

각 부위에 의한 건강운은 그 형상과 함께 색깔이나 고상(枯狀)을 본다. 고상이란 윤기나 힘이 없는 형태를 가리킨다.

인상학에서는 고래로 소인 형상법이라는 방법이 많이 활용되고 있다. 얼굴 각 부위에 몸을 압축시켜 적용함으로써 인상을 통하여 몸의 건강 상태를 알려는 의도이다. 얼굴의 어느 부위의 색이 나쁘거나 흠이 생기게 되면 그것에 상응하는 몸의 부위에 주의 할 필요가 있다. 또 얼굴의 어디엔가 있는 점은 반드시 거기에 상응하는 몸에도 점이 있다고 본다.

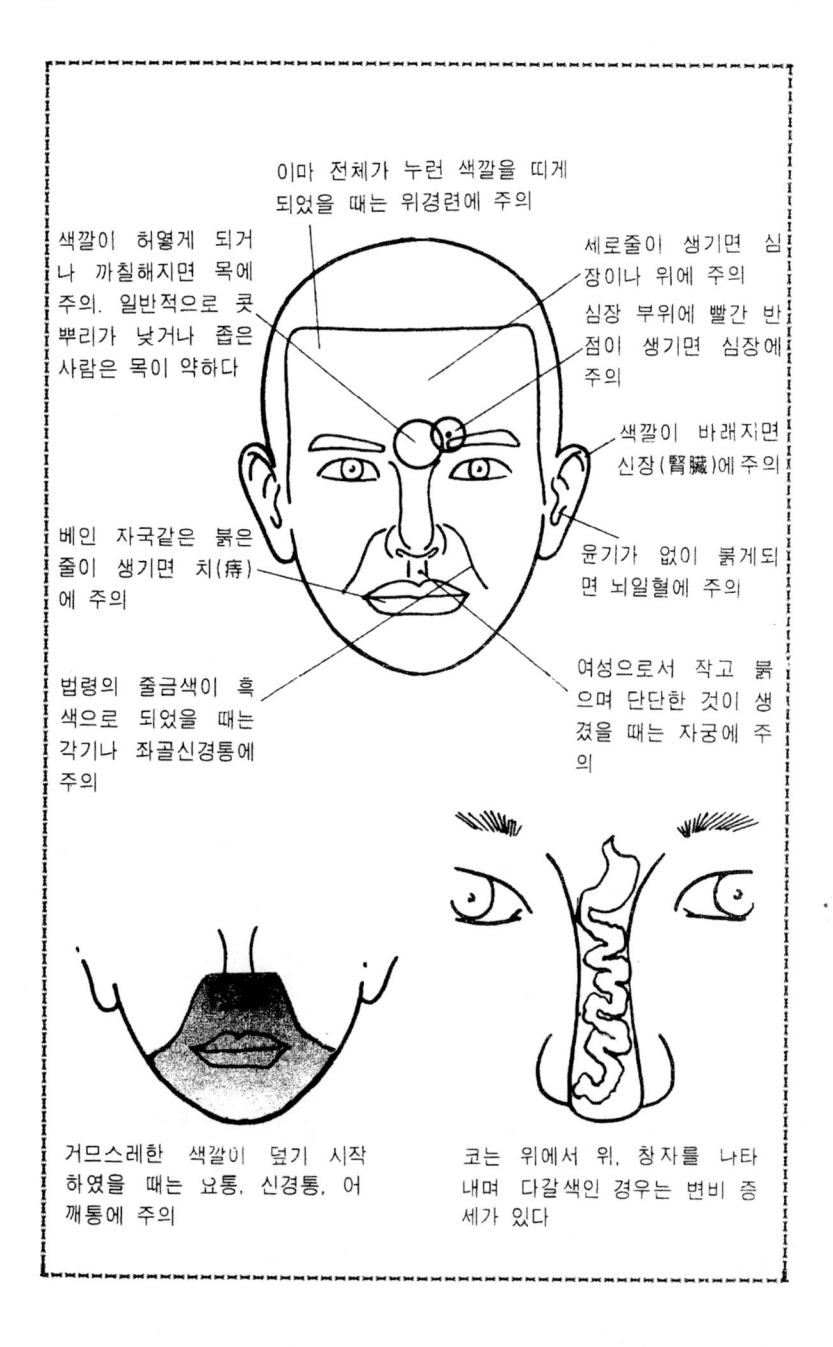

이마 전체가 누런 색깔을 띠게
되었을 때는 위경련에 주의

색깔이 허옇게 되거
나 까칠해지면 목에
주의. 일반적으로 콧
뿌리가 낮거나 좁은
사람은 목이 약하다

세로줄이 생기면 심
장이나 위에 주의

심장 부위에 빨간 반
점이 생기면 심장에
주의

색깔이 바래지면
신장(腎臟)에 주의

베인 자국같은 붉은
줄이 생기면 치(痔)
에 주의

윤기가 없이 붉게되
면 뇌일혈에 주의

범령의 줄금색이 흑
색으로 되었을 때는
각기나 좌골신경통에
주의

여성으로서 작고 붉
으며 단단한 것이 생
겼을 때는 자궁에 주
의

거므스레한 색깔이 덮기 시작
하였을 때는 요통, 신경통, 어
깨통에 주의

코는 위에서 위, 창자를 나타
내며 다갈색인 경우는 변비 증
세가 있다

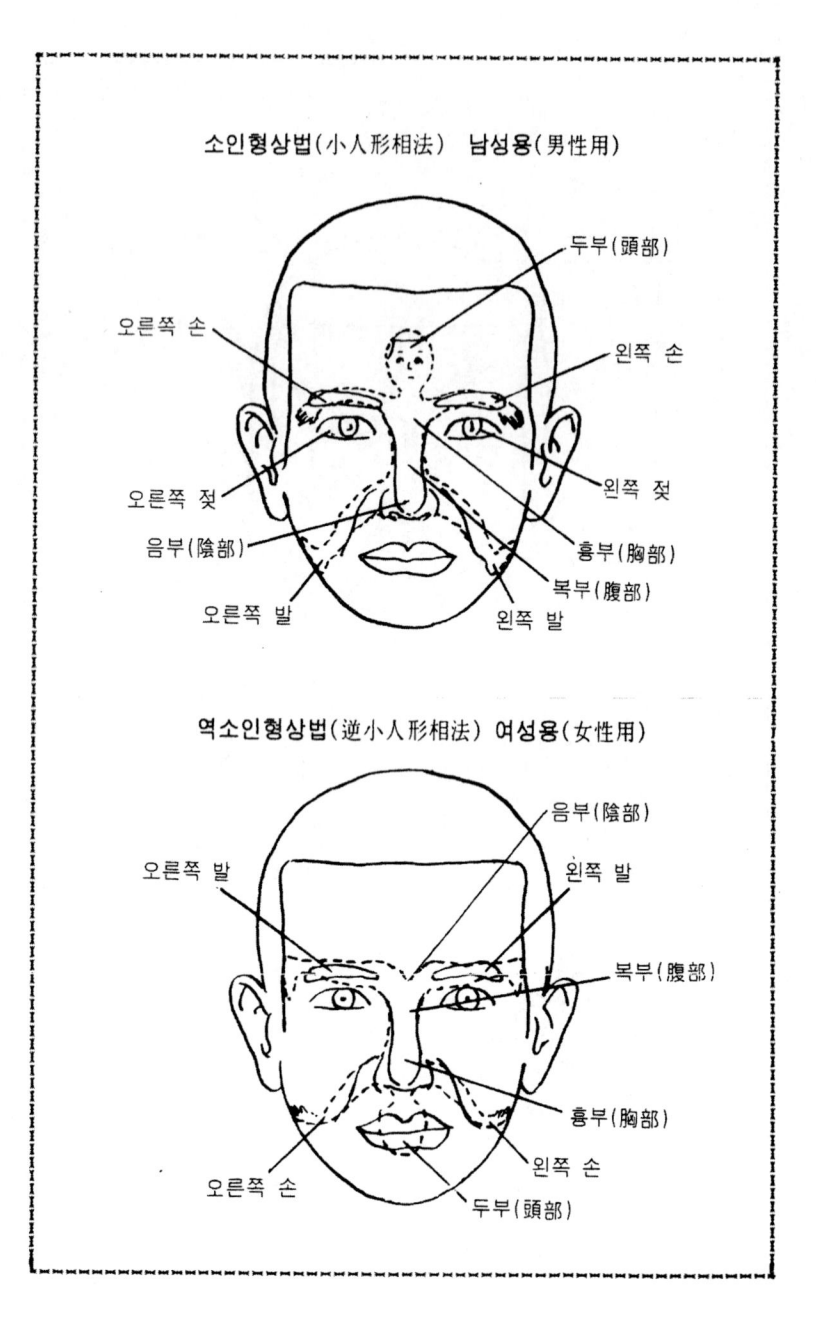

소인형상법(小人形相法) 남성용(男性用)

두부(頭部)
오른쪽 손
왼쪽 손
오른쪽 젖
왼쪽 젖
음부(陰部)
흉부(胸部)
복부(腹部)
오른쪽 발
왼쪽 발

역소인형상법(逆小人形相法) 여성용(女性用)

음부(陰部)
오른쪽 발
왼쪽 발
복부(腹部)
흉부(胸部)
오른쪽 손
왼쪽 손
두부(頭部)

✚ 장수할 인상(長壽相)

다음과 같은 포인트가 많을 수록 장수한다.

① 두꺼운 피부.

② 높은 눈썹 두덩 긴 눈썹 털. 특히 유난히 긴 털이 두 세개 자라나 있는 것이 상상 (上相)이다.

③ 크고 긴 귀. 귀의 각 부위도 잘 생겼고 귀의 살이 두꺼운 것이 필요 요건이다.

④ 귓구멍의 털. 이호(耳豪)라 하며 40세 이후가 되어서 털이난 것을 말한다.

수골과 수반은 장수상

⑤ 귀 뒷면의 뼈가 높다. 귀뿌리의 뒤쪽에 있는 뼈를 수골(壽骨)이라 하며 높으면 상상(上相)이라 본다.

⑥ 살집이 좋고, 단단하며 납작한 모양의 코.

⑦ 길고 뚜렷한 인중.

⑧ 약간 가늘고 긴 눈.

⑨ 깊고 뚜렷한 인중.

⑩ 큰입, 튼튼한 치아.

⑪ 50세 이후의 피부의 얼룩점. 수반(壽班)이라 한다.

⑫ 미간이 넓다.

✚ 병약한 인상

다음과 같은 포인트가 많을 수록 병약하다.

① 두터운 맛이 없는 얼굴. 운세도 생명력도 약한 사람이다. 특히 아랫턱이 정면으로 보든 옆으로 보든 어느쪽으로 보더라도 삼각형인 경우는 단명이다.

② 엷고 작은귀. 오장(五臟)이 약한 사람이다. 특히 위에 주의할 것.

③ 눈썹이 짧거나 엷다. 신장에 주의할 것.

삼각형의 아래턱은 단명상

④콧뿌리가 낮다. 호흡기계, 심장에 주의할 것.

⑤ 가늘고, 높은 코. 폐(肺)등의 호흡기계에 주의할 것.

⑥ 크고 둥글며 또렷한 눈. 심장이 약하고 맥박이 빠른 사람이다.

⑦ 엷고 허연 입술. 빈혈증이 있다.

⑧ 인중의 점. 남녀 다함께 단명상의 하나이다. 여성인 경우는 자궁의 질환이 있을 것 같다.

✚ 사고나 천재(天災)를 당할 인상

본질적으로 이러한 인상은 없다. 다만 사고 등에 조우(遭遇)할 조짐이 얼굴에 나타날 뿐이다.

① 코에 붉은 사선(斜線)이 달린다. 부상을 당하거나 사고에

조우할 조짐이다.

② 명궁(命宮)의 붉은 반점이나 사선(斜線). 천재(天災), 대사고에 조우할 조짐이다.

✚ 소화기계가 약한 인상

① 코 끝이 처져 있다. 설사를 하기 쉽다.

② 코에 담흑색(淡黑色)이 생기다. 위쪽 콧뿌리에서 3분의 1까지 사이에 생기면 위, 아래쪽 3분의 2사이라면 장이 나쁜 것을 나타낸다.

③ 볼에 세로줄. 위의 하부에서 장에 걸쳐서 약하고 변비가 되기 쉽다. 게다가 코에도 담흑색이 생겨 있으면 꽤나 심한 변비로 고통을 받고 있음을 나타낸다.

✚ 심장이 약한 인상

심장과 그 사람의 감정과는 밀접한 관계에 있고 불안을 느끼면 동계(動悸)도 심해진다. 그런 의미로 마음이 조급한 사람, 과로한 사람, 신경증의 사람 등은 심장에도 요주의라고 할 수 있다.

① 미두(眉頭)상부(특히 좌측)에 1센티 이하의 불룩. 이 위치는 심장을 나타내며 거기에 붉거나 보라빛 색깔이 생기면 급성의 위험이 있다.

심장을 나타내는 미간 부근

안정하도록 주의하기 바란다.

② 미간 또는 눈과 눈 사이가 좁다. 필연적으로 콧뿌리가 가늘어진다. 어느 것이나 심장이 약하고 마음도 약하다.

③ 미간에 1~3가닥의 세로줄. 신경질인 사람으로 마음에 여유가 없으므로 안절 부절하여 심장도 나쁜 사람이다.

✚ 간장이 약한 인상

간장이 나쁘게 되면 황달에 걸리기 쉽고 얼굴 전체가 누렇게 된다. 마르거나 비만증이거나 관계없이 피부가 성긴 사람에게 많다.

① 눈이 음푹 패이고, 광대뼈가 나와 있다.

② 볼에 그물의 눈금같은 모세혈관이 나와 있다. 술을 마시는 사람에게 많고 거기에서 간장으로 옮아가게 된다.

③ 광택이 없고 누른 색깔의 흰자위. 누른 색깔이 강해지면 황달의 조짐이다.

✚ 비뇨기계가 약한 인상

① 법령의 안쪽에서 아랫턱에 걸쳐서 담흑색이 생긴다. 냉증(冷症)이 원인이 되어 생긴 것이다.

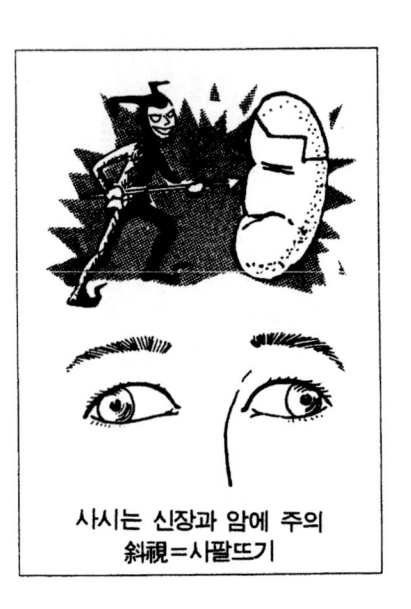

사시는 신장과 암에 주의
斜視＝사팔뜨기

② 콧망울이 깨끗하지 못하다. 콧망울은 남녀 다 함께 성기의 일부를 나타낸다. 성병 등에 걸리면 거기가 적다

색(赤茶色)으로 변하거나 까
칠한 느낌을 주기도 한다.
　③ 너무 가느다란 인중. 선천적으로 비뇨기계가 약한 사람이
다.

✚ 신장(腎臟)이 약한 사람

　① 귀의 색깔이 담흑색. 귀와 모발(毛髮)은 신장의 표징 역할
을 한다.
　② 모발의 윤기가 없다. 윤기가 없거나 땀에 저린 것 같게 된
다.
　③ 양쪽의 눈동자가 바깥쪽으로 치우쳐 자리잡는다. 그림처럼
사시(斜視)형이 된다.

✚ 암(癌)에 주의해야 할 인상

　① 숨쉴 때 냄새가 풍긴다. 몸에서도 이상한 냄새가 풍긴다.
　② 거므스레한 얼굴 색깔. 또는 황갈색을 띠다.
　③ 눈동자가 사시형이다. 신장 질환과 같게 된다.
　④ 붉은 반점. 소인형상법에 적용할 때의 부위에 조심할 것.

■ 가정운(家庭運)

　가정운은 이미 기술한 애정운과 표리(表裏)의 관계에 있다. 다만 부부, 가정, 자녀 등의 사항을 보려면 또 다른 각도에서 판단할 필요가 있다.

　옛날의 인상학에서는 남편은 바깥에서 일하고 아내는 안에서 가정을 지키는 것이 좋다는 관점에서 양처의 상은 말수가 적고 조용하며 불평하지 아니하고 오로지 남편의 귀가를 기다린다는 성격을 상상(上相)이라 하였다.

　그런데 오늘날에 와서는 남성에게도 마이홈적인 것이 요구되고 여성도 바깥에서 활동하게 되는 상황이 되어 있다. 즉 남성에게는 여성화가, 여성에게는 남성화가 조화를 이룰 때 가정운과 결부되는 조건으로 변천하고 있다는 것이다.

● 가정운을 보는 법 — 상성(上性)

가정은 부부가 이루어 나가는 것이다. 그래서 가정운의 큰 포인트는 두 사람의 상성이라는 말이 된다. 동형(同型)끼리 결혼하면 서로 이해할 수 있는 관계가 되어서 좋지만 생활 태도도 같아져서 위기에 부딪쳤을 때 이를 극복하기가 어려워진다.

서로의 장점과 단점을 알고 그 좋은 면을 살리는데 유의하기 바란다. 다음에 여성에서 본 남성과의 상성(上性)을 기술하기로 한다.

① 네모진 형의 여성 입장에서 본 상성(上性)

네모진 형. 양편이 모두 적극적인 리드형이므로 무드 조성이 서툴어서 부부싸움이 자주 일어나게 된다. 그러나 협력 정신이 왕성한 두사람은 무슨 일이 일어났을 때나 위기에 직면하면 서로 손을 잡고 힘을 발휘한다. 밤의 상성은 길(吉)하다.

역삼각형. 적극적인 여성은 소극적인 남성에게 항상 짜증을 일으키고 있을 것이다. 남성에게 잔소리를 하면서 달려 들어도 손쉽게 입싸움에 지고 만다. 위기 때는 고생을 하겠지만 서로가 독선을 부리지 말고 이해하도록 노력하면 화합이 가능할 것이다. 밤의 상성은 한걸음 더 노력이 필요하다.

둥근형. 당신에게 상냥하고 안락을 줄 것이다. 믿음직스럽지 못한 면도 있겠지만 당신의 노력으로 보조를 잘하면 행복한 가정을 이룩할 수 있다. 밤의 상성은 길(吉)하다.

② 역삼각형인 여성 입장에서 본 상성

네모진 형. 그이는 믿음직하고 모든 면에 있어서 당신을 리드해줄 남성이다. 손이 빨라서 탈이지만 당신의 입장에서 볼 때 사소한데 배려가 미치지 못하는 불만이 있겠지만 본질적으로는 가정을 소중히 하는 사람이다. 위기에 부딪치면 강하다. 밤의 상성도 길(吉)하다.

역삼각형. 서로 세심한 데까지 마음을 쓰는 성격이어서 가정생활에서도 사소한 다툼이 많을 것이다. 불만도 많겠지만 취미도 같으므로 즐겁게 지낼 수 있다. 위기에는 약한편 밤의 상성은 노력하면 길하다.

둥근형. 그이는 당신을 부드럽게 감싸주는 남성으로 여러 가지 상담에도 부담없이 응해주는 사람이다. 남의 의지가 되어주기도 하고 이해심이 많은 그이는 위기도 극복할 것이며 행복한 가정을 이룩해 나갈 것이다. 밤의 상성도 대길하다.

③ 둥근 형인 여성의 입장에서 본 상성

네모진형. 당신의 입장에서 볼 때 가장 믿음직한 남성이다. 당신이 포기해 버리는 일도 타고난 실행력으로 성취해 준다. 따뜻한 무드의 조성에 마음을 쓰면 가정은 원만하고 밤의 상성도 대길하다.

역삼각형. 당신이 무드를 조성하도록 마음을 쓸 필요가 있다. 두뇌의 회전도 빠르고 성실한 그이지만 활동력이 부족하여 당신에게 맡기는 일이 많을 것이다. 위기에 부딪쳤을 때 극복 여부는 당신의 마음 먹기에 달렸다. 따뜻한 가정을 이룩하도록 노력하는 것이 행복의 제1조건이다. 밤의 상성은 약간 약하지만 길하다.

둥근형. 무슨 일이나 당신의 뜻에 맞추어 문제를 일으키지 않는 그이이다. 다만 매일이 평범하고 적극성이 결여되어 있다. 금전운은 있으나 두사람 다 낭비를 삼가할 것, 위기에 부딪치면 약간 약하고 밤의 상성은 길하다.

■ 마이홈형의 인상

가정형의 포인트

자녀복을 나타내는 포인트

① **이마의 주름이 아래쪽에 한가닥.** 가정을 사랑하고 가족을 사랑하는 사람이다.

② **눈보다도 긴 눈썹.** 눈썹은 너무 검지 않을 정도로 진하고 지나치게 굵지 않은 것이 조건의 하나이다. 온화한 마음씨의 소유주로서 원만한 가정을 영위할 것이다.

③ **약간 처진 눈, 쌍꺼풀.** 적당한 정열과 부드러움을 아울러 지닌 사람이다.

④ **코끝이 둥글다.** 원만하고 온화한 사람이다. 다만 콧망울의 장도(張度)가 지나치면 가정적이라고는 할 수 없다.

⑤ **두꺼운 입술.** 깊은 애정의 소유주이다.

⑥ **턱끝이 둥글다.** 마이홈주의의 사람이다.

▣ 다산형의 인상

① 눈꺼풀 아래가 부풀어 있다. 자녀가 많겠고 게다가 순산형이다.

② 힘이 있고 폭넓은 코. 남성의 섹스가 강함을 나타낸다.

③ 가지런한 인중. 가늘지도 않고 넓지도 않은 그림과 같은 인중의 사람은 좋은 자손복을 타고 난다.

④ 입술에 세로줄. 줄이 깨끗한 경우 좋은 애정운을 타고 났으며 자녀연(子女緣)도 좋은 사람이다.

▣ 난산형의 인상

어느 여건이나 자궁의 발달이 좋지 않으며, 거기에서 난산이 되기 쉬운 사람이다.

① 역삼각형의 얼굴.

② 아랫턱이 엷고 작다.

③ 미간이 좁다.

④ 인중이 외줄처럼 가늘다.

▣ 자녀운이 나쁜 인상

① 눈 아래가 움푹 패여 있다. 흠이나 점이 있는 경우도 다같이 자녀운이 나쁜 사람이다.

② 법령의 끝 부분에 점이 있다.

③ 얇고 넓은 인중의 세로줄. 어느 쪽이나 자녀운이 좋지 않다. 특히 인중이 없는 사람은 자식이 없거나 낳아도 잃어버리기 쉽다.

▣ 이혼하기 쉬운 여성의 인상

① 네모진 형의 얼굴. 이른바 여장부로서 맵고 짠데가 있는 활달성이 지나치는 까닭에 이혼의 원인이 되기 쉽다.

가운데가 위로
올라간 입술

시비곡절을 따지기 좋아하는 입

② 광대뼈가 튀어나와 있다. 정면으로 튀어나와 있기보다도 측면으로 튀어나온 사람이 이혼하기 쉬운 사람이다. 이는 너무 자기 주장이 강하다. 그런데 정면으로 튀어나온 사람은 불평 불만을 맞대놓고 입으로 털어 놓는 대신에 뒤끝이 깨끗하다. 한편 측면으로 튀어나온 사람은 불만을 두고 두고 끈덕지게 털어 놓아서 피를 말리게 하는 사람이다.

③ 눈초리가 매서운 사람. 성격이 강경하다.

④ 아래로 처진 눈썹과 눈. 눈썹꼬리, 눈꼬리가 다같이 처져 있는 사람은 맺힌데가 없고 야무지지 못한 사람이다.

⑤ 좁고 높은 코, 단층 코. 냉정한 성격이며 자아가 지나치게 강하다

⑥ 턱뼈가 튀어나와 있다. 무슨 일이나 자기가 앞장서지 않으면 직성이 풀리지 않는다.

▣ 남편과 사별하기 쉬운 여성의 인상

① 둥근 눈으로서 안구(眼球)가 크다.

② 눈썹이 길다.

③ 눈이 매섭게 빛난다.

④ 상삼백안(上三白眼). 삼방이 흰자위인 눈

⑤ 눈꼬리, 눈머리의 점. 남성도 거기에 점이 있으면 아내를 일찍 여윌 염려가 있다.

⑥ 남성지고 울퉁불퉁한 여상(女相). 자력으로 혼자 살 팔자이다.

⑦ 아랫턱 밑에 콩같은 턱이 더 있다.

남성진 여상

■ 치맛바람을 일으킬 인상

① 남성진 얼굴. 아이들의 성적이 나쁘거나 아이들이 숙제를 풀지 못할 때면 짜증을 내고 발을 동동 구르며 분해할 사람.

② 이마가 높고 가느다란 얼굴. 자존심이 강하고 자기 아이들이 남의 아이들에게 지는 것을 분해서 못견딘다.

■ 바깥을 더 나다니는 인상

① 네모진 형의 얼굴. 바깥에서 적극적으로 활동하는 형이므로 가정은 뒷전이다. 그러나 가정을 사랑하는 마음은 충분해서 위기가 닥치면 사생결단으로 가정을 지킨다.

② 눈이 모나 있다. 둥글지 못하며 직선적이다. 애증(愛憎)의 차이가 심해서 어느날 갑자기 집에 돌아오지 않게 된다.

③ 길고 좁은 코. 냉담한 성격으로 애정이 부족한 사람이다.

④ 뒷통수(後頭部)가 좁거나 혹은 절벽형. 가정이나 주거에의 애착이 부족하다.

⚾ 스포츠·학구운(學究運)

자기는 어느 방면으로 나아가면 될 것인가 하는것은 누구나 모두 한 번은 생각하게 될 문제일 것이다. 특히 현재 학생인 사람은 공부를 해서 장래에 대비할 것인가? 혹은 공부보다 스포츠계로 뛰어들어서 성공할 것인가? 갈길을 잡기 힘들 것이다.

● 적성을 알아보는 법

스포츠의 세계에서는 체력이 절대의 조건이다. 그러자면 얼굴이 네모진 형일 것(근골질), 분발성을 나타내는 옆폭이 있어야 하고 콧망울이 야무질 것, 단단한 아래턱뼈가 필요하다. 또 스포츠는 야구나 축구처럼 단체 경기인 것과 권투처럼 혼자 하는 것으로 구분되는데 그 적격의 여부는 성격이 좌우하는 요소가 된다.

한편 학구일도의 학자를 목표로 한다면 역삼각형의 얼굴이고 넓고 높은 이마가 절대의 조건이다.

⑪ 투수형의 인상

고독한 마운드에서 정면으로 모든 적을 상대하는 투수는 야구의 각 Position 중에서는 이질적인 존재라 할 수 있다. 투수에는 속구형과 변화구형으로 구분되는데 그 어느쪽이나 유연한 몸과 고독을 견딜수 있는 힘, 타수와의 책략 대결의 묘술의 힘이 필요하다.

벌어진 귀가 책략의 포인트

① **역삼각형의 얼굴**. 제1바탕 혹은 제2바탕의 어느 쪽인가에 역삼각형이 들어 있다.

② **크고 옥귀 넓은 이마**. 옥귀는 지식욕을, 큰 귀는 대담성을 나타낸다. 여기에 넓은 이마의 두뇌가 덧붙여져서 타자와의 밀고 당기는 술책에 이기는 요소가 된다.

③ **삼각이고 엷은 아랫턱**. 선수생활의 시초는 턱끝이 가늘고 햇수가 겹쳐짐에 따라 혹은 기능이 향상됨과 동시에 턱이 모나게 된다.

④ **높은 이마, 긴 코, 측면 직선형이거나 凹형**. 여기에다가 삼각형, 베이스라면 변화구형이 된다.

⑤ **짧은 눈썹**. 성미가 급해서 구원투수형 단기 결전형이다.

⑫ 포수형의 인상

팀을 지키는 요체인 포수는 항상 자기팀과 상대팀 전체를 세밀하게 관찰하고 임기응변으로 대처하지 않으면 안된다. 자기 개인의 힘으로 밀어 붙여 나가는 특수형과는 그 성격 인상 등이 달라지기 마련이다.

네모진 형이 홈을 지킨다

포수형에게 요구되는 것은 팀을 이끌고 나가는 정력, 강한 어깨, 날카로운 관찰력, 파워이다.

① 네모진형의 베이스. 덧붙여서 피부가 두껍고 성긴 것이 필요하다. 파워가 있음을 나타내며 타자로서도 필요한 조건이다.

② 낮고, 네모진형의 이마. 추리력이 있고 풍부한 지식을 쌓아나가는 능력이 있다.

③ 굵은 눈썹. 남성적 완고성을 갖추고 있으며 경쟁심이 강하고 적극적으로 리드해가는 사람이다.

⑬ Position별 야수의 인상

① 콧망울에 장도가 지나치고, 콧구멍이 크다(전선수) 분별력이 있다. 그러나 곧 성을 내고 그것이 실수와 연결된다.

② 콧마루가 좁다(전선수) 끈기가 강하고 다소간의 야유에도 끄덕도 하지 않는 투지가 있다.

③ 눈썹 머리쪽이 서있다(전선수) 기세가 왕성함을 나타낸다. 성미가 까다로운데도 있으나 적극 과감한 Sliding, 격렬한 투지,

공에 달려 드는 투지가 있다.

④ **좁은 미간**(쇼트, 2루수) 기민성을 나타낸다. 그러나 성미가 급한데가 있고 곧잘 화가 머리끝까지 올라서 폭투 (暴投)하기 쉽다.

⑤ **야무진 눈썹, 뚜렷한 법령, 큰 입**(외야수) 강한 어깨와 각력(脚力)을 나타낸다.

⑥ **턱이 벌어져 있다**(타자) 배드를 날카롭게 휘두르는 파워를 나타낸다. 또한 살집이 두꺼워야 하는데 순발력이 있다.

4각의 장글에는 6각형

⑦ **둥근형의 얼굴**(감독) 전선수 코치진을 뭉치게 해서 팀을 이끌고 가기 위해서는 사교적이며 인화를 유지하는데 능란한 둥근형이어야 한다.

⑪ 격투기(格鬪技)가 뛰어난 형의 인상

권투, 유도 등의 격투기에 뛰어난 사람은 20세에서 35세 사이까지의 운세가 특히 강한 육각형(六角形)의 얼굴이 그 특징이다.

① **얼굴의 중앙부가 네모진형** 제1바탕은 역삼각형이거나 장사각형이며 네모진형의 중앙부가 겹치면 전체적으로는 육각형으로 보인다.

② **광대뼈가 튀어나와 있다.** 특히 측면의 광대뼈가 야무지게

튀어나와 있는 사람은 남에게 지지않으려는 기질이 강한 사람이다. 남몰래 연습하고 밖으로 나타내지 않는 투지의 소유자이다.

③ **납작코** 끈질기게 물고 늘어지는 근성의 소유자이다. 이런 코의 사람은 일반적으로 살아남기 위해서는 무슨 일이나 서슴치 않는 강인성을 지니고 있다. 권투선수에게 많은 코인데 이것은 맞아서 변형이 된 것이 아니라 본래부터 이러한 코의 소유주이므로 격투기에는 필요한 조건인 것이다.

♣ 사회운(社會運)과 적직(適職)

사회운이란 봉급자이거나 상업 경영자이거나 제각기 그의 직업에 있어서 어떤 인정을 받으며, 자기의 힘을 발휘할 수 있느냐? 혹은 어떻게 성공할 수 있느냐하는 것 등이다.

이를테면 봉급자이라면 상사의 인도를 받아서 자기에게 알맞는 일을 맡는 것이 성공과 연결될 것이며 상점 경영이라면 고객의 애호를 받는 것이 번영의 조건인 것이다. 기술자나 자유 직업일지라도 외톨이로서는 성공할 수 없는 것이다.

또 알맞는 직업이란 그 사람의 성격에 맞는 직업을 말하는 것이다. 외향성인 사람이라면 봉급자, 내향성의 사람이라면 내근, 사무 등이 좋을 것이다.

● 사회운과 알맞는 직업을 보는 법

앞에서 말한 것처럼 사회운이나 알맞는 직업을 보는 것은 그 사람의 성격을 파악하는 것이 포인트이다. 성격을 보는 법을 참조하기 바란다.

대충 말해서 네모진 사람은 기술자, 둥근형은 장사 혹은 영업 관계 역삼각형은 경리면 등의 내근에 적합하다.

근골질

영양질

심성질

♣ 성주(城主)가 될 인상

남다른 출세를 하는 사람은 어디엔가 보통 사람과는 차이가 있기 마련이다. 인상학에서는 그와 같은 얼굴을 이상(異相)이라 부른다. 한 마디로 말하면 선이 뚜렷한 생김새라 한다.

① 얼굴 생김새가 크고 두께가 있다.

② 제 1 바탕, 제 2 바탕의 어느 쪽인가가 네모진 형

③ 오관(五官)이 크고 뚜렷하다.

선이 굵은 얼굴은 비상한 출세

♣ 봉급생활자로 성공하는 인상

봉급생활자나 OL로 성공하기 위해서는 상사의 인도가 있어야 한다는 것이 첫째 조건이다.

① 높고 예쁜 이마. 이마는 상사나 부하 등 직장에서의 인간관계를 보는 곳이다. 거기에 홈이나 점이 있으면 실력만큼 인정을 받지 못하고 소외 당하는 불운이 있다.

② 이마의 중앙부가 융기해 있다. 상사의 인도를 받을 가능성이 강한 사람으로서 순풍에 돛단배처럼 수월하게 승진한다.

③ 완만한 curve를 그린 눈썹으로 털결이 곱다. 사람됨이 온화하고 대인관계가 원만하고 열심히 연구하기 때문에 인도를 받게 된다. 두뇌의 회전도 좋은 형이다.

④ 귓담(耳廓)이 귓바퀴 안에 있다. 상식적인 인간성을 지닌 사람으로서 편벽(偏僻)이 없는 까닭에 순조롭게 승진할 것이다.

⑤ 이마의 주름. 이마에는 보통 세 가닥의 주름이 잡히며 위로부터 상사, 자기, 부하의 순으로 운을 나타낸다. 세 가닥이 모두 보기좋게 잡혀있는 주름이라면 모든 운이 좋은 것이지만, 윗줄이 한 가닥 뿐일지라도 뚜렷하면 인도를 받게 되고, 어느 정도까지는 출세를 한다.

♣ 자유직업으로 성공하는 인상

그 방면의 실력에 덧붙여 교제술이 큰 요소를 차지하게 된다. 다음으로는 그 무엇에도 지지않는 불굴의 정신이 성공의 열쇠이다.

자유직업을 가지더라도 다음과 같은 특징이 없으면 꼭 둥근형의 보조자, 역삼각형의 조력을 빌리도록 하는 것이 중요하다.

① 이마가 낮고, 피부가 두껍다. 이마가 낮은 사람은 윗사람의 인도를 기대하기 어려우므로 필연적으로 자유직업을 택하게 된다. 실행력과 견실성이 있어서 독립하더라도 착실하게 성장해가는 사람이다.

② 발애(髮涯)에 난 세모꼴의 머리털. 반항상(反抗相)의

아래턱은 자유 직업의 포인트

한 가지로서, 어떤 난관에 부딪쳐도 뭐 이쯤이야 하고 굴하지
않는 정신력의 소유주이다.

③ **가로로 퍼진 작은 코.** 자립형으로서 끈기가 있는 성격의
사람이다.

④ **약간 둥근턱, 아랫턱의 옹달샘.** 외골수로 파고드는 고집이
있어서 마음먹은 일은 끝내 성취하고야 만다.

⑤ **풍만한 광대.** 사회성이 있고 대인 관계가 좋은 사람이다.

♣ 예술가형의 인상

① **제 1 바탕이 역삼각형.** 가장 감수성이 풍부한 얼굴 모양이
다. 다만 같은 예술가로서도 조형 예술(조가, 건축, 장식품, 공
예 등)계통으로 진출할 사람은 턱이 뚜렷하고 피부가 성깃할수
록 네모진 형이 끼어들게 된다.

② **약간 엷고 넓으며 높은
이마.** 선천적으로 특출한 착
상의 번쩍임을 지닌 형이다.
피부가 두꺼울수록 속성(俗
性)이 끼어든다.

③ **가늘고 긴 눈썹.** 정서가
풍부하며 섬세한 감정의 소유
주이다. 눈썹이 진할수록 정
교 치밀한 표현이 되고 그림
으로 말하면 세밀화(細密畵)
처럼 된다. 눈썹이 엷으면 표
현이 대범해지고 극단화하면
포인트만 강조하게 된다.

직감력 신비성을 나타내는 비구

④ 눈썹 두덩이 높게 융기하고 있다. 직관력이 예민하고 신비적인 면을 지니고 있다.

⑥ 귀가 벌어지고 있다. 귀가 찰싹 머리에 붙어있는 것이 아니라 대문이 열려 있듯이 벌어진 사람은 넓게 사물을 볼 수 있는 사람이다. 여러 가지 일을 보고 흡수한다.

♣ 스타가 될 인상

① 얼굴의 십자 부분의 색깔이 아름답다. 십자 부분의 전체 또는 일부분일지라도 아름다운 색깔이 나타나 있는 사람은 스카웃될 가능성이 있다. 아름다운 색깔이란 핑크색에 누런 빛이 감돌고 있는 것 같은 색이다. 손가락을 펴서 손등을 보았을 때 햇빛에 그을지 않은 손가락의 옆 가장자리에 광택을 내게한 것 같은 색을 말한다.

② 미두(眉頭), 눈썹꼬리, 입 언저리의 점. 속된 말로 예능점이라 부르는 것인데 예능계에서의 성공과 연결된다. 다만 그 장소에 따라서 운세적으로 보면 커다란 차이가 있다. 남성인 경우는 홈도 무방하다고 한다.

③ 이마의 모서리에 아름다운 색깔. 그림처럼 줄기가 비스듬히 아래로 뻗쳐 있을 때는 남의 눈에 띠이게 될 때이다. 더욱이 초대면인 사람일

스타에의 길을 열 예능 점

수록 스카웃 당하게 쉽다.

④ 눈이 반짝이고 있다. 눈이 반짝 반짝 빛나고 있을 때는 자기 스스로 운을 부르게 된다.

♣ 학자형의 인상

① 이마의 양단이 벗겨져 있다. 양단이 머리털 부분까지 잠식해서 넓어진 이마의 사람도 같다. 지능형의 이마로 사려깊고 독창성이 있으나 다소 이치를 따지는 버릇이 있다. 이런 이마로 얼굴이 역삼각형이라면 세속을 초월하고 이른바 상아탑에 들어박히는 형이다.

② 팔(八)자 눈썹으로 그의 꼬리가 굵다. 학구적이며 항상 연구를 잊지 않는 형이다. 기세가 왕성한 학자는 눈썹털이 상하에서 포개어지듯이 나 있다.

③ 뚜렷한 법령. 끝이 벌어진 법령보다 약간 입을 에워싸듯이 뻗고 있는 편이 학자형이다. 좁은 영역을 깊이 파고 들어서 연구하는 형이다.

♣ 물장수로 성공할 인상

① 제1, 제2바탕이 다같이 둥근형. 손님 다루는 솜씨가 능란하고 술주정꾼도 멋지게 비위를 맞추어 줄 수 있다. 특히 여성으로 이중턱이거나 그와 비슷한 경우에는 물장수

관자놀이가 음식 솜씨의 포인트

(다방, 술집, 식당, 요정)에 다시 없는 호조건이다.

② 관자놀이가 **부풀어 있다**. 관자놀이의 둘레는 맛에 대한 민감성을 나타내는 곳이다. 부풀어 있는 사람은 간을 잘 맞추어 맛이 좋고 음식 솜씨가 좋다고 일컬어진다.

③ **납작코**. 부침(浮沈)이 심한 세계에 있어서 억척같이 살아가는 강점을 지니고 있다.

♣ 전직하기 쉬운 인상

① **측면 凹형으로서 두께가 없는 사람**. 실행력이 없는 주제에 탁상공론으로 판단하여 「이 일」 또는 「이 직장」은 장래성이 없다고 하여 곧잘 다른 곳으로 옮겨버리고 싶어하는 사람이다. 의지가 약한 것도 전직하는 원인의 하나이다.

② **가늘고 야무지지 않는 코**. 자주성이 없고 남의 말을 듣고서 간단히 움직이거나 사소한 일로 싫증을 일으킨다.

③ **짧고 엷은 눈썹**. 지구력(持久力)이 없고 생각도 얕은 사람이다.

⑤ **둥글고 큰 눈**. 새것을 좋아하는 형이어서 체념이 빠르다. 그래서 자꾸만 직장을 옮기는 형이다.

정통 마의상법

정가 28,000원

2024年 2月 20日 3판 인쇄
2024年 2月 25日 3판 발행

편 저 : 한 중 수
발행인 : 김 현 호
발행처 : 법문 북스
　　　　＜한림원 판＞
공급처 : 법률미디어

저자와 협의 하에
인지 생략

1⃞5⃞2⃞－0⃞5⃞0⃞
서울 구로구 경인로 54길 4
TEL : (대표) 2636－2911, FAX : 2636～3012
등록 : 1979년 8월 27일 제5－22호
Home : www.lawb.co.kr

▌ISBN　978-89-7535-272-0　(03180)